사회적 약자에 대한 우선적 선택을 핵심 기조로 하는 사회윤리, 그리고 생태계를 구성하는 존재들의 조화로운 공존과 생태 공동체의 형성 및 증진을 규범적으로 중시하는 생태윤리, 이 둘의 통전을 추구하려는 노력이 사회생태윤리다. 이는 우리 시대 기독교 윤리가 나아가야 할 이론적·실천적 방향을 가리키는 윤리학의 영역이라고 할 것이다. 저자는 이러한 방향성을 견지하면서 나름의 사회생태윤리 이론을 선도적으로 제시하였다. 이러한 저자의 시도는 현대 기독교 신학과 윤리의 학문적·실천적 담론의 성숙에 의미 있는 기여를 할 것으로 기대한다.

이론적인 체계를 건실하게 정립하고 제안한 점뿐 아니라 사회생태윤리의 틀을 가지고 오늘 인류가 우선적으로 응답해야 할 윤리적 쟁점들에 대해 실제적으로 논구한 점 또한 긍정적인 평가를 받아 마땅하다. 인공지능을 기반으로 하는 인간종의 변화에 대한 사회생태윤리적 인식과 실천, 양극화나 인간 소외 그리고 생태계의 위기를 포함하는 제4차 산업혁명 시대의 윤리적 문제들에 대한 사회생태윤리적 응답, 인류세에 대한 비평적 성찰과 창조정의를 초점으로 하는 신학적·윤리적 대안 제시, 포스트 코로나 시대의 기독교윤리 곧 관계와 상호의존의 창조신학적 정당화에 기초한 윤리적 대안 모색 등, 저자의 시의성 있는 연구와 제안은 기독교회와 신앙인들이 이러한 쟁점들에 대해 적절하고 유효하게 응답하는 데 기여할 것이다.

사회생태윤리라는 고유한 영역에 대한 탐구이지만 저자의 연구와 저술은 기독교 윤리가 기본적으로 존중해야 할 이론적·실천적 토대를 중시한다. 이 점에서 저자가 모색하는 사회생태윤리는 넓은 공감과 동의의 지평을 확보한다. 예컨대 기본에 대한 논의로부터 심화된 영역으로 전개해가는 과정을 친절하게 안내해줌으로써 더 많은 독자들이 용이하게 접근하여 유익을 얻을 것으로 생각한다. 저자가 수행한 기독교윤리에 대한 일반적 논의와 사회윤리의 기독론적 탐구는 이 대목에서 주목할 만하다.

기후위기 시대의 기독교윤리로서 중요한 의미와 가치를 갖는 사회생태윤리를 탁월하게 전개해준 저자의 노고에 대해 진심 어린 격려의 박수를 보내는 바다. 이 책이 이 세계를 하나님의 창조의 결과로 존중하며 더욱 풍성한 생태 공동체로 성숙시켜 나가는 데 이바지할 수 있기를 바란다.

임성빈 장로회신학대학교 기독교와 문화 교수, 전 총장, 한국기독교윤리학회 전 회장

기독교 사회생태윤리

인공지능, 기후위기, 포스트 코로나 시대의 기독교윤리

기독교 사회생태윤리

박용범 지음

새물결플러스

"나의 양심은 다른 선택의 여지가 없다"
My conscience leaves me no other choice.

마틴 루터 킹

목차

서문

"사회정의와 생태적 참살이(wellbeing)는 떼려야 뗄 수 없는 관계다."

사회생태실천윤리(socioecological praxis ethics)의 이론과 현장, 그리고 실천적 참여(contextual engagement)가 이를 잘 보여준다. 윤리학은 도덕적 행위의 절대적 원칙과 절충 가능한 원칙 모두를 설명한다. **실천**(praxis)은 역사적으로 특별한 상황에서 이론과 실천이 대화적으로 그리고 변증법적으로 참여하는 자리다. **사회**(socio)는 인류 공동체 안에서, 그리고 그 사이에서 사회정의를 촉진하는 것을 나타낸다. **생태학**(ecology)은 모든 생물군 사이의 관계, 그리고 모든 생물군과 이들이 관여하는 지구 환경에 관한 것이다. **사회생태실천윤리**는 (사회에 선입견이 제공되거나 부과되는) 응용 윤리의 극단이 아니며, 그렇다고 해서 (윤리적 원칙이 오직 장소나 상황으로부터 파생되는) 상황 윤리도 아니다. 오히려 그것은 윤리적 원칙이 특정 장소와 시간에 적용되어 관련되거나 파생된 상황으로부터 전개된 윤리다.

윤리학, 특히 사회윤리학과 기독교 사회윤리학은 이론적이고 학문적인 토론으로만 가볍게 다루어져서는 안 된다. 윤리학은 사회적 환경에 대한 대화적·변증법적 참여로 탐구되고 평가되어야 한다. 사회윤리학은 단순한 토론의 대상이 아니다. 그것은 불의를 경험하고 있는 실제 인간들이나 다른 생물군이 처해 있는 특정한 사회적 상황에서 인지되고 실행될 때 사회를 변혁하는 일종의 이론이나 방법의 가능성이다.

윤리학은 교회나 학계의 상아탑 요새에서 논의되고 논쟁하는 난해한 주제가 아니다. 탑(건물이나 이론, 학문이나 교회)이 높고 그것의 물리적 지지 기반이 깊을수록 그것은 거리나 흙의 표면 아래 깊숙한 곳에 있는 바위와 흙, 그리고 더 깊은 진흙 속에 있어야 한다. 그리고 특정 이론의 지적 지지기반은 일상생활과 그런 삶을 구성하는 사회에서 "가장 작은 자들"의 정의를 위한 투쟁에, 그리고 그런 삶이 속해 있는 공동체에 놓여 있어야 한다. 예를 들면 한국적 상황에 있는 사람들은 다음과 같은 상황에서 박용범 박사가 제시한 사회생태적 문제와 불의에 대해 성찰할 것이다. 개인과 단체는 볼 수 있는 열린 눈, 주의를 기울여 들을 수 있는 귀, 그리고 곤경과 고통의 울부짖음을 느낄 수 있는 동정하는 마음으로 주변 세상에 참여해야 한다. 그리고 거리에 있는 사람들이나 집에서 두려워하며 웅크리고 있는 이들에게 선한 사마리아인이 되어야 한다.

우리 시대 가장 중요한 문제는 기후위기다. 그것은 모든 민족의 경제적·지리적·사회적 집단에 영향을 미친다. 과학자들과 정치 지도자들은 기후 위기가 인간에 의해 야기되고 악화된 것을 인식하게 되었다. 인류가 전체적으로 이 위기에 대해 동등하게 책임이 있는 것은 아니다. 어떤 사람들은 자신의 풍요를 위해 지구의 자연재(natural goods)를 무분별하게 착취하면서 사적인 탐욕으로 피조물에 해를 끼치지만, 다른 사람들은 자신의 대가족을 위해 생필품을 제공하기 위한 절박한 필요 때문에 피조물에 해를 끼친다. 그리고 그들은 소유권 실행(ownership practices)

이 주로 소수의 사람에게 이익이 되도록 의도된 글로벌 사회에서 생존한다. 화석 연료는 공기, 땅, 물을 오염시키고, 지구에 치명적으로 높은 수준의 열을 가한다. 대조적으로 대체 에너지원은 사람들이 고향 행성을 훼손하지 않고 생물군을 고의로 멸종시키지 않으면서도 그들 자신의 필요를 채울 수 있게 만들어준다.

2021년 기후 변화에 관한 정부 간 패널(IPCC) 제1실무그룹은 6차 평가 보고서인 "AR6 2021: 기후 변화: 물리 과학 기반"을 발표했다. 보고서는 "기후 시스템과 기후 변화에 대한 가장 최근의 물리적 이해를 다룬다. 그것은 기후 과학의 최신 발전 사항을 추가하고, 고기후 관측 및 프로세스 이해, 그리고 지구적이며 지역적인 기후 시뮬레이션의 여러 증거를 결합한 것이다." 보고서의 결과는 끔찍하다. 그것은 특히 해안 지역에서 내륙으로 확산하는 사회적 이동, 그리고 지구 대기, 육지, 물의 전 지구적 오염과 대규모 홍수를 초래할 허리케인의 위력과 빈도의 증가를 포함하여 인간에 의해 야기된 기후 변화의 지구물리학적 영향에 대해 논의한다. 인류가 지구 기후에 미치는 영향을 감소시키기 위해 당장 극적이고 과감한 노력을 기울이지 않는다면, 이러한 결과에 더하여 더 큰 재앙을 초래할 다른 결과가 발생할 것이다. (최소한 AR6의 "정책 입안자를 위한 요약"[SPM]을 읽고 자신의 지리적 영역, 정치적 문화, 그리고 그 너머의 대안적 미래를 촉진하는 방법을 고려할 것을 독자에게 권한다.)

수십 년 동안 가르쳤던 수많은 제자 가운데서도 가장 뛰어난 학생 중 한 명인 박 교수는 탁월한 교수이자 헌신적인 기독교 목사다. 『기독교 사회생태윤리』에서 그는 자신의 지적·목회적 전문성과 성취를 창의적으로 보여주는 통찰력 있는 글을 저술했다. 나는 그가 한국에서 『기독교 사회생태윤리』의 출판을 통해 나의 사회생태윤리적 통찰력과 방법을 해외 독자들에게 전달하고 있다는 것에 대해 대단히 고맙게 생각한다. 박 교수는 빈곤층에 대한 우선권과 인공지능과 같이 다양하지만 상호 연관된 문제를 이 연구에서 뚜렷하고 중요한 주제로 탐구하고 있다.

지구와 모든 생물군은 인간의 행동과 무위(inaction)로 고통 받고 있다. 공동체와 국가에 대해 보다 공정하고 생태적으로 책임 있는 방식으로 사람들의 의식과 행동의 변화를 촉진할 수 있는 것은 무엇인가? 사회생태적 행동의 장벽에는 관성(사람들이 더 나은 공동체에 대한 정보가 충분하지 않거나 동기 부여가 되지 않는다는) 또는 평판, 사회적 지위, 직업적·개인적 지위, 투자 및 은행 계좌에 영향을 미칠 수 있는 작업에 "관련되는" 것에 대한 두려움을 포함한다. 그러나 "그리스도를 따르는 사람"인 그리스도인은 타자가 고통 받는 동안 가만히 앉아 있지 않는다. 이것은 우리 안에 계신 하나님이신 예수가 하신 일이 아니다. 그의 가르침과 행동을 통해 가난한 사람들은 그들에게 선포된 복음을 소유할 수 있었고, 그의 제자들은 그들이 필요한 것을 가질 수 있도록 도왔다(행 2, 4장). 예수는 자신이 살았던 시대와 머물렀던 장소의 부자와 권력자, 세속 지도자와 종교 지도자, 그리고 그들이 지휘하는 군대의 지시에 따라 채찍과 십자가에 의해 죽음의 고통을 당하셨다. 그리스도인은 정치적 독재를 제외하고는 일반적으로 그러한 고통을 겪지는 않을 것이다.

하버드 대학교 명예교수이며 저명한 생물학자이고 미국 국립 과학상과 두 개의 퓰리처상을 수상한 세속적 인문주의자인 에드워드 윌슨은 그의 책 *The Creation: An Appeal to Save Life on Earth*에서 사람들이 종교와 과학(또는 모두)에 전문적으로 관여하고 있다고 선언했다. 그러니 함께 일하면서 "우리가 공유하는 현실 세계를 다루기 위해 형이상학의 밀접한 부분에서 만나야 한다.…종교와 과학은 오늘날 세계에서 가장 강력한 두 개의 세력이다.…(만약 양측이) 생태계 보전의 공통 기반에서 연합할 수 있다면 그 문제는 곧 해결될 것이다.…우리는 우리 자신과 미래 세대에게 아름답고 풍부하고 건강한 환경을 빚지고 있다"(3-4).

한국의 그리스도인들은 건강한 지구 컨텍스트에서 정의로운 공동체의 비전을 실현하기 위해 더 넓은 지역의 공동체에서 협력자들을 찾아야 한다. 종종 다른 교회의 신자들과 불교, 도교, 유교와 같은 다른 종교들의 신도들, 그리고 세속적 인문주의자들은 자신들의 이상은 공유하면서도 그 이상을 구현하기 위해 다른 전통의 사람들과 함께 참여하도록 초대받지는 못했다. 다양한 전통을 가진 한국의 형제자매 공동체가 협력하면 시간이 지나면서 그들이 상상하는 바를 성취할 것이다.

과학과 신학을 전공한 박 교수는 『기독교 사회생태윤리』에서 이 분야를 잘 통합하고 있다. 나는 그의 창의성, 열정, 그리고 실천적 참여를 높이 평가한다.

존 하트(John Hart)

* * *

존 하트(John Hart)는 보스턴 대학교 신학부의 기독교 윤리학 명예교수다. 그는 *The Wiley Blackwell Companion to Religion and Ecology*의 편

집자이고, *Sacramental Commons: Christian Ecological Ethics*와 *Cosmic Commons: Spirit, Science, and Space*를 포함한 7권의 저자다. 국제적으로 인정받은 저자 겸 강연자인 그는 5개 대륙의 8개국 및 36개 미국의 주에서 사회생태실천윤리를 홍보하기 위해 강의해왔다.

머리말

팬데믹으로 각성된 글로벌 기후위기와 생태계 붕괴에 따른 창조세계의 비상사태에 직면하여 21세기 기독교 신학과 윤리는 새로운 흐름을 맞이하고 있다. 파괴된 생태계, 그리고 소외와 차별로 신음하는 인간 사회에 하나님의 집(*oikos*)으로서의 교회가 공적인 역할을 올바르게 감당해야 하는 시대적 요청 앞에 놓여 있는 것이다. 더구나 지속적인 개혁을 중심 동력으로 삼고 있는 개신교의 역할은 현재 한국교회의 공공성 부재의 상황을 고려할 때 역사적으로 그 어느 시기보다 절실하다. 개혁교회로서의 정체성을 회복하고 생명을 살리고 보존하는 역할을 위해 창조세계에 담긴 진리의 빛을 온전하게 조명하는 작업이 요구된다.

그동안 기독교윤리는 신학의 변화와 흐름에 부응하여 특정 시대의 상황과 맥락 속에서 하나님의 뜻을 실현하는 것에 학문의 초점을 맞추어왔다. 이런 면에서 오늘날의 기독교윤리는 무엇보다 신학에 대한 사회적·생태적 해석과 적용에 집중해야 할 시점에 이르렀다. 사회의 오래된 구조적 불의로 인해 고통 받고 있는 우리의 이웃에는 인간을 넘어 생태계도 포함된다. 더구나 기후붕괴는 다양한 종류의 불의들과 긴밀하게 연결되어 그것들을 증폭시키고 있다.[1] 하나님께서 창조하시고 보시기에

---

[1]   짐 안탈, 『기후 교회』, 한성수 옮김(경기도: 생태문명연구소, 2019), 124.

좋았던 세상을 향한 사명을 온전히 감당하기 위해 평화롭고 정의로운 세계를 건설할 책임이 있는 인류가 오히려 지구의 생명을 위협하는 다양한 문제들을 유발해왔고 이에 대해 가장 책임이 적은 사람들이 가장 많은 고통을 당하는 상황에 이르렀다.[2]

이웃사랑을 윤리의 핵심적인 기준으로 여기는 그리스도인들은 지구를 새로운 관점에서 바라볼 필요가 있다. 인간의 무분별한 자원 남용과 폭력적인 개발이라는 강도를 만난 사마리아인과도 같은 지구 생태계를 긍휼의 마음과 책임감으로 대해야 한다는 것이다. 우리는 이웃의 범위에 인류뿐만 아니라 살아 있는 모든 피조물과 그들의 생명을 유지해주는 물질들, 그리고 아직 태어나지 않은 미래의 모든 존재도 포함시켜야 한다.[3] 마틴 루터 킹 목사(Martin Luther King, Jr.)가 지적했듯이, "우리는 벗어날 수 없는 상호성의 그물망 안에 잡혀 있고, 단 하나의 운명이라는 옷에 묶여 있다. 어느 하나에 직접적으로 영향을 끼치는 것이 무엇이든, 그것은 곧바로 모두에게 간접적으로 영향을 끼친다."[4] 이처럼 윤리와 도덕은 인간 사회에만 적용되는 것이 아니라 우주 전체를 아우른다. 이런 차원에서 기후위기와 생태계 파괴의 문제는 근본적으로 영적이며 윤리적이다.

이러한 통찰은 사회윤리와 생태윤리를 접목한 사회생태윤리로 이

---

2   위의 책.
3   위의 책, 128.
4   위의 책에서 재인용. Martin Luther King Jr., "Letter from Birmingham City Jail," in *A Testament of Hope: The Essential Writings of Martin Luther King Jr.*, ed. James M. Washington (San Francisco: Harper & Row, 1986).

어진다. 사회윤리는 인간 공동체의 사회정의를 증진하는 일에 집중하는 윤리의 한 분야이며, 생태윤리는 인간들, 인간과 생물 군집의 다른 생명들, 인류와 지구, 그리고 인간과 다른 생물군과 지구 사이의 생태정의와 웰빙을 증진하는 분야인데, 사회생태윤리(socioecological ethics)는 두 분야의 원리와 실천을 결합한 통합적인 유신론적 전망(integrated theistic perspective)이다.[5] 존 하트(John Hart)에 의하면 사회생태윤리는 성령이 관여하여 창조주와 창조세계를 관련시키는 창조중심적(creatiocentric, creation-centered) 학문이며, 신중심적(theocentric), 인간중심적(anthropocentric), 남성중심적(androcentirc), 자기중심적(egocentric), 가이아중심적(gaiacentric), 지구중심적(geocentric), 또는 생명중심적(biocentric) 학문이 아니다. 이것은 인간 공동체 안에서의 바른 행동을 의미하는 사회정의를 위한 인간의 분투를 격려하는 한편, 비생물과 생물로 이루어진 창조세계를 향한 올바른 자세인 생태계의 지속성에 대한 인간의 지속적인 헌신을 자극하는 윤리적 이론과 방법에 대한 성찰적 통합(reflective integration)이다.[6] 이 과정에서 사회정의와 사회윤리의 고려사항은 생태적 웰빙과 통합될 것이며, 윤리적 원칙은 한편으로 인간 공동체 내에서, 그리고 다른 한편으로 인간, 지구, 그리고 인간을 제외한 생명체 간의 정의를 촉진하는 맥락 속에서 형성될 것이다. 그런 의미에서 사회생태윤리는 기독교윤리의 한 분야라고 할 수 있다. 다시 말해 오늘날의

---

5   John Hart, *Encountering ETI: Aliens in Avatar and the Americas* (Cambridge: The Lutterworth Press, 2015), 281.
6   위의 책, 282.

기후위기와 생태계 파괴의 현실에 응답하는 삶과 실천의 신학적이고 윤리적인 노력인 것이다.

　본서는 사회생태윤리를 일종의 신학적인 도구로 활용하여 오늘날 윤리적으로 민감한 주제들인 시민불복종운동, 인공지능, 인류세, 기후위기, 제4차 산업혁명, 창조정의, 포스트 코로나 등의 내용을 다룬다. 이를 위해 1장에서는 기독교윤리의 기초적인 개념을 정립하려고 한다. 일반 윤리학의 기원에서부터 시작하여 기독교윤리의 원천으로서의 성경과 교회 및 그리스 철학을 간략히 살펴보고, 기독교윤리의 기준으로서 그리스도 중심성, 역사를 통해 변화하고 있는 기독교윤리의 특수성과 다양성, 그리고 맥락과 상황에 대한 밑그림을 그려볼 것이다. 2장에서는 사회윤리와 생태윤리의 기원을 살펴보면서 각각의 특징을 서술하고, 동물윤리의 근거와 사회윤리적인 주제의 한 사례로 안락사를 살펴보고, 생태윤리의 기독교적인 차원에 대해 정리하며, 3장에서는 유신론적이고 행동 지향적인 기독교윤리의 새로운 흐름으로서 사회생태윤리를 "사회윤리"와 "생태윤리"라는 두 분야의 단순한 결합으로가 아니라 이 두 가지 윤리의 통합체로 형성해가는 과정을 다룰 것이다. 4장에서는 비폭력 시민불복종운동의 기원이 되는 사회윤리로서의 그리스도 중심성을 디트리히 본회퍼와 마틴 루터 킹의 비교연구를 통해 모색할 것이다. 5장에서는 사회생태윤리의 특징과 유사한 사이버네틱스의 형성과정을 통해 인공지능의 윤리를 기독교적인 시각에서 전망하고, 6장에서는 제4차 산업혁명 시대의 기독교윤리를 사회생태윤리 방법론으로 도출할 것이다. 7장에서 다루는 인류세(anthropocene)는 기후위기에 대한 인간중심주의적 책임론의 새로운 시도라고 할 수 있는데, 8장의 사회생태적 창조정의가 그에 대한 일종의 신학적 비판이 될 것이다. 9장에서 다루는 포스트 코로나 시대의 기독교윤리는 코로나19 팬데믹 이후의 지구에 사회생태윤리가 어떻게 기여할 수 있는지를 모색하는 상황화(contextualization)의 시도라고 볼 수 있다. 마지막 부분에서는 역사적으로 인종, 성, 계급 등의 주제가 상황화 신학의 핵심 언어가 되어 각 시대의 등불이 되었던 것처럼 오늘날 최대의 화두인 기후위기를 신학화할 수 있는 사회생태윤리에 대한 지속적인 연구를 제안할 것이다.

본서는 기독교 윤리학을 처음 접하는 학생도 쉽게 이해할 수 있도록 이 분야의 기본적인 개념을 간략하게 풀어서 설명하고 있으며, 사회윤리와 생태윤리의 기원을 각각의 강조점을 중심으로 정리하고 있고, 또한 기후위기시대의 다양한 윤리적 이슈들에 대해 어떻게 신학적으로 접근하고 적용할 수 있을지 보여준다. 하지만 대부분의 윤리적 딜레마가 그러하듯이 모두가 만족할 만한 해답을 찾는 것은 간단한 작업이 아니다. 그래서 어떤 정답을 제공하기보다는 최근의 윤리적 관심사들에 대해 사회생태윤리를 통한 해석과 가이드라인을 구축하는 과정을 반복하여 보여줌으로써 윤리적 적용을 훈련하도록 도울 것이다. 본서가 포스트 코로나 시대의 새로운 신학과 기독교윤리의 새로운 방향을 제시할 수 있는 작은 길잡이가 되기를 기대한다.

1

기독교윤리 이야기

기독교윤리는 세 가지 핵심 원천을 가지고 있다. 기록된 말씀으로서의 성경, 교회의 기도와 실천, 그리고 시대의 정제된 지혜와 경험이 그것이다. 기독교의 정체성을 형성하는 문서는 성경이며, 성경의 본질과 내용, 그리고 그 훈육을 통하여 기독교윤리를 이해하는 작업이 없이는 기독교윤리에 대한 학습을 시작할 수 없다. 그럼에도 그리스도인들이 이스라엘과 예수의 유산을 개인 생활과 공동체 생활의 습관과 규범으로 바꾸려고 하기 전에, 고대 그리스로 거슬러 올라가 인간이 어떻게 살아야 하는지를 되돌아보는 전통이 이미 오래 전부터 존재했던 것이 사실이다. 기독교윤리는 교회와 사회의 문화와 항상 긴밀하게 교류하면서도 그 한계를 뛰어넘는 진리를 추구한다. 이 세상에서 사람이 무엇을 해야 하고, 누가 되어야 하는지에 대한 대화와 관련하여 항상 발전해 온 것이다. 사실 "기독교 윤리학"이 하나의 학문으로 등장한 것은 오직 그와 같은 대화 상대자들과 관련된 것이었다. 기독교윤리는 이스라엘과 예수의 유산, 세상 속에서의 교회의 실천과 기대, 철학적 윤리의 지식 분야와 어휘가 만나는 곳이 된다. 따라서 우리는 세 가지 핵심 원천들에 우리 관심의 비중을 고르게 배분하는 것이 필요하다.

1) 기록된 말씀으로서의 성경

그리스도인들은 때때로 성경이 삶의 질문과 문제에 대한 모든 답을 가지고 있는 것처럼 말한다. 하지만 성경을 꼼꼼히 읽어보면 여러 가지 복잡함이 드러날 뿐 아니라 성경이 구체적으로 다루지 않는 윤리적인 문제들도 있다. 성경이 현대 사회에 맞지 않는 가르침을 제공하는 것처럼 보이거나 기록된 이후로 세월이 흐르면서 폐기되어온 세계관을 여전히 고수하는 듯이 여겨지는 부분들도 있다. 그리고 서로 다른 성경 구절의 명령이나 이야기들이 각기 모순된 조언을 제공하는 것처럼 보이는 문제도 있다. 예를 들어 18세기와 19세기에 특히 미국 남부에서는 노예 폐지론자들과 노예 소유자들 모두 성경을 향해 각자의 입장을 지지해달라고 호소했다. 후자에 따르면 성경은 노예를 소유하고 훈육할 주인의 권리를 분명히 지지한다. 반면에 노예 폐지론자들에 따르면 사랑과 해방의 가르침을 담은 성경은 한 사람이 다른 사람을 소유하는 일을 절대적으로 배제한다. 성경은 동성결혼, 낙태, 안락사, 전쟁 등을 포함한 수많은 윤리적 논쟁에서 양측 모두의 증인으로 계속 소환되고 있다. 성경이 제시하는 기독교윤리의 중심성을 문제 삼는 경우는 거의 없지만 그 관계가 실제로 어떻게 작용하는지는 복잡한 문제다.

성경과 윤리의 관계에 대한 질문은 성경이 무엇인지에 대한 이해와 밀접한 관련이 있다. 사실 그리스도인들은 어떤 책들이 정경을 구성하는지에 대해 완전한 의견의 일치를 보지 못했다. 동방 정교회, 로마 가톨릭, 성공회 그리스도인들은 서로 다른 범위에서 구약의 정경에 외경으로 알려진 책들을 포함하지만, 개혁교회의 성경은 외경을 제외한다. 그리고 성경 본문의 본질에 대한 이해의 차이도 존재한다. 성경은 규범적인 행동강령, 규정집, 도덕률의 원천인가? 그것은 하나님의 마음으로 통하는 창문일까, 아니면 성령이 도덕적 상상력을 형성하는 일종의 통로일까? 그것은 우리의 삶의 방식을 개선하기 위한 도전이나 분명한 메시지를 제공하는가? 성경은 인간이 하나님께 가까이 다가가도록 해주는 사랑의 노래일까, 아니면 잠자는 양심을 일깨우기 위한 일종의 각성제일까? 과연 성경은 인간의 지친 삶을 위로하는 치유와 회복의 묘약일까?

그리하여 기독교윤리에서 성경의 위상을 묘사하는 것과 관련하여 수많은 도전이 존재해왔다. 우리는 여기서 가장 중요한 두 가지를 묘사할 것이다. 첫 번째는 역사적이고 문화적인 거리 차이에 대한 것이다. 성경을 읽는 행위는 때때로 다른 사람의 편지를 읽는 일과 비교될 수 있다. 성경의 본문들은 종종 우리와 근본적으로 다른 시대와 장소에서 다른 사람들을 위해 기록되었다. 성경은 줄기세포 연구나 인공지능, 또는 기후위기와 같은 시급한 현대의 문제들을 명시적으로 다루지 않는다. 조엘 그린의 지적대로 "레위기의 세계는 고린도전서의 세계가 아니며, 이들 중 어느 것도 우리의 세계가 아니다."[1] 두 번째는 성경의 다중성에 관한 것이다. 성경이 마치 한 권의 책인 것처럼 말하는 것은 흔한 일이지만, 성경은 수천 년 동안 여러 저자가 기록하고 여러 편집자가 편집한 책의 모음집이다. 그것은 매우 다양한 장르를 포함하며, 그중 일부는 윤리와 그다지 관련이 없다. 예를 들어 어떤 의미에서 시가서는 윤리적일 수 있는가? 그러므로 성경에 포함된 윤리를 설명하는 것 자체가 긴장으

---

1   Samuel Wells, Ben Quash, and Rebekah Eklund, *Introducing Christian Ethics*, Second Edition (Hoboken, NJ: John Wiley & Sons, 2017), 6.

로 가득 차 있다. 신약 윤리학자인 리처드 헤이스(Richard B. Hays)는 신중하고 비판적인 석의가 "성경 내의 이데올로기적인 다양성과 초기 교회 공동체와의 역사적 거리에 대한 우리의 인식"을 강화함으로써 문제를 더욱 심화시킬 뿐이라고 지적한다. 그는 올리버 오도노반을 인용하며 "석의를 좀 더 정교하게 하는 것만으로 성경을 윤리적으로 적절하게 적용하는 방식을 결정할 수 있다고 생각하는 해석자들은 마치 양팔을 충분히 강하게 퍼덕이기만 하면 하늘을 날 수 있다고 믿는 사람들과 다를 바 없다"고 비판한다.[2]

그럼에도 불구하고 기독교윤리는 일반적으로 성경의 고대 본문이 현재 그리스도인들의 삶에 영속적인 관련성과 심지어 구속력 있는 권위를 가지고 있다는 강한 신념 아래 작용한다. 하지만 어떤 면에서 성경이 권위가 있는가? 즉 윤리적 문제에 성경을 적용하는 일에서 권위가 차지하는 위치는 무엇인가? 여기에는 세 가지의 기본 선택지가 있다. 먼저 권위는 성경 본문 배후에 있는 사건들에 있다는 입장이다. 즉 권위는 성경에 서술된 바와 같이 하나님과 하나님의 창조, 구원, 그리고 해방하는 행동에 있다. 몇몇 사람들에게 이것은 본문에 의해 묘사된 세계와 사건들을 최대한 근접하게 재현하는 것을 추구하거나 본문의 모든 사건의 역사성을 주장하는 것을 의미했다. 다른 사람들에게 그것은 성경이 우리가 삼위일체 하나님에 대해 가진 최고의, 또는 유일한 증거라는 주장에 좀 더 실용적으로 주목하는 것을 의미했다.

---

2   리처드 헤이스, 『신약의 윤리적 비전』, 유승원 옮김(서울: IVP, 2002), 26.

두 번째 관점에 의하면 권위는 본문 자체에 내재되어 있으며, 종종 성경의 영감에 대한 믿음과 관련된다는 것이다. 이 견해에서 성령은 신성한 책의 각 저자들에게 영감을 주었고, 따라서 기록된 말들 자체는 신성한 것이다. 이런 점에서 본문의 권위가 하나님의 영감을 받은 저자에게서 나온 것이기 때문에 본문은 일종의 파생적인 권위를 가지고 있다. 하지만 비평가들은 이 같은 관점에서는 성경이 사람들로 하여금 하나님을 예배하도록 지시하는 책이 아니라 그 자체가 예배의 초점이 되어버릴 가능성이 있다고 우려한다. 이 견해의 일부는 적절한 연구 대상으로서의 "원문"이나 본문에 의해 묘사된 사건들의 재구성보다는 현재 우리가 가지고 있는 성경의 "최종 형태"에 초점을 맞춘다. 이 접근법은 정경 비평으로 알려져 있는데, 이것은 구약성경과 신약성경의 모든 책을 서로 연관지어 읽고자 하는 방법이다. 정경 읽기는 성경이 성경을 해석한다는 히포의 아우구스티누스(Augustine)의 원칙을 반영한다. 따라서 사복음서는 서로가 병행 구조로 읽힐 뿐만 아니라 구약성경에 나오는 이스라엘 이야기와 신약성경의 나머지 부분에 나오는 초기 교회의 맥락으로도 읽힌다.

세 번째 관점은 본문 앞, 즉 독자와 그들의 공동체에서 권위를 찾는 것이다. 이러한 견해는 성경 본문 자체가 읽히고 해석되기 전까지는 아무런 의미가 없다는 포스트모던 문학 이론에 기초한다. 이 관점에 따르면 성경은 그것을 해석하고 준수하는 공동체와 분리되어서는 권위를 갖지 못한다. 따라서 권위는 다양한 해석 공동체 내에 존재한다. 예를 들어 로마 가톨릭 신자들에게 이것은 주교들과 교황에 의해 행사되는 교도권이나 사도의 가르침으로서의 권위를 의미한다. 일부 개혁교회 신자들에게 권위는 교구 목사나 지역 교회에 있다. 앞으로 본서에서 약자 윤리라고 묘사되는 해방신학의 윤리는 보통 억압받는 사람들의 일상 경험에서 권위를 찾는 경향이 있다.

성경은 또한 일반적으로 전통이라고 불리는 것에서 권위를 찾는데, 여기에는 기독교 신앙의 요약이라고 할 수 있는 니케아 신조와 로마 가톨릭의 경우 사도적 교회의 현재 진행형인 가르침의 권위가 포함되어 있다. 동방 정교회와 로마 가톨릭 그리스도인들에게 성경은 종종 교회의 전통의 한 요소로 여겨지기 때문에 궁극적으로 "전통"이라고 불리는 성경 이외의 글들과 구별되지 않는다. 예를 들어 가톨릭에서 성경과 전통은 "하나의 신성한 샘에서 흘러나와서" 하나님의 말씀을 보존하고 전달한다. 이러한 이유로 성경과 전통은 "헌신과 존경의 동등한 정서"로 받아들여지고 존중된다.[3] 이와는 대조적으로 개혁교회의 경우는 전통과 이성에 대한 창조적인 긴장감 속에서 성경을 읽는 것이 강조된다.

대부분의 개혁교회 성도들이 종교개혁의 원리인 "오직 성경으로"(sola Scriptura)를 고수하는 동안, 거의 모든 개혁교회의 그룹들은 아우크스부르크 고백[4]과 같은 기록된 전통이나 성경을 해석하는 데 중요하지만 덜 권위 있는 지침으로 성경의 명료함[5]이나 무오성과 같은 기록되지 않은 전통을 사용한다. 실제로 도덕적인 지침을 얻기 위해 성경을 바

---

3   Wells, *Introducing Christian Ethics*, 7.
4   루터교 전통에서 핵심적인 신앙고백이다.
5   성경은 한 가지의 분명한 의미를 지닌다는 생각을 가리킨다.

라보는 모든 견해는 성경에 대한 해석의 차이를 어떻게 판단할지를 결정해야 한다.

이처럼 윤리에 관한 성경 자료의 다양성은 중요한 도전이 될 수 있다. 그러나 이러한 다양성을 문제로 대하기보다는 하나의 선물로 받아들인다면, 새로운 상황에서 창조적인 믿음을 위한 일종의 촉매가 되어 우리의 윤리적 상상력에 활기를 불어넣을 수 있지 않을까? 물론 이것은 하나님에 대한 논리 정연한 이야기인 성경 본문의 복잡성을 꿰뚫어보는 저변에 놓인 내러티브의 전체적인 통일성에 달려 있다.

구약성경과 신약성경은 각기 이스라엘 공동체와 초기 교회가 기록했고, 성경의 형태를 결정하는 것도 그들의 몫이었다. 기독교윤리는 윤리적으로 중요한 성경 저자들을 나열하거나 영향력 있는 성경 본문들을 언급하여 그것들을 일종의 증빙구절(proof text)로 삼는 것이 아니다. 대신에 그것은 성경의 가르침, 예수의 복음, 그리고 그분의 첫 번째 추종자들의 모범을 구체화하려는 일련의 역사적 시도와 관련이 있다. 이러한 일련의 역사적 시도들을 우리는 교회를 통해 구체적으로 확인할 수 있다.

2) 교회의 기도와 실천

인간의 행동과 행위는 이야기뿐만 아니라 공동체에 의해서도 형성된다. 교회는 역사와 전통을 통하여 새로운 맥락에서 하나님의 이야기에 충실하기 위해 기도와 실천에 힘써왔다. 하나님의 이야기에 응답하는 교회에는 그들만의 이야기가 있다. 그리고 우리는 그 역사가 종종 무시되기는 하지만 기독교윤리의 이야기 속에 어떻게 내재되어 있는지에 대해 관심을 둔다. 교회는 그리스도인들이 자신들의 정체성을 형성하고 끊임없이 개혁되는 것을 허용하는 공동체다. 그것은 구성원들이 누구인지, 그리고 그들이 어떻게 행동하는지를 이해하는 공동체다. 그리하여 교회의 윤리의 내용은 거룩한 백성을 형성함으로써 하나님의 목적을 성취하는 하나님 나라에 대한 요청들을 포함한다.

오늘날 기독교 전통은 전 세계 각양각색의 사람들을 포함한다. 더욱이 다양성은 기독교 전통이 시작된 이래로 교회의 특징이었다. 물론 이 다양한 공동체에서 한 개인의 특정한 정체성이 무엇이든 간에, 각각의 그리스도인들은 하나님에 의해 그리스도께 충실하도록 부름을 받는다. 그러나 그리스도인들이 성경을 어떻게 이해하는지, 그들의 특정한 기독교 전통이 무엇인지, 그리고 그리스도인과 인간으로서 그들의 경험이 서로 얼마나 다른지 이해하는 것은 다른 문제일 수 있다. 그렇다고 해서 모든 신학적인 이해가 동일하고, 하나님, 성경, 그리고 전통에 대해 더 나은 이해, 혹은 더 나쁜 이해가 없다고 말하는 것은 아니다. 그것은 단순히 교회의 기도와 실천에 있어 신학적 이해에 놀랄 만한 다양성이 있음을 인정하자는 것이다.

우리는 이처럼 기독교의 비전과 목소리의 다양성을 인정하면서 우리 자신이 현재 2,000년 이상 이어져온 기독교 신앙과 실천의 여정 위에 서서 진행하는 중이라는 점을 명심해야 한다. 우리 앞에 있던 수많은 기독교 신자들이 예수님께 충실한 인생을 살고자 노력해왔고, 수많은 기독교 사상가들은 그리스도가 기준인 삶이 어떤 것인지에 대해 신중히 생각하려고 힘써왔다. 이전의 기독교 사상가들 가운데 누군가가 도덕적인 삶에 대한 모든 질문에 대답했다고 가정하는 것은 잘못일 것이다. 하지만 그와 마찬가지로 우리가 그들의 지혜를 과소평가하는 것도 올바르지 않은 태도일 것이다. 비록 우리가 앞서간 사람들로부터 모든 것을 배울 수는 없지만, 우리가 듣고자 한다면 배울 수 있는 것이 많다.[6]

그러나 이러한 윤리적 삶의 형성에 대한 교회의 행보는 시대와 장소에 따라 형태를 달리해왔다. 지난 역사는 교회가 그리스도인의 삶과 주변 환경에 미치는 영향이 확대되거나 축소되는 모습을 보여주었다. 때로는 주로 가정과 교회의 성도에 초점을 맞추었고, 때로는 국가와 정치인들, 치안판사와 장군들, 경제학자와 상인들, 과학자들에게도 초점을 맞추었다. 지난 100년 동안 인간은 선과 악을 위해 무엇을 성취할 수 있는지에 대해 전례 없이 빠른 변화를 겪어왔다. 항공 여행의 가능성은 우주여행의 성공과 극적인 실패로 빠르게 이어졌다. 생명윤리에 관한 난해한 새로운 질문들이 발생하면서 의학과 유전공학의 경이적인 진보가 있었다. 에이즈나 코로나19와 같은 글로벌 전염병은 현대 의학의 능력에 도전해왔다. 글로벌 통신 시스템은 수십 년 전에 생각했던 것보다 더 빠르고 정교해졌으며, 사람들이 소통하고 관계를 맺는 방식을 변화시

---

6   Wayne G. Boulton, Thomas D. Kennedy, and Allen Verhry, *From Christ to the World: Introductory Readings In Christian Ethics* (Grand Rapids, MI: William B. Eerdmans Publishing Company, 1994), 6.

키고 있는 소셜 미디어 플랫폼이 급증할 수 있는 여건을 조성하고 있다. 핵 기술로 에너지를 만들 수 있게 됐지만 대량 살상무기의 시대가 예고되었고, 대규모의 끔찍한 전쟁들이 발생해왔다. 그 결과 엄청난 속도로 도시화가 진행되었고 심각한 가난이 초래되었다. 무엇보다도 증가하는 기후위기의 위협은 산업 확장의 영향을 관리하는 데 있어서 인간 기술에 대한 신뢰를 조롱하듯 실추시켜왔다.

이러한 모든 압도적인 발전 앞에서 교회가 할 수 있는 말은 종종 제한적이었다. 기독교의 윤리적 진술은 이제 다른 많은 이론과 행동에 대한 제안들과 경쟁해야 하며, 현대 역사에서 가장 극적인 변화의 가장자리에 서 있다. 이처럼 현대 사회의 많은 윤리적인 문제들의 복잡성은 때때로 교회가 특별히 그것들에 대한 깊은 이해와 함께 그것에 대해 구체적이고 실천적으로 선언하는 것을 어렵게 만들었다. 하지만 앞으로 기독교윤리는 경제와 기후위기, 생태계 파괴, 정치, 그리고 평화에 영향을 미칠 새로운 기회에 직면할지도 모른다. 교회의 역사는 기독교윤리에 그러한 영향력을 발휘할 만한 폭넓은 비전과 심오한 비판적 통찰력을 제공한다.

기독교윤리는 기관에 대한 개인의 태도에 관한 것만은 아니다. 교회는 그리스도인들에게는 독특한 유형의 공동체나 기관으로 구분된다. 우리의 정체성은 우리가 성도의 공동체에 참여함으로써 형성되고, 우리는 그 참여로 우리가 누구인지 드러낸다. 그렇다면 기독교윤리는 우리가 살고 있는 공동체의 성격에 대한 의문을 제기해야 한다. 그리스도인이 교회에 관심을 가질 뿐만 아니라 교회의 성격과 실천에 끊임없이 질문하고 정의로운 길로 향하도록 노력해야 할 책임은 결국 이러한 연관성에서부터 비롯된다.

이처럼 기독교 윤리학은 교회가 무엇이 되어야 하고 무엇을 해야 하는지, 그리고 각각의 그리스도인들이 무엇이 되어야 하고 무엇을 해야 하는가라는 질문들에 대해 말하는 학문 분야다. 또한 기독교윤리는 만약 우리의 삶과 세상이 하나님이 원하는 대로 변화된다면 세상의 다른 기관들이 어떻게 될 것인지, 그리고 어떻게 할 것인지를 다룬다. 기독교윤리는 다른 개인과의 관계에 있는 개인뿐만 아니라 기관과 관련된 개인과 이러한 기관 자체에 대한 지침을 제공하는 것과 관련이 있다. 그러므로 기독교윤리에서 우리의 맥락이 무엇인지 유념하는 것은 중요하다. 왜냐하면 교회에서 사용되는 도덕적인 가르침은 반드시 국가에 주어져야 할 도덕적 지침은 아니기 때문이다. 일부 기독교 윤리학자들이 주장하듯이 교회는 비종교 공동체나 국가에 대해 기대하는 것보다 더 높은 이상과 더 급진적인 복종을 요구한다.[7]

3) 윤리학의 기원으로서 그리스 철학

일반 학문으로서의 윤리 이야기는 기원전 4, 5세기경 고대 그리스 시대에 시작된 것으로 널리 추정된다. 이것은 의미 있는 도덕적인 반성이 이

---

7   위의 책, 10.

시기나 심지어 더 일찍 다른 곳에서 일어나지 않았음을 뜻하는 것은 아니다. 예를 들어 영향력 있는 중국의 도덕 철학자인 공자는 기원전 551년경에 태어났다. 더구나 그리스의 전통이 아프리카의 이집트 사상에 뿌리를 두고 있다는 수많은 연구 결과를 무시하는 것도 아니다. 그럼에도 기독교윤리가 자리를 잡았던 서양의 전통은 기원전 5세기에 아테네에서 시작된 것으로 일반적으로 알려져 있다. 기원후 4세기 이후 기독교 제국의 도래와 함께 도덕 철학과 신학은 대부분의 면에서 서로 일치하는 모습을 보여 왔다고 말할 수 있다. 그러나 17세기 이후 근대주의가 도래하고 계몽주의라고 불리는 일련의 변화가 시작되면서 결정적인 결별이 일어나기 시작했고, 최근 몇 세기는 철학적 윤리 이야기가 기독교 윤리 이야기와는 별개의 것으로, 때로는 명확하게 반대되는 것으로 부각되어 왔다.

이처럼 인간이 또 다른 인간에게 좋은 삶(good life)과 인생의 의미를 이야기하고 올바른 방향을 제시해온 일은 오랜 역사를 지닌다. 종교와는 또 다른 색채를 지니며 논의되어온 이러한 근본적인 질문에 대한 해답을 추구한 인물들 중에서 **소크라테스**(Socrates, 470-399 BCE)를 대표적인 예로 들 수 있다. 그는 죽은 지 이미 2500여 년이 지났어도 세계사에서 여전히 중요한 인물로 남아 있다. 그는 어떠한 저술도 남기지 않았지만, 인생의 의미와 행복에 대한 그의 가르침과 실천적인 삶은 제자들을 통해 오늘날까지 영향을 미치고 있다.

소크라테스는 인생의 의미와 삶의 방식에 대한 답을 찾는 것을 가장 중요한 질문이라고 여기며, "어떠한 종류의 인생이 살 만한 것인가?

만일 내가 만족스럽고 행복하기를 원한다면 나는 어떠한 종류의 사람이 되어야만 하는가?" 등의 질문들을 이어갔다. 소크라테스가 생각하기에 이러한 질문들은 각자가 직면하고 응답해야 하는 질문이었으며, 무엇보다 그는 좋은 삶에 우선적으로 관심을 두었다. 소크라테스의 계승자들인 플라톤과 아리스토텔레스도 살 만한 인생의 의미와 좋은 삶의 가치를 찾기 위해 노력했으며,[8] 이후로 기독교의 많은 지도자들도 이들로부터 받은 깊은 영향을 바탕으로 기독교 신학과 윤리 형성에 중요한 역할을 감당해왔다.

플라톤과 아리스토텔레스는 최초의 그리스 철학자가 아니었다. 오늘날에도 여전히 논의되고 있는 가장 초기 인물은 기원전 640년에 태어난 밀레토스의 탈레스다. 그러나 플라톤과 아리스토텔레스야말로 고전 그리스 철학의 두 거인이다. 그들 각각의 프로그램의 핵심과 차이점을 파악하는 것이 기독교윤리를 이해하는 데 중요하다.

플라톤(Plato, 427-347 BCE)은 소크라테스의 지혜, 성격, 용기에서 영감을 받은 아테네 귀족이었다. 소크라테스는 아테네의 젊은이들을 타락시키고 시민 종교를 방해한 혐의로 기원전 399년에 아테네에서 사형에 처해졌다. 플라톤의 초기 작품들은 소크라테스와 그의 대화 파트너들 간에 진행된 대화에 초점을 맞추고 있는데, 이 대화에서 소크라테스는 인간의 삶, 사회, 그리고 신들에 대해 널리 가정된 개념들을 해체하는 일련의 질문들을 던진다. 소크라테스는 도덕적 청렴이 신들을 기쁘게

---

8   위의 책, 1.

한다는 것을 부인한다. 그는 "선"의 기원이 변덕스러운 신들 바깥에 있다고 가정하기 때문이다. 소크라테스는 사형 집행을 기다리는 동안 감옥 탈출의 도덕성에 대해 논하고, 비록 법이 부당하게 적용되었을 경우에도 시민이 국가의 법을 회피해서는 안 된다고 결론짓는다.

윤리는 플라톤 철학의 핵심이다. 그의 동굴 우화는 이를 잘 보여준다. 여기서 그는 깊은 동굴의 내리막길에서 겪은 경험을 묘사한다. 동굴 바닥 근처에는 한 무리의 사람들이 있다. 사람들은 동굴의 가장 깊은 곳에 있는 뒷벽을 바라보고 있다. 그들 위와 뒤, 동굴 입구에서 더 가까운 곳에 있는 불은 동굴 안에 모든 빛을 제공한다. 사람들의 등과 불 사이에는 인형을 조종하는 사람이 있다. 그가 동물, 식물, 그리고 다른 것들을 묘사한 인형들을 움직이자, 이 그림자들이 마치 영화 스크린처럼 보이는 뒷벽에 반사된다. 이것이 동굴에 있는 사람들이 아는 유일한 현실이다. 사람이 동굴을 떠나면 상황은 변한다. 그 사람은 처음에는 태양에 눈이 멀었지만, 새로운 세계가 예전 세상보다 더 현실적이라는 것을 빠르게 깨닫는다. 하지만 만약 그 사람이 동굴로 되돌아온다면, 그는 예전처럼 반사된 것을 더 이상 받아들일 수 없기 때문에 그는 동굴 거주자들에 의해 눈이 먼 것처럼 여겨질 수도 있다. 플라톤의 관심은 사람들이 물질세계의 비현실성에 압도당하지 않도록 훈련하는 것이었다. 진짜를 보려면 동굴을 떠나는 것과 같은 자아의 변혁이 필요하다.

플라톤에게는 위계질서를 보여주는 이상(ideal)적인 존재가 있다. 이성은 정신을 지배하고, 이는 욕망을 지배한다. 이러한 질서 정연함은 네 번째 덕인 정의를 드러낸다. 그는 각 계층이 사회적 이익에 적절히 기여하는 결과가 곧 정의가 되어야 한다고 여겼다. 따라서 성격, 적성, 관심이 계층을 결정한다. 플라톤은 윤리가 정치를 필요로 한다고 가정한다. 그에 상응하는 사회 질서를 전제로 하지 않는 도덕은 없다는 것이다.

플라톤의 제자 **아리스토텔레스**(Aristotle, 384-322 BCE)는 아마도 기독교 이전 윤리의 핵심 인물일 것이다. 아리스토텔레스는 그의 철학을 네 가지 대의들인 물질적, 효율적, 형식적, 그리고 최종적 원인에 기초했다. 아리스토텔레스에게 있어 그 형식은 이상이 아니라 경험을 감지하기 위해 접근할 수 있는 특정한 물체였다. 그에게 있어 중요한 차이점은 덧없는 존재와 영원한 본질 사이의 차이가 아니라 실제 형태와 물질적 잠재력의 차이였다. 아리스토텔레스에게 윤리는 단순히 정치의 일부다. 인간은 공동체의 환경에서만 잠재력을 실현할 수 있는 사회적이며 정치적인 동물이다. 따라서 국가에 대한 그의 생각은 본질적으로 도덕적인 프로젝트로서, 구성원들이 잘 살아 행복하게 되는 것을 지향한다. 그에게 있어 도덕적인 삶은 과잉과 결핍의 중간인 "중용"(golden mean)을 지향하는 것이며, 행복은 인간의 존재 목적이었다. 하지만 그의 가부장적 태도와 여성의 지위에 대해 부정적이었던 점, 노예제도를 인정하고 군주제를 이상적인 정치제도로 생각했던 점은 시대적인 격차를 초월할 수 없는 한계였다.[9]

기독교윤리의 형성과 관련하여 우리는 또 다른 두 가지 그리스 전통에 주목해야 한다. **에피쿠로스**(Epicurus, 340-270 BCE)는 플라톤의 이

---

9   위의 책, 107.

상적인 지식 추구와 아리스토텔레스의 잠재력 실현을 거부했다. 그는 인간 행동에 있어 신성한 요소에 대한 어떠한 고려도 배제했다. 그는 전적으로 물질적 현실에 집중했다. 그의 생각으로는 창조도 없었고 마지막 운명도 없었다. 오직 모든 물체와 사건을 형성하기 위해 결합하고 분리된 원자만 있었을 뿐이다. 이것은 원자 물질주의(atomic materialism)로 알려져 있다. 죽음에는 두려울 것이 없었다. 왜냐하면 존재하는 자에게는 죽음이 없고, 죽은 자에게는 존재가 없기 때문이다.[10]

아리스토텔레스가 행복을 위해 쾌락을 거부한 것과 달리, 최종적인 성취에 보다 지향적인 개념을 가진 에피쿠로스는 가장 높은 선이 쾌락이라고 주장하는 데 주저함이 없었다. 소크라테스의 제자인 그리스 철학자 아리스티포스(Aristippus, 435-356 BCE)는 과거의 쾌락을 기억하지 못하거나 미래의 쾌락을 참된 실제로 예상하지 못했기 때문에 현재의 욕구 충족만이 진정한 쾌락이라고 주장했다. 에피쿠로스는 아리스티포스의 쾌락에 대한 강조를 받아들였지만 강렬함보다는 지속시간에 집중했다. 에피쿠로스에게 기쁨의 절정은 영혼이 평화로울 때 따르는 고요함이었다. 쾌락에 대한 에피쿠로스의 개념과 후대에 그의 이름과 연관된 관능적인 쾌락충족을 구별하는 것은 중요하다. 에피쿠로스에게 있어 즐거움은 신체에 고통이 없고 정신에 괴로움이 없는 것을 의미했다. 현재의 욕구를 충족시키는 것이 미래에 고통을 주는 경향이 있기 때문에, 에피쿠로스는 그의 추종자들에게 관능성을 피하라고 권장했다. 사랑에

---

10   Wells, *Introducing Christian Ethics*, 68.

빠지는 것과 성적인 교류는 평화에 지나치게 방해가 되어 즐길 수 없으며, 정치조차도 피하는 것이 최선이다. 보이지 않게 사는 것이 최선이다. 반면에 덕은 고통이나 불편함을 수반할 수 있는 상황을 피하는 데 도움이 되기 때문에 추구할 가치가 있다.[11]

스토아주의(stoicism)는 가장 어려운 환경에서도 스승의 의무적인 냉정함을 강조했던 안티스테네스(Antisthenes, 444-365 BCE)라는 제자를 통해 소크라테스에게로 이어진다. 스토아주의는 완전한 자유와 완전한 결정론의 양극단 사이로 향하는 삶의 방식을 추구했다. 그 추종자들은 자연과 조화되는 의지를 계발하여 파괴적인 감정을 없애려고 노력했다. 기원전 301년부터 키티온(Citium)의 제논(Zeno, 333-264 BCE)은 스토아 포이킬레(Stoa poikile)[12]에서 가르치기 시작했고, 곧 스토아주의는 그리스-로마 지배 계급 사이에서 가장 영향력 있는 도덕 철학이 되었다. 따라서 초기 기독교윤리가 발달한 곳은 유대교와 더불어 이러한 토양 위에 있었다. 아파테이아(*apatheia*) 개념은 매우 중요했다. 이것은 건강, 명성, 사랑, 죽음 등과 같이 통제할 수 없는 것에 대해 무관심해지는 심리 상태다. 로마 공화국의 높은 이상이 로마 제국의 관료적 실용주의로 대체된 후, 스토아주의는 존경받는 관료들이 자신들의 삶을 묘사하고 상상하는 결정적인 방법이 되었다. 외부 정치가 갈수록 평판이 나빠지는 시대에 이것은 고상한 내부 정치가 됐다.[13]

---

11   위의 책.
12   채색된 복도 또는 현관 지붕을 뜻한다.
13   Wells, *Introducing Christian Ethics*, 69.

에피쿠로스 철학과 스토아주의의 가장 큰 차이점은 스토아주의에서는 하나님 개념이 매우 중요하다는 점이다. 스토아 학파 사람들에게 하나님은 만물의 운명에 편재하신다. 그러므로 운명과 섭리는 동일하다. 인류의 위치는 모든 만연해 있는 하나님의 의지에 동의하는 것이다. 여기서 하나님의 의지는 자연으로도 알려져 있고 때로는 로고스로도 알려져 있다. 인간은 하나님의 뜻에 따라 자신의 의지를 바꿈으로써 번성한다. 덕(virtue)은 그렇게 하도록 하는 훈련이다. 덕은 하나님의 뜻을 아는 것이며, 다른 어떤 것도 중요하지 않다. 그럼에도 아름다움, 건강, 명예와 같이 중요하지 않은 것들은 여전히 추구할 가치가 있다. 스토아 학파 사람들은 오직 그들의 능력 안에 있는 것에만 집중하며, 그것은 하나님의 뜻에 동의함을 의미한다. 이것은 그들이 긍정적인 감정관을 가지고 있을 때, 진실을 왜곡할 수 있는 어떤 감정도 고통에 개방함으로써 피한다는 것을 의미한다. 가장 큰 고통이 찾아온다 해도 그들은 이것조차도 하나님의 뜻이라고 말할 수 있어야 한다. 윤리는 철학의 최고 분야이며, 그것은 죽음에 대한 사색을 포함한 금욕 훈련으로서 추구되어야 한다. 모든 사람은 같은 보편적인 정신에서 파생되기 때문에 그들은 계급과 민족이라는 전통적인 경계를 넘어 서로에게 효도와 같은 사랑을 보여야 한다.

윤리학과 관련하여 마지막으로 중요한 그리스 철학자인 **플로티노스**(Plotinus, 204/205-270 CE)는 자신보다 7세기나 앞서서 활동했던 플라톤의 관심사로 돌아가면서 고전 시대를 마감한다. 플로티노스는 플라톤 사상을 발전시킨 신플라톤주의를 대표하는 인물인데, 신플라톤주의는 특히 아우구스티누스에게 심대한 영향을 끼친 것으로 알려졌다. 신플라톤 사상의 경향은 플라톤의 형태론을 보다 신비적인 방향으로 받아들이는 것이다. 다시 말해 플로티노스와 그의 추종자들에게는 감각 경험의 육체적 세계, 생성 영역은 영원한 형태의 존재 영역보다 철저히 이차적이다. 플라톤이 악을 선의 결핍에 지나지 않는 것으로 본 반면, 플로티노스는 종종 일반적으로 물질과 특히 육체가 마치 그들 자체로 악한 것처럼 말했다. 플라톤은 인간의 사고가 특수성에서 점점 더 추상적인 개념으로 올라갈 수 있어서 단계적으로 실재에 대한 이해를 획득할 수 있다고 믿었던 반면, 플로티노스는 물질과 선의 이상적 형태 사이에 의미심장한 이중성이 있다고 생각했다.[14]

플로티노스에게 있어 모든 것의 중심에는 형용할 수 없고 존재를 넘어선 개념인 "하나"(the One)가 있다. 하나로부터 첫째는 모든 마음, 둘째는 영혼, 그리고 마지막으로 물질의 발산이 진행된다. 인간은 영혼과 물질 사이에 있고, 그들의 영혼의 갈망은 인간을 하나 안에서 진정한 성취로 지향시키는 경향이 있다. 인간 삶의 목표는 육체로부터의 분리, 지성의 초월, 그리고 영혼의 함양을 통해 하나로 돌아가는 것이다.

플로티노스는 플라톤의 4대 미덕을 지지하면서 미덕의 전통을 확인하였다. 하지만 덕목들이 육체의 복잡한 삶을 형성했기 때문에, 그것들은 영혼의 "단순한" 삶에 대한 부차적인 관심들이었다. 사회에서 좋은 삶을 사는 것은 주된 목표가 아니다. 오히려 삶은 영혼이 신성해지기를

---

14   위의 책, 69.

추구하는 과정이다. 플로티노스가 기독교윤리에 남긴 유산은 내면의 삶을 사회적 상호작용 이상으로 소중히 여기는 곳, 그리고 육체가 영혼과 구별되고 영혼의 번영보다 덜 가치가 있고 심지어 방해하는 것으로 보이는 곳이면 어디든지 분명히 존재한다.[15]

그는 로마 제국 역사상 가장 혼란하고 끔찍한 시대에 활동했다. 외적이 침입하고 군인은 무능했으며 세금은 높았다. 당연하게도 플로티노스의 철학은 실제 세계에서 눈을 돌려 이상 세계를 향했다. 현실 세계는 아무 희망도 없으니 현실에서 희망을 찾는 것은 불가능했다. 따라서 사고와 상상 속에서만 희망과 행복을 찾을 수 있었다. 플로티노스는 그러한 방향으로는 최고 중 하나라고 할 수 있었는데, 그의 철학은 중세 기독교에 깊은 영향을 주었다.

우리가 초기 교회와 신약성경의 형성에 대한 그리스 철학의 영향을 지나치게 강조할 필요는 없지만, 요한복음(예를 들면 말씀으로서의 로고스)을 비롯한 성경의 다양한 본문들을 통해 초기 교회가 형성되는 과정 중에 성경이 저술될 때 그리스 철학의 영향이 스며든 것은 명백한 사실로 인정해야 한다. 아울러 에피쿠로스와 스토아 학파를 비롯한 다양한 그리스 철학 사상들이 기독교윤리의 전통에도 상당한 영향을 주었을 것이다. 그러므로 그리스 철학에 대한 시대적인 이해가 기독교윤리를 이해하는 데 도움을 준다. 초기 교회 공동체는 당시 세계의 다양한 문화와 철학의 영향을 전적으로 배제하지 않고 오히려 대화와 포용의 자세를

---

15   위의 책, 70.

취했고, 말씀과 기도로[16] 그들을 새롭게 만들며 자신들의 특수성을 잃지 않고 명맥을 이어갔다.

4) 기독교윤리의 특수성

교회 역사 대부분에 걸쳐 기독교 신학이나 관행에서 "윤리"라고 불리는 특별한 연구 범주 혹은 분야는 존재하지 않았다. 기독교 신앙고백의 함축적인 의미는 행동과 사고를 함께 형성하는 것으로 가정되었고, 행동과 사고 모두 하나님이 신자들을 구원한 그리스도 안에 있는 예배 공동체라는 맥락 안에서 하나님의 행동에 의해 변형된 것으로 이해되었다. 물론 성경에는 많은 도덕적 지침과 가르침이 있고, 수 세기에 걸친 교회의 가르침과 설교가 있었다. 그러나 근대에 이르기까지 그 어디에도 그리스도인들이 "그리고 이제 나는 잠시 윤리를 실행할 시간을 가질 것이다"라고 말하는 가르침이 포함되지는 않았다.[17] 교회에서의 제자도 정신은 예배 실천의 전체적인 맥락이었으며, 그것은 하나님을 따르는 것이었다. 그것이 특정한 형태의 행동을 생성하고 알려준다는 사실은 예전이나 교리의 연구와 구별되는 그 자체의 특별한 분야에서의 분석이 필요하다는 것을 의미하지는 않았다.

---

16   참조. 딤전 4:4-5.
17   Wells, *Introducing Christian Ethics*, 90.

그러나 우리는 기독교윤리의 범주 자체에 문제가 있다는 점에 주목해야 한다. 이것은 특정한 서술자인 "기독교"에 의해 자격을 갖추게 되는 "윤리"라고 불리는 일반적인 분야가 있다는 것을 의미할 수도 있다. 하지만 교회 역사를 형성해 온 대부분의 기간 동안 "윤리"라고 가정된 보편적인 개념은 없었다. 즉 옳고 그른 행동에 대한 일련의 원칙, 특정한 생각과 관행의 주장을 측정하고 평가할 수 있는 규범이나 원칙은 없었다는 것이다. 아무도 그런 개요를 주장하지 않았다. 또한 "윤리"는 하나님과 함께 인류 역사의 구체적 용어인 구원의 역사로부터 자유로운 초월적인 "선"(good)을 표현하는 용어로 사용되지 않았다. 그러한 의미에서 기독교윤리는 차라리 기독교의 윤리적인 기준을 찾기 위해 노력하기보다는 "예수를 기준으로 하여 인생과 창조세계의 의미를 묻는 학문"이라고 정의를 내리는 것이 더 나아 보인다.

예수는 소크라테스와 여러 면에서 닮았다. 그는 우선 선생이었고 어떠한 저술도 남기지 않았으며, 제자들의 삶에 깊이 관심을 가졌고 그들이 인생의 가치를 추구하도록 도와주었으며, 자신이 가르친 대로 인생을 살면서 도덕적으로 존경을 받았고, 결국 자신이 믿는 것을 위해 죽음의 길을 걸어갔는데 그것은 정치적인 회유에 저항한 희생적인 죽음이었다.[18] 반면에 예수의 경우 소크라테스와 근본적으로 다른 점도 있었는데, 하나님께서 죽은 자들 가운데서 그를 살리셨으며, 여전히 살아서 그를 따르는 사람들 곁에서 자신의 가르침을 이어가도록 하고 있고, 인생

---

18   Boulton, *From Christ to the World*, 3.

에 대한 질문과 함께 해답까지도 주시는 분이다. 바로 이 부분이 기독교 윤리가 특수성을 띠고 일반 윤리와 근본적으로 구별되는 시작 지점이라고 할 수 있다. 즉 기독교윤리는 언제나 예수 그리스도 안에서 하나님께서 하신 일을 설명하는 곳에서부터 출발해야 한다. 키에르케고르가 지적한 것처럼 "예수 그리스도는 기독교윤리에서 "중명사"(middle term) 역할을 한다."[19] 즉 기독교윤리에서 예수 그리스도는 언제나 중간에 위치해야 한다. 일반 윤리학은 "무엇이 좋은 삶인가, 무엇이 살 만한 인생인가?"라는 질문을 던지는 반면, 기독교 윤리학에서 우리는 "예수를 따르는 자로서 나는 누구인가, 예수의 권위를 인식한 사람으로서 무엇이 가치 있는 삶인가, 예수를 그리스도로 고백한 사람으로서 어떠한 사람이 되어야 하는가?"라는 질문을 던진다.

기독교는 오늘날 세계의 여러 종교들 가운데 하나다. 그것은 유대교에서 비롯되었고 이슬람교와 많은 공통점을 가지고 있다. 그러나 그리스도인들은 유대교가 신약 시대 이후로 크게 발전했다는 것을 기억해야 한다. 대부분의 그리스도인들은 유대교에 대해 종종 묘사되는 방식의 영향으로 인해 고정관념에 사로잡혀 그들의 믿음과 관행을 인정하지 않는다. 마찬가지로 현대 일부 이슬람의 폭력적인 비주류 경향에 대한 두려움은 많은 그리스도인들이 윤리에 있어서 이슬람 전통의 깊이에 진지하게 관여하는 것을 금지해왔다. 또한 이들 아브라함 신앙전통의 그룹 밖에는 기독교윤리에 대해 의미심장한 공명과 불협화음이 있다. 다

---

19   위의 책, 4.

양성이 존중되고 포용의 가치가 강조되는 글로벌 시대에 기독교윤리의 사명은 기독교의 특수성을 잃지 않으면서 이러한 갈등과 충돌의 중재를 위해 화해의 대사가 되어 지혜롭게 대화하고 평화롭게 조정해 가는 것이다.

5) 기독교윤리의 다양성

세 명의 학자들이 공저한 기독교 윤리학 교재인 *From Christ to the World* 에서는 기독교 윤리학을 "예수 그리스도의 삶과 인격이 어떻게 우리의 도덕적인 삶에 영향을 끼치는지, 예수 그리스도께서 하나님에 관해 드러내신 것을 이루기 위해 우리가 어떠한 존재가 되고 어떻게 행동해야 하는지에 대해 조심스럽게 조직적인 검토(systematic examination)를 수행하는 학문"이라고 정의한다.[20] 즉 기독교 윤리학은 그리스도인으로서 어떠한 "의미 있는 도덕성(morality)에 대한 설명과, 세상을 향한 그리스도인으로서의 삶의 방식에 관한 지식과 가이드를 제공해 주는 규범을 구별해내는 훈련된 시도다."[21] 하지만 오랜 세월을 통해 형성된 기독교의 전통과 문화에 따른 다양성과 복잡성이 존재하므로 그것은 쉽게 파악할 수 있는 작업이 아니다. 다양성은 기독교 초기에서부터 교회의 주

---

20   위의 책, 5.
21   위의 책.

요 특성이었다. 우리가 기독교의 모든 다양한 내용들을 쉽게 파악할 수는 없지만 풍부한 자원들은 오랜 기간을 거쳐 기독교윤리의 형성에 기여했다.

일반 윤리와 특히 기독교윤리의 본보기가 되는 이론들의 다양성은 이 분야를 처음 접하는 사람들에게는 당혹스러워 보일 수 있다. 그러나 우리는 많은 이론을 세 가지의 포괄적인 분야로 분류할 수 있다.[22] 각각의 주제는 해당 이론이 누구를 위해 윤리적인 성찰을 수행하는가에 따라 결정된다. 즉 "각각의 접근방식은 누구를 위해 말한다고 가정하는가?"에 대답하는 형식이다. 이 질문에는 크게 세 가지 답이 있으며, 그 대답들은 다음과 같다.

첫째, "윤리는 모두를 위한 것이다." 즉 한 사람에게 바른 것은 원칙적으로 다른 모두에게도 옳다는 것이다. 물론 상황은 바뀔 수 있지만, 적절한 행동도 바뀔 수 있다. 요점은 모든 사람들이 명령, 의무, 결과, 사회, 권리, 또는 선을 평가하는 규범적인 수단이라고 여기는 것들이 동일한 관계에서 보편적으로 적용될 수 있다고 가정하는 것이다. 그러므로 윤리는 사람들에 관한 것이 아니라 그들이 처한 난제와 그들이 내리는 결정에 관한 것이다. 사람들에게 초점을 맞추는 것의 문제는 사람들이 개인적인 성격, 헌신, 그리고 처한 환경에 따라 서로 다르다는 것이다. 반대로 결정은 누구에게나 공통적인 것으로 보인다. 우리는 이러한 윤리의 흐름을 "보편 윤리"(universal ethics)라고 부른다. 이 구분에서는 누군가에

---

22   이 분류법은 Samuel Wells 외, *Introducing Christian Ethics* 의 내용을 참조했다.

게 적용되는 것은 모든 사람에게도 분명히 적용된다고 간주하기 때문이다. 유사한 이유로 이것은 정부 및 법률과 특별한 관계를 맺고 있다. 왜냐하면 어떤 특정한 고려사항과는 무관하게 모든 사람에게 무엇이 좋은지를 확립할 수 있다고 가정하는 즉시 그러한 선이 일반 대중으로부터 요구, 기대, 장려 또는 허용될 수 있는지, 또 어떻게 허용될 수 있는지에 대한 질문에 직면하게 되기 때문이다. 보편 윤리를 한 단어로 요약한다면, 그것은 아마도 "결정"(decision)이라는 단어일 것이다.

본래 윤리학에는 전통적으로 세 가지 접근법이 존재했다. 그것들은 보편 윤리를 이해하기 위한 현대의 모든 맥락의 많은 부분을 제공하기 때문에, 우리의 목적을 위해 그것들을 아는 것이 중요하다. 윤리는 행동(action)과 의도(intention)에 초점을 맞춘 의무론적(deontological) 접근과 결과(outcomes)에 초점을 맞춘 결과론적(consequential) 접근 사이의 격전으로 묘사될 수 있다. 보편 윤리는 이 두 가지 접근법 각각에 복잡성이 있음을 설명하지만, 두 접근법의 차이보다 일치점을 찾기 위해 올바른 관계라고 부르는 세 번째 방법으로 보편적인 접근법을 추가한 것이다. 이것은 덕성(virtuous character)을 개발하는 가장 오래된 전통을 갖는 덕의 윤리(virtue ethics)와 연결된다. 의무론적 윤리는 크게 신적인 명령과 자연법(natural law)으로 나뉜다. 둘 다 "모든 사람을 위한 윤리"이지만, 전자는 하나님의 표현된 의지에 권위를 두는 반면, 후자는 인간의 본성과 이성에서 권위를 찾는다. 하지만 이 둘은 자연법 자체가 하나님의 신성한 율법의 표현으로 여겨지는 곳에서는 중복된다. 이러한 점에서 우리는 칸트의 정언 명령(categorical imperative)이 옳은 의도에서 논란의 여지가 없는 근거를 찾으려는 시도라는 것에 주목할 필요가 있다. 결과론적 윤리는 공리주의의 중요성과 공리주의가 올바른 일을 계산할 수 있다고 약속하는 방식에 관심을 둔다. 결과주의는 옳고 그름에 대한 전체 개념을 약화시킨다는 단점이 있지만 이에 대한 대안적인 다양한 접근법들이 존재해왔다.

두 번째 대답은 "하지만 모두에게 말할 때 누구를 빼놓을 것인가?"라는 질문에 관한 것이다. 간단히 말해 기독교윤리는 기독교 역사와 마찬가지로 경제적으로 안정된 백인, 북대서양인, 이성애자인 남성의 특정한 사회적 위치에서 기록되는 경향이 있다. 그런 사람은 거의 모든 기독교 역사의 소위 "승자"라고 할 수 있다. 하지만 기독교는 본래 "승자"가 아니거나 아니었던 사람들과 관련이 있지 않은가? 예수 그리스도는 과부, 고아, 외국인들의 주님이 아닌가? 구약성경을 형성하는 것은 이집트로부터의 탈출과 같은 새로운 것의 원형을 제공하는 패러다임이 아닌가? 하나님의 이야기는 노예에서 자유인으로 인도함을 받은 사람들에 관한 이야기가 아닌가? 그리고 이것을 망각하는 윤리는 특권 사회 속의 엘리트들의 힘에 속할 뿐만 아니라, 한편으로는 그러한 엘리트들이 권력을 장악하고 유지하며 번창하는 일에 관련이 있으며, 기독교에서 인간이 무엇을 의미하는지, 그리고 기독교적 사회구조가 어떤 것인지와는 아무 관련이 없다. 이것이 우리가 "약자 윤리"(subversive[23] ethics)라고 부

---

[23] 본래 이 단어는 "체제 전복의"라는 의미가 있으나 전체 내용상 기득권의 입장에서 사용된 오용이라고 판단되어 대체하여 다른 용어를 사용하였다.

르는 것의 관점이다. 이것은 관심과 권력을 노출하고 해석하는 것과 종종 그러한 대리인에 의해 목소리를 거절당하는 사람들에게 권한을 부여하는 일에 동등하게 관심을 가지는 접근법이다. 약자 윤리를 한 단어로 요약한다면, 그것은 아마도 "해방"(liberation)이라는 단어가 될 것이다.

이 분류의 다양한 관점은 사회적 위치를 윤리적 성찰의 출발점으로 만들기 때문에 접근법의 보편적인 가정을 부인한다. 약자 윤리는 근본적으로 정체성을 표현하는 것이 아니라 억압받는 이들의 경험에서 하나님의 행동을 찾아내는 것이다. 대표적인 예로 들 수 있는 해방신학(liberation theology)[24]은 행동과 헌신을 첫 단계로 만드는 신학적인 방식뿐만 아니라 사회적 약속의 어떤 특정 방식을 의미하는 "실천"(praxis)이라는 핵심 용어에 초점을 맞춘다. 인종과 관련한 다양한 신학들은 그것들이 발생한 사회 역사, 예를 들어 미국의 노예제도와 인종차별, 남아프리카 공화국의 인종차별정책(apartheid)과 관련하여 크게 다르다. 다른 사례인 페미니즘은 여러 가닥으로 이루어져 있으며, 그 결정적 특징 중 일부는 그것이 계급과 인종 윤리나 생태윤리와 겹치는 영역과 관련이 있다. 마지막으로 장애, 노인 및 어린이들, 자율성에 대한 비판과 같은 주제가 약자 윤리에 나타나는 것을 볼 수 있는데, 이 주제는 다음 분류인 교회 윤리에서 주로 나타나며, 보편 윤리와 일부 약자 윤리 형태 사이의 숨겨진 유사성을 강조한다.

---

24   1960년대 라틴 아메리카에서 유래한 신학의 한 분야로, 억압으로부터의 해방, 가난하고 취약한 이들에 대한 하나님의 특별한 보호와 실천(praxis)의 중심적 역할이 이 신학의 강조점이다.

세 번째 대답은 "기독교윤리는 교회를 위한 것이다"라는 문장으로 표현된다. 우리는 이 접근방식을 "교회 윤리"(ecclesial ethics)라고 부른다. 그것은 보편 윤리의 가정들과 관련하여 약자 윤리와 그에 대한 회의적인 태도를 공유한다. 그것은 기독교윤리의 출현에 대한 특정한 이야기에 관심을 두는 경향이 있다. 그러한 이야기는 로마 제국에서 그리스도인들이 소수 집단일 때부터 시작되는데, 그리스도인들의 가정(assumption)과 가치(value)는 기껏해야 호기심, 또는 최악의 경우 로마의 관점에서는 위협이었다. 그러나 4세기에 황제가 그리스도인이 되었을 때 그리스도인들은 보편적인 관점에서 생각하기 시작했다. 그 과정에서 그들 중 많은 이들이 교회의 관례와 윤리의 특수성을 잃었다. 종교개혁 시대에도 급진적인 개혁가들은 그렇지 않았지만, 주요 개혁가들인 마르틴 루터, 장 칼뱅, 홀드리히 츠빙글리 등은 대체로 "보편적인" 가정을 유지했다. 17세기와 18세기에 개인과 국가라는 두 가지 강력한 주제가 부상하면서 기독교는 그러한 부담스러운 의제에 너무나 안이한 방식으로 흡수되고 말았다. 많은 현대 기독교윤리 학자들은 지난 200년 동안 가족이나 국가의 이익이나 한 종파의 공동의 이익에 대한 편협한 보호와는 차별화되는 기독교적인 관점을 확인하는 일이 드물어졌다고 한탄한다.

교회 윤리는 교회의 가시성을 새롭게 하고 기독교윤리의 특징적인 요소, 특히 예수의 인성을 강조할 것을 요구한다. 그러한 독특한 윤리는 교회 밖의 사람들에게 무언가를 제공할 수 있으나, 그것은 당연하게 여겨져서는 안 된다. 왜냐하면 그리스도인들에게 무엇이 옳은지에 대한 성찰을 모든 사람에게 기대하거나 법제화시킬 수 있는 것으로 제한하는 것은 건강한 교회 형성을 위해 옳지 않기 때문이다. 교회 윤리는 모든 사람이 내리는 결정보다는 결정을 내리는 사람들 특유의 성품에 더 가깝다. 그래서 만약 교회 윤리를 한 단어로 요약한다면, 그 단어는 "성품"(character)이 될 것이다. 이런 의미에서 교회 윤리는 덕의 윤리와 가깝다.

교회 윤리는 널리 사용되는 용어가 아니다. 이 분류는 약자 윤리를 따르는 학자들에 의해 만들어진 보편 윤리에 대한 많은 비판을 공유하고, 그들 자신의 윤리 중 일부를 추가하여 교회의 관행을 중심으로 건설적인 윤리를 세우는 운동이라고 묘사할 수 있다. 교회 윤리에서 강조된 신학자들은 스타일, 주제, 대화 상대의 선택 등에서 오늘날 기독교윤리의 역동성을 상당 부분 보여준다.

보편 윤리는 누구에게나 옳은 것에 초점을 맞추고, 약자 윤리는 소외되고 배제된 사람들의 특정한 관점을 지적하는 반면, 교회 윤리는 그리스도인들의 윤리가 무엇보다도 그리스도 안에서 가능해진 인생과 관련이 있어야 한다고 주장한다. 이것은 그리스도인들이 다른 사람들보다 더 뛰어나다거나 관심을 받을 가치가 있다는 것은 아니다. 그리스도인들은 윤리적인 원천을 위해 인간 사회의 윤곽이 아니라 그리스도 안에서 가져온 변화를 먼저 바라보는 사람들이다.

이 세 가지 범주의 구분은 모든 기독교윤리의 형태를 명확하게 구분하여 설명할 수 있을 정도로 완벽하지는 않다. 한 부류에만 완전히 들어맞는 작가는 거의 없다. 대부분은 한 부류 이상, 그리고 어떤 경우에는 세 부류 모두와 연관이 된다. 마틴 루터 킹은 서로 다른 순간에 세 부류 각각에 의지했던 20세기의 유명한 인물이었다. 중세 신학자인 토마스 아퀴나스는 그의 주장에 대해 보편적이고도 교회적인 견해를 가지고 있었다. 하지만 이것은 교과서적인 구분이고, 교과서의 요점은 학생들이 때로는 다수의 저자들과 접근법들을 탐색하고 핵심적인 주제를 파악한 후 다양한 종류의 주장들을 수립하는 법을 배우도록 돕는 것이다. 이 폭넓은 형태의 논쟁을 식별하는 것은 학생들이 접근법, 청중, 그리고 추정에서 가장 현저한 차이점들을 인식하면서 기독교윤리의 다양성을 이해하는 데 도움을 줄 것이다.

6) 기독교윤리의 맥락과 상황

"윤리는 현실과 분리될 수 없다"라는 디트리히 본회퍼(Dietrich Bonhoeffer)의 강조는 기독교윤리가 언제나 "실제 상황에 대한 올바른 인식과 그에 대한 진지한 반성의 문제"라는 맥락을 중요시하는 그의 윤리의 핵심적인 내용과 통한다.[25] 즉 행동을 위한 맥락의 해석은 모든 도덕적인 분별과 판단의 필수적인 요소다. 하지만 그렇다고 해서 모두가 상황주의자(situationist)가 될 필요는 없다. 맥락에 대한 분석에 따라 어떠한 원리나 규칙의 실효성 여부를 판단할 수 있기 때문이다.

---

25 Dietrich Bonhoeffer, *Ethics*, trans. N. H. Smith (New York: Macmillan, 1955), 364-65.

그러나 상황을 해석하는 것은 단순히 "사건의 사실"을 객관적으로 정리하는 것이 아니다. 여기에는 평가 설명이 포함되며, 언제나 사건에 대해 특정한 위치와 관점에서 수행된다. 우리가 특정 대상에서 무엇을 보는지는 우리가 어떤 관점에서 그것을 바라보느냐에 달려 있다. 도덕적 결단을 요구하는 상황을 대할 때도 마찬가지다. 여기에는 상황에 대한 두 가지 적절한 맥락에 대한 감각이 있는데, 하나는 도덕적인 결정을 위한 맥락(또는 상황)이고, 또 다른 하나는 상황에 대한 우리의 관점을 결정하는 맥락(또는 장소)이다.[26]

기독교윤리는 기독교 공동체와 그 전통 안에서 그 공동체가 도덕적으로 살기 위해 고군분투해야 하는 상황을 설명한다. 그리하여 어떤 의미에서 교회는 기독교윤리의 맥락이자 장소이다. 교회 자체는 세상 안에 머물러 있고 그리스도인들이 이해하고 가치를 평가하려고 투쟁하는 상황들도 마찬가지로 세상 안에 있다. 그러므로 세상과 그 상황들 역시 도덕적 행위의 맥락을 이해하려고 시도할 때는 기독교윤리의 맥락(또는 장소)이 된다.

교회 내에는 세상에 대한 깊은 의심에서부터 무관심, 긍정에 이르기까지 다양한 관점이 존재해왔다. 세상을 바라보는 관점은 부분적으로 다른 신학적인 강조에 의해 형성되며, 다른 관점은 분명하게 그리스도인들이 행동해야 하는 특정한 상황과 그리스도인들이 취해야 할 행동에 대한 다른 평가적인 서술들을 형성한다. 에른스트 트뢸치(Ernst Troeltsch)

---

26   Boulton, *From Christ to the World*, 281.

가 기독교 공동체를 이상화하여 표현한 교회와 종파(sect)의 구분은 다음의 노선을 따라 설명될 수 있다. 교회는 세상의 삶을 위해 그리고 세상의 문화적 에토스와 세상의 제도에 영향력을 행사하기 위해 그것의 이상과 타협할 필요성을 받아들인다. 반면에 종파는 세상을 깊이 의심하고, 타협에 저항하며, 세계의 에토스 및 제도와 거리를 두고 주변화 되는 것을 받아들인다.[27]

트뢸치의 유형론(typology)은 리처드 니버(H. Richard Niebuhr)에 의해 그리스도와 문화 간의 관계 유형으로 발전했는데, "문화에 대적하는 그리스도, 문화의 그리스도, 문화 위에 있는 그리스도, 역설 가운데 있는 그리스도와 문화, 문화를 변혁시키는 그리스도"가 그것이다.[28] 첫 번째는 트뢸치의 "종파"에 해당한다. 교회는 세상과 분리되어 죄와 죽음에 의해 지배되는 것으로 여겨지는 세상과 맞서게 된다. 두 번째는 트뢸치의 "교회" 유형이 세상의 문화적 에토스 및 제도들과 너무 철저히 타협해서 그들 사이의 어떠한 구별도 가능하지 않거나 필요하지 않은 것 같은 상황을 묘사한다. 이런 경우 교회는 그 자체가 하나님의 작품으로 여겨지는 세상과 구별되지 않는다. 중재자의 위치는 세상의 에토스와 제도로부터 주변화되는 것을 받아들이지 않고, 세상 안에서 그리고 세상을 위한 책임을 희생하지 않으며, 기독교의 온전성을 유지하기 위한 다른 전략들을 설명한다. "문화 위에 있는 그리스도" 전략은 세상에 대해

---

27   Earnst Troeltsch, *The Social Teaching of the Christian Churches* (London: George Allen and Unwin Ltd., 1931). 691-92.

28   H. 리처드 니버, 『그리스도와 문화』, 홍병룡 역(서울: IVP, 2007), 11-13.

생각할 때 우리가 번영을 추구하다가 타락하여 잃어버린 그 무언가와 그 자체의 자원들 중 부족한 부분들을 신앙을 통해 채우는 것으로 간주한다. "역설 가운데 있는 그리스도와 문화" 전략은 세상과 그 문화를 창조자이자 보존자이신 하나님의 일로 간주하는 한편, 하나님은 교회에서 구원자로 일하시는 것으로 간주된다. 그러면 그리스도인으로서 우리의 도덕적인 삶에는 두 가지 명령이 존재하는데, 세상에서는 사형 집행인으로서의 소명과 교회에서는 용서자로서의 소명이 있을 수 있다. "문화를 변혁하는 그리스도" 전략은 세상을 죄악에 의해 깊이 왜곡되고 따라서 변혁이 필요한 하나님의 창조물로 간주한다. 변혁은 결국 하나님의 일이지만, 항상 변혁 자체를 필요로 하는 교회는 그 에토스와 세상의 제도를 수정하고 자격을 부여함으로써 하나님의 일에 기여할 수 있다.[29]

맥락과 상황을 이해하기 위한 트뢸치와 니버의 유형론은 기독교윤리에 장소를 제공하는 교회의 사회적 지위가 기독교윤리 자체와 거의 분리될 수 없다는 사실을 보여준다. 채택된 "전략"은 지역 사회의 사회적 지위와 무관하지 않다. 또 그들의 유형론들은 체험적인 가치가 크다. 그러나 그들은 이러한 공동체 내에서 등장해 온 "종파"와 "세상"에 대한 보다 급진적인 도전들을 무시하는 것으로 도전을 받아왔다. 그리고 다원주의와 세속주의가 교회를 공적인 삶의 변두리로 내몰 때 일부 사람들은 대안적인 사회 현실의 "종파적인" 건설이 기독교의 온전함을 유지하는 데뿐만 아니라 세상을 변화시키는 데 가장 적합한 전략인지를 묻

---

29   Boulton, *From Christ to the World*, 282.

고 있다.[30] 그러한 이유로 기독교윤리의 가장 대표적인 두 유형론은 오랜 기간 비판적으로 수정되고 변화를 겪어 오면서 사회윤리와 생태윤리의 필요성을 제공해왔다.

---

30   위의 책.

2

사회윤리와 생태윤리의 기원

1) 약자우선권의 사회윤리

하나님은 인간을 하나의 사회로 창조했는데, 처음에는 한 남자와 한 여자, 그리고 이후에는 계속해서 증가하는 가족으로 인류를 창조했다. 그러므로 인간으로 창조되는 일은 본질적으로 사회적이라고 할 수 있다. 하지만 아담과 하와는 죄를 지었고, 인간은 그 이후로도 계속 죄를 짓고 있다. 이 죄는 인간들의 모임인 사회 영역에 부조화와 투쟁을 초래한다. 하나님이 이 세상을 구원하고 회복시키듯이, 사회적인 피조물로서의 삶에 포함되는 윤리에 대한 현명한 이해가 필요하다. 그러므로 사회윤리는 한 사회 내에서 공동의 복지를 규제하는 원칙과 가이드라인, 특히 무엇이 옳고, 정의롭고, 고귀하다고 여겨지는지를 결정하는 것과 관련이 있다. 성경은 사회윤리에 관한 많은 내용을 담고 있다. 구약성경은 정의와 공의를 요청하며, 신약성경에 담긴 예수의 윤리적 가르침은 그의 형상으로 창조된 사람들이 어떻게 이 세상을 함께 살아가는지를 가르친다.

기독교 신앙의 사회적 차원에 대한 인식은 고통 받는 사람들과 가난한 이들에 대한 광범위한 헌신과 우선권(preferential option for the poor)으로 표현된다. 산업화 시대가 시작된 이래로, 그러한 인식은 자체의 신학적, 윤리적 성찰과 함께했고, 교육 당국의 사회적 선언에 의해 지지되어왔다. 산업화 과정에서 발생한 사회구조적인 질문에 답하기 위한 성찰의 필요성이 제기되었는데, 이는 초기 기독교 시대부터 수반되었던 자애적이고 사회적인 헌신이 익명의 현대 사회에서는 충분하지 않다는 경험에서 비롯된 것이었다. 모두를 위한 정의(justice for all)는 구조적으로 보장될 수 있고 더 이상 개인의 자비만으로 보장될 수 없다는 것이 밝혀졌다. 따라서 복잡한 사회윤리적 맥락에 대한 새로운 종류의 과학적 성찰이 신학 분야에서 필요했고 지금도 필요하다.

사회윤리는 사회구조, 제도, 이슈, 공동체의 도덕적 차원에 대한 체계적인 성찰이며, 사회문제에 윤리적 추론을 적용하는 "응용 윤리"의 한 분야라고 생각할 수 있다. 사회윤리의 이슈들로 주로 다뤄지는 문제들은 가난, 인간과 관련한 주제들에 대한 연구, 동물의 권리, 안락사, 낙태, 차별과 인종 할당제, 그리고 범죄와 형벌, 전쟁과 평화 등을 포함한다. 그러나 사회윤리학자들은 일반적인 이론을 특정 사회 문제에 기계적으로 적용하지는 않는다. 그들의 과제는 (1) 무엇이 좋고, 올바르고, 공정한지에 대한 규범에 비추어 어떤 것이 문제인지 판단하여 사회적 조건을 조사하고, (2) 문제가 있는 것으로 확인된 조건을 변경할 수 있는 조치를 분석하며, (3) 문제의 검토와 행동을 위한 선택 사항의 분석을 기반으로 해결책을 규정하는 것이다. 이 세 단계 각각은 철저히 가치 판단적인 활동이다.[1]

오늘날 기후위기에 직면하여 미국 보스턴 대학교 최초의 흑인 교목이자 마틴 루터 킹 목사의 스승이었던 하워드 서먼(Howard Thurman)이 자신의 저서 *Jesus and the Disinherited*에서 우리에게 보여준 소외된 유대인으로서 예수의 이미지는 강조되어야 하며, 특히 현재 한국교회의

---

1   Don Welch, "Social Ethics, Overview," *Encyclopedia of Applied Ethics*, Volume 4, (Cambridge, MA: Academic Press, 1998), 143-51.

상황을 고려할 때 더욱 그러하다. 그의 가장 중요한 공헌 중 하나는 비폭력이라는 아이디어를 시민권리운동에 도입하도록 한 것이다. 1935년 서먼이 인도로 건너가 간디를 만난 것은 흑인 미국인의 자유 투쟁에서 비폭력 원칙을 도입하는 데 큰 영향을 미쳤다.

　　서먼이 강조하는 진정한 기독교 사회윤리는 예수에 대한 진술이 내부에서, 그리고 그리스도와 그의 추종자들을 통해 하나님의 일에 더 집중함으로써 보충될 것을 요구한다. 이것은 두 가지 방법으로 성취될 수 있는데, 하나는 성육신의 의미를 바라보는 것이고, 다른 하나는 기독교 공동체의 중요성을 확인하는 것이다. 서먼은 저서에서 "예수는 억압받는 소수 집단에 속한 가난한 유대인이었다"는 사실에 초점을 맞추고 있다.[2] 이처럼 오늘날의 사회에서 윤리적 문제를 염려하는 그리스도인들은 그리스도의 소외된 상태를 자신의 사회적인 맥락에서 성찰해야 한다. 그러한 성찰은 사회의 구조적인 문제로 소외된 사람들의 견해와 경험, 그리고 그들과 사회의 나머지 사람들에게 그리스도의 복음이 어떤 영향을 미치는지 고려하는 것으로 이어진다. 기독교의 사회윤리는 소외된 사람들이 억압을 경험하는 것이 무엇을 의미하는지를 탐구하기 전까지는 원수를 사랑하라는 예수의 명령을 현대적 상황에 합법적으로 적용할 수 없다. 서먼이 논의했듯이 원래 사랑과 용서에 대한 예수의 메시지는 우선적으로 상속받지 못한 사람들(the disinherited)과 가난한 사람들을 향한 것이었다. 오늘날 세계 인구 중 높은 비율을 차지하고 있는 것

2　　Howard Thurman, *Jesus and the Disinherited* (Boston, MA: Beacon Press, 1996), 17.

은 그러한 환경에 처해 있는 사람들이다. 결과적으로 물질의 결핍과 사회적 소외로 특징지어진 그들의 인생 경험은 기독교 사회윤리의 개념에 대한 규범적인 기초가 된다.

기후위기와 팬데믹 시대에 사회의 구조적인 문제들은 세계 전체로 확대되었다. 이것은 신학 또한 세계화되어야 한다는 것을 의미한다. 기독교 사회윤리는 지속적인 토론, 학제간 상호연결성, 그리고 신학적 내용과 과목별 지식의 상호작용을 제공하는 신학 분야 중 하나라는 명확한 정체성을 갖는다. 방법론과 관련하여, 고전적 자연법과 인류학적 논쟁의 추가적인 발전은 다른 신학, 철학 및 사회과학적 접근방식들과의 협력을 통해 보충되었다. 여기에는 실용적, 행동적, 통신, 계약 이론, 신아리스토텔레스적 방법 및 시스템 이론 접근법이 포함된다. 그들은 모두 정의에 대한 보다 차별화된 이해를 이끌어냈다. 사회가 다원화와 국제적 상호의존의 새로운 단계에 접어들면서 사회윤리의 신학적인 규율은 일반적으로 용인될 수 있고 현대적이며 실행 가능한 정의의 표준을 형성하기 위해 초문화적이고 초국가적인 노력을 강화해야 한다. 나아가 다른 사람들과의 논의를 확대하는 종교 간 학습 과정도 정의로운 세계 질서뿐만 아니라 해방과 진보의 사회 형성을 위해 필수적으로 요구되며 이는 사회윤리의 근간이 된다.[3]

사회윤리에서 다루는 이질적이며 다양한 문제들은 하나의 주제로 통합된다. 그것들은 사회적 유대감과 사회적 교류에 관한 것이다. 21세

---

3 Welch, "Social Ethics, Overview," 151.

기 전환기에 세계 인구가 농촌에서 대도시 중심지로 계속 흘러감에 따라 도시 계획과 도시의 번영, 그리고 이주와 이민 관련 이슈 등에 대한 윤리적 관심이 대두되기 시작했다. 사회윤리는 이처럼 지구의 생태적 고려사항과 정의 및 국가의 역할과 같은 주제와 함께 사회적 유대관계를 주제로 다룬다. 또한 경제, 부, 빈곤에 관하여 인간 사회가 어떻게 정의되어야 하는가라는 문제, 그리고 부의 분배 및 재분배 방식에 대한 견해들이 사회윤리가 관심을 두는 주요 내용이다. 아울러 상품화와 소비라는 경제와 관련된 주제들은 오늘날 소셜 미디어의 지배적인 환경에 대응하여 교회가 적응하기 위해 연구해야 하는 중요한 사회윤리적 이슈다.

2) 상호관계성의 생태윤리

과학자들은 오랫동안 생태적으로 중대한 의미를 지닌 새로운 지식을 창조하기 위해 다양한 방법론 및 접근방식을 적용해왔다. 윤리는 옳고 그른 행동에 대한 도덕적 개념을 검토하는 학문의 한 분야이며, 과학자들은 자신들의 연구가 미치는 파급 효과를 이해하기 위해 윤리에 의존해왔다. 새로운 기술과 변화하는 연구 기준에 비추어 1970년대에 응용 윤리의 적용 분야가 확대되기 시작했다. 그 가운데 생명윤리(biological ethics) 또는 의료윤리(medical ethics) 개념은 주로 의학에서 윤리적 연구 설계와 환자에 대한 사전동의의 지침으로 사용된다. 환경윤리(environmental ethics)는 자연 세계와 인간 사이의 도덕적 관계 및 책임을 다루고 생태계의 구성 요소와 멸종 위기종을 보호하기 위한 주장을 전개한다. 역사적으로 생태와 보존 생물학의 연구 및 관리 관행으로 인해 제기된 특별한 윤리적 딜레마에 연구자들은 관여하지 않았다. 최근 생명윤리와 환경윤리의 영역에서 윤리적 현장 조사를 위한 부적절한 구조체계들을 발견하게 된 보존 과학자들은 도덕적으로 복잡한 세상에서 생태계와 관련한 전문적인 연구와 보존 관리를 위해 생태윤리(ecological ethics)라는 용어를 제안하여 사용해왔다. 그리하여 최근에는 생태윤리가 생명윤리나 환경윤리에서 발전되어온 것임에도 불구하고 양자를 서로 구별하여 정의한다.[4]

학문으로서의 윤리학은 가치 판단과 관련이 있다. 윤리학은 우리가 왜 특정한 방식으로 행동하는지 살펴볼 뿐만 아니라 그러한 행동이 옳은지 아닌지를 묻는다. 적어도 서양에서는 최근까지도 윤리학의 주된 관심사는 인간에 관한 것이었다. 일부 유신론자들은 인간이 지구상의 다른 생명체에 비해 특권을 가진 지위를 차지하고 있으며, 오직 인간만이 하나님의 형상대로 창조되었기 때문에 다른 모든 생명체는 인간과 대등한 입장에서 상호관계를 유지한다기보다는 인간에게 봉사하기 위해 세상에 존재한다고 주장했다. 이러한 태도는 인간이 지구의 관

---

4   이러한 기원에서의 관련성에도 불구하고 본서는 환경이라는 단어보다는 생태(계)라는 단어를 우선으로 사용하려고 한다. James Nash의 지적처럼, 환경이라는 말은 "모든 생명체의 영역을 고려하기보다는 도덕적인 관심을 인간의 환경에만 기울이는 등 인간중심적인 의미를 내포하고 있는 것처럼 보이기 때문"이다. 제임스 A. 내쉬, 『기독교 생태윤리: 생태계 보전과 기독교의 책임』, 이문균 역(서울: 한국장로교출판사, 1997), 28.

리자나 보호자의 역할을 부여받았다고 설명하는 창세기의 내용과 상반되는 것임에도 불구하고 오랜 기간 일부 기독교 세계의 대표적인 입장이었다. 왜냐하면 그들의 신학적인 배경에 영향을 끼친 아리스토텔레스나 칸트와 같은 철학자들은 인간만이 이성적으로 생각할 수 있는 능력을 지닌 도덕적인 존재라고 생각했기 때문이다. 그들에 의하면 오직 인간만이 본능에 의해서 행동하지 않고, 따라서 자신이 하는 일에 대해 스스로 책임을 부여할 수 있다는 것이다. 과거 대부분의 윤리학 사상가들의 생각으로는 동물과 다른 형태의 생명체는 도덕적 지위를 갖지 않기 때문에 그들은 인간의 목적을 위한 수단(혹은 자원)으로 사용될 수 있었다. 이 접근법은 종종 "인간중심주의"(anthropocentrism)라고 불리며, 대부분 현대 시대까지 별다른 이의 없이 유지되었다.

지구상에 존재하는 것들에 대해 주도권을 행사하는 이러한 인간중심주의는 동물중심주의(zoocentrism), 생물중심주의(biocentrism), 그리고 생태중심주의(ecocentrism) 등과 다양하게 대립하는 위치에 있다. 동물중심주의는 인간 외의 고등 동물도 인간과 함께 도덕적 관심의 적절한 대상이라고 주장한다. 생물중심주의는 이 관심을 모든 유기적 생명체로 확대시킨다. 생태중심주의는 이러한 이슈를 유기체만이 아닌 전체 생태계로 확장한다. 생태중심주의는 인간중심주의만큼 논쟁적이고 섬세한 문제다. 언뜻 보기에 그 의미는 간단할 것처럼 생각된다. 즉 이것은 자연계에 궁극적이고 내재적인 가치를 두거나 혹은 그러한 가치를 추구하는 것이라고 볼 수 있다. 그러나 중요한 질문은 인간을 포함하느냐, 아니면 포함해야 하느냐 하는 것이다. 물론 이것은 인간중심주의자들이 받아들이기에는 쉽지 않은 주장일 것이다. 생태중심주의의 주장은 인간이 의심할 여지없이 중요성을 갖는 것은 분명하지만 그럼에도 불구하고 전체 생태권이 훨씬 더 중요하고 결과적이라는 믿음에 근거를 두고 있다. 지구의 역사를 놓고 생각할 때 생태계 전체가 더 포괄적이고, 더 복잡하고, 더 통합되고, 더 창의적이고, 더 아름답고, 더 신비롭고, 시간적으로 더 오래되었다.[5]

그럼에도 생태중심주의에 대해 비판적인 시각을 가진 일부 학자들은 이것이 인간중심주의의 단순한 도치라고 비난하는데, 이것은 미약하긴 해도 잠재적으로 인간을 혐오하는 듯한 인상을 줄 뿐만 아니라 플라톤주의나 데카르트의 이분법에서부터 물려받은 인간과 자연계 사이의 급진적인 분열을 여전히 드러낸다는 것이다. 그런데 그 분열은 생태학자들이 일반적으로 생태계 문제의 중요한 원인으로 보는 것이었다. 인간에 대한 연민과 동물과 자연에 대한 연민을 통합적으로 보는 것이 더 타당하다. 논리적으로 말해 인간이 자연의 일부라면 그들은 최소한 자연의 본질적 가치의 일부를 공유한다. 그리고 실제로 두 종류의 연민은 서로를 강화시킬 가능성이 있다. 연구를 통해 밝혀진 것처럼 동물에게 잔인한 사람들은 다른 인간을 학대할 가능성이 더 크다는 것 또한 중요하다.[6] 그러므로 생태중심주의가 반드시 인류를 배제하는 것은 아니며, 거기에는 실질적이고 전략적인 강력한 이유들이 있다.

---

5   Patrick Curry, *Ecological Ethics: An Introduction* (Malden, MA: Polity Press, 2011), 57.
6   위의 책, 58.

우리가 명심해야 할 것은 인간의 욕구 충족을 위해 인간이 아닌 존재들을 잔인하게 도구적으로 사용하는 것이 반드시 인간중심적인 지위를 완전히 포기하도록 하는 것은 아니라는 점이다. 적어도 우리가 가치를 매기고 윤리적 판단을 내릴 또 다른 관점이 인간 공동체에 기초한 곳 외에는 없다는 점을 인식할 필요가 있다. 진실로 우리는 인간의 입장에서 어떤 대상을 가치 있게 여기는 것이다. 심지어 인간 세계가 아닌 다른 존재들에 대한 가장 동정적이고 이타적인 가치관조차도 인간의 가치 부여 행위를 통해 발생한다.

우리는 인간으로서의 우리의 본성에서 벗어날 수 없다. 이러한 의미에서 생태계의 위기는 단순히 물리 세계에 대한 도전을 초월한 신학적이자 윤리적 차원에서의 도전이라는 인식이 필요하다. 또한 생태윤리학이 단순히 사회윤리학의 곁가지나 하위 분야로 이해되어서도 안 된다.[7] 생태윤리학은 물론 사회 영역을 포함하고 있지만 보다 넓은 맥락에 관심을 두는데, 그 넓은 영역 탓에 사회윤리학의 표준적인 가치나 방법론을 생태윤리학에 그대로 적용하는 것이 때로는 불가능하다. 생태윤리학은 사회윤리학이 사회의 구조적인 문제에 집중하는 것과 아울러 대상들의 상호연관성과 상호작용 및 의존성에 우선 관심을 두기 때문에 확연히 구분된다. 이처럼 모든 소외된 존재들에 대한 관심과 아울러 행동(action)과 실천(praxis)의 중요성을 강조하기 위한 두 분야의 통합이 사회생태윤리학이 탄생하게 된 배경이다.

---

7   내쉬, 『기독교생태윤리』, 27.

3) 동물윤리의 근거

동물의 도덕적 지위에 대한 성경의 설명은 창세기 1장에 호소할 수 있는데, 여기서는 하나님이 동물에게 복을 주실 뿐만 아니라, 나중에 인류에게 주어진 "생육하고 번성하라"라는 동일한 명령을 그들에게 먼저 내리신다는 점이다. 그들은 홍수로부터 보존되어 새로운 생명을 얻었으며, 그 후 노아에게 주어진 소망의 언약에도 함께 등장한다. 또 창세기에서 우리는 모든 생명이 하나님의 것이라는 이유로 음식을 위해 죽임을 당하는 모든 동물에게서 하나님이 "생명을 찾으신다"는 것을 배우며,[8] 동물들도 안식일에 일하지 말라는 금지 규정에 포함된다는 것을 알 수 있다.[9] 성경에서 종말론적 평화와 풍요에 대한 일련의 비전은 모든 생물체의 평화로운 공존에 대한 기대를 포함하고,[10] 요나 이야기의 마지막 부분이 현대 독자들을 놀라게 하고 즐겁게 만들었던 것처럼 주님은 가축의 복지를 주목하고 돌보시며,[11] 신약성경에서 예수는 동물과 모든 창조세계에 대한 하나님의 섭리적인 돌봄에 대해 설교한다.[12]

이런 성경 본문들은 동물에 대해 이야기하기 때문에 이미 오래 전

---

8 창 9:4-5. 한글 성경에서 사용한 "생명"이라는 단어를 영어성경 ESV 번역본에서는 "reckoning"이라고 번역하여 "추정", "심판"의 의미를 전달한다는 것을 확인할 수 있다.

9 신 5:12-14.

10 호 2:18; 사 11:6-9.

11 욘 4:11. "하물며 이 큰 성읍 니느웨에는 좌우를 분변하지 못하는 자가 십이만여 명이요 가축도 많이 있나니 내가 어찌 아끼지 아니하겠느냐 하시니라."

12 마 6:26; 눅 12:24. "까마귀를 생각하라 심지도 아니하고 거두지도 아니하며 골방도 없고 창고도 없으되 하나님이 기르시나니 너희는 새보다 얼마나 더 귀하냐?"

부터 동물보호주의자들과 동물윤리에 관심을 지닌 학자들이 호소할 수 있는 성경적 근거로 사용되었다. 또 동물에 관하여 인간의 책임을 명시하는 것으로 해석되는 글들이 있는데, 그것은 환경윤리(environmental ethics) 분야에서 인기 있는 개념인 "청지기직"에 대한 것이다. 인간은 하나님의 형상대로 만들어졌으며, 그 하나님은 만물의 창조자시다. 인간은 동물에 대한 하나님의 "지배권"을 공유하도록 부름을 받았지만, 하나님의 형상에 비추어 볼 때 인간의 "지배권"을 동물에 대한 이기적인 착취와 학대의 관점에서가 아니라, "청지기"라는 단어가 암시하는 것처럼 책임감 있고 창의적이며 신중한 관계로 이해해야 한다는 것이다. 예를 들어 농부는 "곡식 떠는 소에게 망을 씌우지 말라"[13]라는 지시를 받는다. 그러나 생태윤리와 관련하여 청지기라는 단어는 가부장적인 색채가 강하기 때문에 너무 많은 위험을 품고 있다는 지적이 있었고,[14] 그래서 창세기 2:15에서 주로 식물을 대상으로 주어진 명령인 "경작하고 지키게" 하는 정원사로서의 개념이나, 누가복음에 나오는 빈틈없는 관리자 개념으로 표현하기도 한다.

반려동물 천오백만 시대를 맞이한 한국 사회에서 최근에 동물들의 도덕적인 지위에 대한 관심이 증가하고 있다. 이것은 기독교와 일반 사회의 윤리적 사고에서 동일하게 나타나는 현상이다. 그런데 이 문제는 다음 세 가지 질문 중 하나로 표현되곤 한다. (1) 우리가 동물을 음식으

---

13   신 25:4.
14   Curry, *Ecological Ethics*, 35.

로 사용해야 할 때 우리는 어떻게 해야 하는가? (2) 우리가 동물을 스포츠에 사용해야 한다면, 어떻게 해야 하는가? (3) 우리가 실험에 동물을 사용해야 한다면, 어떻게 해야 하는가? 여기에 다음 질문이 추가될 수 있다. "동물"이라는 용어는 도덕적 관점에서 어느 정도로 하나님의 피조물들 가운데 인간이나 다른 존재들과 구별되는가? 더욱이 반려동물의 수명이 대체로 인간보다 짧다는 점을 고려할 때 그리스도인으로서 오랜 세월을 함께했던 동물을 먼저 보내는 일을 어떻게 처리할지, 그리고 그들 사후의 위상을 어떻게 자리매김할지에 대한 고민이 발생한다.

인간과 동물의 관계에서 현재 가장 잔인하고 추악한 현실은 식량을 위한 동물의 대량 생산과 관련이 있다. 오늘날 우리가 아무리 엄격한 채식주의자라고 해도 다른 사람들의 동물 착취와 어떤 식으로든 연관이 되는 것을 피하는 것은 사실상 불가능하다. 예를 들어 가죽을 대체하기 위해 사용된 플라스틱에는 과거의 어느 시점에 동물 실험을 거친 물질이 포함될 수 있다. 그리고 스포츠를 위한 동물 사냥, 미끼 또는 마구를 사용하는 것은 동물을 과학적인 지식의 발전이나 유지를 위해 실험에 사용하거나 식품으로 사용하는 일에 비해 상대적으로 시급하지 않은 문제이기 때문에 덜 정당해 보일 수 있다. 특정 의료 절차를 위해 동물 사용을 신중하게 규제하는 것(예를 들면 사람의 생명을 구하기 위해 동물의 심장 판막을 사용하는 것)은 당장 눈에 보이는 상품성이 더 뚜렷하기 때문에 사람들이 의도적으로 무시하는 경향이 있다.

약자 윤리의 입장에서 고려하면 다른 소수 집단이나 억압받는 집단을 옹호하는 것과 유사한 방식으로 동물의 이익을 옹호할 수 있고, 따라서 그들에게 권리를 부여할 수 있다. 또한 약자 윤리의 관점에서 특정한 종류의 동물 실험을 정당화하는 공리주의적 정당화를 거절할 수 있다. 피터 싱어(Peter Singer)는 동물에 대한 태도를 인종차별과 비교하여 설명하고 있다. 인종차별주의자들이 그들 민족의 이익을 우선시함으로써 평등 원칙을 위반하는 것처럼, 인간 "종족주의자들"은 자신들이 경험하는 고통을 아직 태어나지 않은 태아 여러 동물들도 동일하게 느낀다는 점을 받아들이지 않는다.[15] 그들은 자연에서 인간을 배제하는 것이 그들의 동물에 대한 학대와 생태계를 악화시키는 내면의 경향을 통제하는 유일한 수단이라고 생각한다.

창세기 1:22에 보면 하나님께서 동물을 창조하신 후에 그들에게 이렇게 말씀하셨다. "생육하고 번성하여 여러 바닷물에 충만하라." 여기 사용된 동사는 명령형이기 때문에 단지 세상의 어떤 사물에 대한 일방적인 진술이 아닌 소통의 언어라는 점에 주목할 필요가 있다. 창조세계에 대해 이런 식으로 말씀하심으로써, 하나님은 동물 존재의 신성함을 확립하는 것처럼 보인다. 우리는 우리를 둘러싸고 있는 인간이 아닌 생물들이 하나님의 사랑과 존경에 대한 그들 고유의 올바른 목적 안에 있고, 인간과는 독립적으로 하나님과 관계를 맺고 반응할 수 있다고 결론을 내릴 수 있다.

그리스도인들은 하나님께서 자신이 창조하신 존재를 선한 의도로 사용하신다는 것과 더불어 다른 존재나 사람들의 삶에 어느 정도의 피

---

15   Wells, *Introducing Christian Ethics*, 375.

해를 끼치지 않고 사는 것이 현재의 세상에서는 가능하지 않다는 것을 알고 있다. 우리는 발자국을 남기지 않고 세상을 통과할 수 없다. 종말론적인 상태에서는 더 이상 인간에 의한 동물의 살육은 없을 것이다. 하지만 그때까지 우리는 타락한 세상에서 인생을 살아가고 있다는 사실을 받아들여야 하며, 따라서 우리가 살아가는 삶에 대해 좀 더 신중해야 한다. 그리스도의 부활을 선포하는 그리스도인들은 영생으로 이어지는 세계에서 하나님의 능력이 모든 창조세계를 변화시키고 회복시킬 수 있다는 것을 알고 있으며, 이 소망이 포유류 가운데 하나인 인간에게뿐만 아니라 모든 물질에 부여되었다는 것을 기뻐한다.

4) 안락사와 의료윤리

2011년 뉴욕의 한 교회에서 목회하는 목사의 딸이 뇌종양으로 1년여 동안 투병 생활을 하던 중에 환자 본인만의 동의로 안락사가 진행될 위기에 처했다가 극적으로 퇴원한 일이 있었다. 가족들의 주장에 따르면 병원 측은 상태가 악화되자 딸을 임종 환자 병실로 보내 매일 다량의 진통제와 수면제를 처방했다고 한다. 이로 인해 우울증에 시달리고 있는 상태에서 병원 관계자가 찾아와 환자가 안락사를 받도록 유도했다는 것이다. 특히 이 대화 과정에서 병원 측은 "안락사를 해도 천국에 간다"라고 하면서 딸이 신앙적인 고민에서 벗어나도록 했던 것으로 알려졌다. 하지만 가족들은 "이것은 엄연한 자살 행위"라고 강하게 항변했고, 환자

본인도 병원 측이 진행하려 했던 안락사에 대한 동의를 번복하고 부모에게 치료에 대한 결정권을 위임하여 안락사를 면할 수 있는 길을 열었다. 법원도 본래의 결정을 번복하여 환자의 안락사 중단을 판결했으며 그 후 우여곡절 끝에 집으로 퇴원하게 되었다.

(1) 안락사의 정의

의학기술의 발달과 함께 인간의 삶의 질에 대한 관심이 점점 높아져 가면서 고통 없는 죽음(well dying)에 대한 다양한 접근이 시도되고 있다는 사실이 언론을 통해 보도되고 있다. 치료가 거의 불가능한 말기 환자나 중한 사고를 입어 회복이 어렵다고 판단되는 환자들도 의료 기술의 발달 덕분에 과거보다는 생명을 연장할 수 있게 되었다. 하지만 이런 상황에도 불구하고 극심한 고통으로 괴로워하기보다는 차라리 안락사를 선택해 생애를 마감하는 일이 발생하기도 한다.

    그렇다면 기독교 윤리적으로 안락사를 어떻게 보아야 할 것인가? 과연 안락사는 신앙인으로서 용납할 수 없는 일이며, 따라서 어떤 경우에도 죽음을 의도하거나 방치하면 안 되는 것인가? 모든 종류의 안락사는 본질적으로 살인이나 자살에 해당한다고 할 수 있는가? 삶의 질이 거의 상실된 상황에서도 생명 연장이 강요되어야 하는 이유가 존재하는가? 남은 가족들이 짊어져야 할 막대한 의료비 부담은 논외로 하더라도, 장기 기증을 통해 더 많은 사람을 살리는 것이 숭고한 희생정신을 통해 그리스도의 사랑을 몸으로 실현하는 길이 되지는 않을까? 실용적인 이유에 근거한 찬반의 논쟁을 떠나 우선 신앙적으로 고려해야 할 사항은 무엇인가?

  안락사를 의미하는 영어 단어 "euthanasia"는 그리스어로 "좋은"
을 의미하는 "eu"와 "죽음"을 의미하는 "thanathos"의 합성어로서 어원
적으로는 "좋은 죽음"(good death)을 의미한다. 윤리학자 데이비드 클락
(David Clark)은 안락사를 "치유 불능의 질병이나 사고에 의해 고통 받
는 환자의 괴로움을 인도적인 목적으로 없애주기 위해 고통 없는 죽음
을 의도적으로 선택하는 행위"[16]라고 정의하고 있다. 여기에는 안락사가
환자의 최선의 이익을 위하여 시행된다는 것이 전제가 되어야 하는데,
이 전제가 없다면 자칫 타인의 이익을 위하여 이루어지는 살인에 해당
할 수 있기 때문이다. 그래서 환자의 죽음을 고의적으로 의도하는 것과
자연적으로 죽음을 허용하는 것(letting die)을 구별하기도 한다. 자연적
인 죽음을 허용하는 것은 일반적인 개념의 안락사와는 달리 고통을 마
감하기 위해 죽음을 의도적으로 선택하지는 않기 때문에 자살과는 무관
하다. 오히려 환자가 죽음을 향해, 궁극적으로는 천국을 향해 안정적으
로 가도록 돕기 위해 진통제를 처방하거나 정서적·영적으로 지원해 주
는 것을 의미한다.

---

16 David K. Clark, and Robert V. Rakestraw, *Readings in Christian Ethics: Vol. 2 Issues and Applications* (Grand Rapids, MI: Baker Books, 2004), 95.

(2) 안락사의 구분

안락사를 행위자의 적극적인 행위 개입 여부에 따라서 능동적 안락사(active euthanasia)와 수동적 안락사(passive euthanasia)로 구별하기도 한다. 의사나 타인이 환자의 고통을 줄여주고자 하는 자비로운 동기에서 치명적인 극약을 주입하는 것과 같은 직접적인 행위에 의한 죽음은 능동적 안락사에 해당하며, 생명 유지에 꼭 필요한 항생제 처방을 포기하여 사망에 이르게 하는 것은 수동적 안락사라고 할 수 있다. 하지만 어떤 윤리학자들은 이러한 단순한 구분이 부적절하다고 주장한다. 양쪽이 모두 환자의 죽음을 의도하고 있고, 행위의 물리적인 성격에만 차이가 있으므로 어떤 형태의 행동이 원인이 되었는가 하는 점은 중요하지 않다는 것이다.

그렇기 때문에 안락사를 분류할 때 고려해야 할 또 하나의 중요한 사항은 환자의 동의 여부다. 윤리는 인간의 자율성을 전제로 하며, 따라서 그 행위가 타인에게 해악을 끼치지 않는 한 인간의 자율성은 중요한 윤리적인 고려사항이다. 자의적 안락사(voluntary euthanasia)란 환자 스스로 자율적인 결정에 따라 안락사가 시행된 경우를 말한다. 어떤 사람이 가족에게 자신이 뇌사 상태에 빠져 더 이상 회복될 가망이 없는 경우에 특별한 연명 치료를 받지 않게 해달라는 부탁을 한 경우가 이에 해당한다. 비자의적 안락사(non-voluntary euthanasia)란 죽음이 임박한 본인의 의사가 아닌 타인에 의하여 결정되는 안락사를 말한다. 환자의 의식이 없어서 의사표시가 불가능한 상태이거나 심한 정신장애 등으로 판단 능력이 흐려진 환자의 경우가 이에 해당한다. 이때 안락사는 환자의 후견

인인 가족이나 친지에 의해 요청될 수 있다. 반자의적 안락사(involuntary euthanasia)란 본인의 의사에 반하여 행해지는 안락사를 말한다. 죽고 싶다는 의사표시를 하지 않았으며 오히려 삶에 대한 희망을 가지고 있는 사람이 죽임을 당한 경우가 여기에 해당한다.

위의 구분에서 능동적이거나 반자의적인 안락사는 살인이라는 정죄에서 자유로울 수 없으므로 어떤 경우에도 시행되어서는 안 되는 것이며, 수동적이면서 자의적인 안락사는 환자 자신의 의도에 따른 것이기 때문에 자살이라는 정죄에서 자유롭지 못하다는 문제가 발생할 수 있다. 수동적이면서 비자의적인 안락사의 경우는 판단하는 일이 간단하지 않은데, 예를 들어 식물인간 상태로 오랫동안 생명유지 장치에 의존하여 목숨을 연장하고 있는 환자에게 의사나 그 가족이 환자의 "최선의 이익"이라는 관점에서 생명유지 장치를 제거하는 경우가 이에 해당한다. 이러한 경우 환자의 이익이 아니라 타인의 이익 때문에 안락사 시술이 남용될 가능성을 항상 염두에 두어야 한다. 따라서 매우 선별적으로 시행되어야 하며 일종의 필요악으로서 최소한의 문만 열어 놓아야 할 것이다. 이에 대한 하나의 대안이 존엄사 유언장(living will) 작성이라고 볼 수 있는데, 자신이 치료에 대한 결정권을 행사하지 못할 미래의 경우를 대비하여 미리 생명 유지 문제의 처리 방법을 담은 유언장을 작성하여 놓는 것이다. 이것은 비자의적 결정을 최소화시킬 수 있는 방법으로, 그 중요성이 세계 각국에서 부각되고 있다.

(3) 기독교 교단에서 바라보는 안락사

많은 개혁교회 교단과 가톨릭의 관점은 생명의 가치가 "하나님의 형상"에 기초하고 있다고 보기 때문에 일반적으로 안락사에 대해 부정적이지만, 구체적인 해석에 있어 다양한 견해를 보인다. 그들은 원칙적으로 죽음을 의도한 안락사는 살인과 동등한 비도덕적인 행위의 범주에 속한다고 보면서도, 장기간 시행된 연명 치료의 중단에 따른 죄의식에서는 자유로울 것을 주장한다.

미국 남침례교단(SBC)에서 "안락사는 일반적으로 낙태와 비슷한 심각한 윤리적인 문제를 초래한다"고 간주한다. "환자가 뇌사 상태에 있어 회복이 불가능하다고 의료 전문가들이 판단할 때 치료를 중단하여 자연적인 죽음에 이르도록 하는 것은 허용"하지만, 약물 등에 의한 적극적인 안락사에 대해서는 반대한다. 미국 연합감리교(UMC)나 미국 장로교(PCUSA)의 경우 윤리적인 결정의 근거를 인간의 자율성에 두면서 안락사에 대해 "환자들을 일찍 죽음에 이르게 하는 것보다는 그들의 죽음을 잘 돌보는 것이 중요하다"는 전제를 갖고 있다. 이들 또한 모든 종류의 능동적인 안락사에 대해서는 반대 입장을 분명하게 표명하지만, 자연적인 죽음을 의도적으로 지연시키는 것에는 동의하지 않는다. 가톨릭에서는 모든 종류의 안락사를 철저히 금하고 있지만 이에 따른 도덕적인 비난이나 구원과의 연관성에 대해서는 비교적 개방적이다. 그들은 가망이 없는 환자의 생명을 연장하기 위한 무의미한 치료를 계속해야 한다고 주장하지는 않는다. "인간의 존엄성"이라는 관점에서 만일 회복될 가망이 없는 환자의 생명을 얼마 동안 연장하기 위하여 특별한 치료가 요구되는 경우라면 환자의 질병이나 상해의 결과로 자연사하도록 내버려 두는 것을 허용하며, 이것은 자살과는 분명히 다르다고 해석한다. 미국 복음주의 루터교(ELCA)에서는 스스로 이러한 일을 결정할 수 없는 경우에 처한 이를 위하여 타인이 안락사 여부를 결정해줄 수도 있다고 본다. 그리스 정교회에서는 "생명은 하나님의 선물"이기 때문에 어떠한 형태의 안락사도 허용하지 않으며 이것을 명백한 죄로 규정하고 있다. 하지만 "과도한 재정적 부담을 감수하면서까지 죽음의 시간을 연장"하는 것에는 동의하지 않는다. 영국 성공회에서는 "죽음도 삶의 전형적인 한 부분"이라고 본다. 그들은 "죽음이 삶의 전체 속에 있는 일상의 한 사건으로 취급되어야 한다"고 주장하며, 잘 죽는 것(well dying)에 강조점을 둔다는 점에서 환자의 동의에 의한 자발적인 안락사에 대해 비교적 개방적이다.

한국교회의 경우 대다수 교단이 명확한 지침을 정하고 있지는 않지만 대부분 안락사의 가능성에 대해 부정적인 입장을 보이고 있다. 다만 보수적 연합단체인 한국기독교총연합회의 경우 존엄사와 관련한 입장을 정리하여 발표한 적이 있었다. 그들은 "무의미한 치료 중단은 질병이 명백하게 치료 불가능한 말기 질환이어야 한다"고 규정해 존엄사를 제한적으로 인정하고, 이를 위해 "'말기환자' 및 '말기상태'에 대한 구체적이고 의학적인 정의가 필요하며, 객관적이고 전문적인 판단을 할 수 있는 기관이 필요하다"고 지적했다. 그러나 한기총은 "우리는 생명은 하나님으로부터 부여된 신성한 것으로서 어떠한 경우에도 존중되어야 하며, 하나님에 의해 주어진 생명의 가치는 실용적인 효용성이나 삶의 질에 근거하지 않는다고 믿는다"면서 존엄사 논란으로 인해 자칫 불거질 수 있는 생명경시 풍조에 대해서는 분명한 선을 그었다.[17]

(4) 생명과 죽음에 대한 기독교적 관점

죽음과 관련하여 그리스도인은 고통 없는 죽음, 생명 연장에의 집착이나 성급한 포기 등에 초점을 맞추기보다는 죽음을 올바로 맞이하기 위한 준비와 노력이 더 값지다는 점을 기억해야 할 것이다. 죽음은 인생의 마감이 아니라 부활과 영생으로 향하는 새로운 시작이며 하나님의 영원한 통치로 나아가는 새로운 관문이다. 따라서 우리는 죽음에 임박한 환자들을 대할 때 치료에서 돌봄으로 그 관심을 돌려야 한다. 잠언 31:6에 보면 "독주는 죽게 된 자에게 주라"고 말씀한다. 죽음이 필연적이라면 약은 고통을 어느 정도 덜어줄 수 있고 이를 통해 교회는 죽음을 준비해야만 하는 이들을 위해 영적인 사역에 더 효율적으로 집중할 수 있다.

우리는 생명이 나의 소유가 아닌 창조주로부터 위탁받은 것이라는 청지기 의식을 가지게 될 때 비로소 그것을 내 마음대로 처분할 수 없다는 점을 깨닫게 될 것이다. 고통을 모면하기 위하여 죽음을 택하는 것은 지극히 인본주의적인 발상이며, 욥의 인내를 통하여 알 수 있듯이 고통의 이면에 숨겨진 것들을 볼 수 있어야 하고, 동시에 고통 중에 임하시는 하나님의 뜻을 찾기 위해 노력해야 할 것이다. 이기적인 목적으로 적

---

17   사단법인 한국기독교총연합회 존엄사 입장문, http://www.newspower.co.kr/sub_read.
      html?uid=13595, 2021년 7월 14일에 검색함.

극적인 안락사를 통해서라도 육체적인 고통에서 벗어나는 것을 목표로 하기보다는, 믿음의 눈으로 십자가의 주님을 바라보며 남은 고난을 채우려는 순교적인 삶의 자세가 요구된다.

(5) 안락사에 대한 기독교윤리적 적용

그리스도인 중에는 어떻게 해서든 생명을 연장시켜 두기만 하면 그동안에 하나님이 놀라운 기적을 일으키실 것이라고 믿는 이들도 있다. 하지만 그런 기적만을 기대하며 연명 치료를 고집하는 것이 과연 신앙적인지 한번 생각해볼 필요가 있다. 필자는 하나님께서 원하시면 언제라도 그런 기적은 일어날 수 있다고 믿는다. 하나님은 히스기야 왕의 수명을 15년 연장시키셨고(왕하 20:1 이하), 예수께서는 죽은 나사로를 살리셨다(요 11:1 이하). 하지만 모세의 죽음은 우리에게 다른 면을 시사해준다. 야웨께서는 출애굽의 여정을 인도한 모세가 마지막 종착지인 약속의 땅 가나안에 들어가기 직전에 그를 데려가신다. 하지만 모세는 그 부르심에 순순히 순종한다. 모세는 비스가 산에 올라가 약속의 땅을 멀리서 바라본 후 야웨의 부르심을 따른다. 인간적인 생각으로는 "그 땅에 발이라도 내디딘 후 죽게 해달라"고 간청할 만한데, 모세는 야웨의 뜻이 분명한 순간에 더 이상 죽음을 연기하려 시도하지 않는다(신 34:1-7).

결론적으로 모든 형태의 능동적인 안락사는 살인에 해당한다는 윤리적인 문제를 일으킬 수 있지만, 의료 전문가가 신중한 판단에 의해 회복 불능의 뇌사 상태라고 결론내린 환자의 경우에는 과도하게 생명 연장을 시도하기보다는 자연적인 죽음에 이르게 하는 것이 옳은 판단이라고 본다. 이러한 경우에 시행될 수 있는 연명치료의 중단은 살인이나 자살과는 명백히 다르며, 따라서 행위자에게 어떠한 윤리적인 문제도 제기해서는 안 될 것이다.

현대 의학에서 환자의 심적, 정신적 슬픔과 고통을 덜어주는 호스피스 진료는 환자가 긍지를 갖고 죽음을 맞이하도록 도울 수 있다. 이미 자신의 죽음을 예견한 환자에게 정작 두려운 것은 죽음 그 자체가 아니라 죽음에 이르기까지의 고통, 가족과 이별해야 하는 정신적인 슬픔, 그리고 죽음 이후의 상태에 대한 불안감 같은 것이다. 이때 신앙적인 시각을 가진 훈련된 의사와 목회자, 상담 전문가가 한 팀이 되어 적절한 호스피스 진료를 제공할 수 있다면 고통의 대안으로서의 섣부른 안락사 요구는 설 자리를 잃게 될 것이다. 우리가 살아도 주를 위하여 살고 죽어도 주를 위하여 죽는다(롬 14:8)는 말씀대로 고통과 삶, 죽음 모두가 하나님의 영광을 위한 것이 되도록 힘써야 할 것이다.

5) 대멸종과 기후위기 시대의 기독교 생태윤리

성경은 시편 저자가 "하늘이 하나님의 영광을 선포하고⋯그의 목소리가 온 땅에 퍼져 나간다"라고 기록할 때(시 19:1, 4), 예언자 이사야가 "산들과 언덕들이 너희 앞에서 노래를 발하고 들의 모든 나무가 손뼉을 칠 것이며"라고 선포할 때(사 55:12), 그리고 예수께서 "만일 이 사람들이 침묵하면 돌들이 소리 지르리라"라고 말씀하실 때(눅 19:40) 창조세계 전체가 하나님을 향한 예배에 참여함을 나타낸다. 또한 신약성경의 비전이 우주적인 규모로 확장될 때, 그리스도의 희생은 인간과 인간 외의 존재까지 포함하여 신음하는 모든 피조물의 구속을 위한 것임이 분명하게 드러난다(롬 8:19-22; 골 1:20; 엡 1:10). 종말, 즉 인간이 하나님과 대면하여 사는 새로운 시대는 물질세계와 분리된 천국이 아니라 재창조(re-creation), 새로운 하늘, 그리고 새로운 땅으로 묘사된다(계 21:1).

현재 지구 전역에 걸쳐 식물과 동물의 멸종이 대규모로 진행되고 있다. 이것은 지구 역사상 이미 존재했던 몇 차례의 대규모 멸종 중 가장 최근의 것이지만, 호모 사피엔스라는 동물이 결정적인 원인을 제공하고 있다는 점에서 독특하다. 매년 약 10,000 여종의 생물종이 멸종한다고 한다.[18] 생물종의 다양성은 삼림 벌채, 심해 어업, 산호초 파괴, 살충제 사용 등으로 급격히 감소해왔다. 기후 변화는 가속화되어 비상사태에 직면해 있는데, 특히 난방, 운송, 전기 생산을 위한 화석 연료의 사용이 주요 원인이 되고 있다. 이것은 해수면 상승, 태풍이나 허리케인 또는 사이클론의 증가, 남극 빙하의 붕괴로 이어지고 있다. 오염은 바다, 강, 공기, 토양, 그리고 우주에까지 널리 퍼져 있으며, 개구리 개체수와 나무 성장률의 급격한 감소 등은 오염이 가져올 영향에 대한 분명한 지표가 되고 있다. CFC 배출로 인해 오존층에 발생한 구멍이 확대되고 인간과 포유류, 특히 남극 오존 구멍과 가까운 칠레와 뉴질랜드 같은 나라에서는 피부암 발생이 증가하고 있다. 토양 침식과 사막화가 가속화되

---

18   Wells, *Introducing Christian Ethics*, 383.

고 있으며, 이는 목초지와 산업 경작지의 과도한 사용 및 산비탈과 같이 경작에 부적절한 토지의 이용과 관련되어 있다.

이러한 상황을 하버드 대학교의 사회생물학자인 에드워드 윌슨은 다음과 같이 요약하고 있다.

> 우리는 전체가 우리에게 호의적인 어떤 형태로든 살아남기에는 너무나 많은 주초종(key species)들이 제거되고 있다는 사실을 인식하지 못하며 아마도 너무 늦기 전까지는 그 같은 사실을 깨달을 수 없을 것이다. 다음 세기 중 어느 순간에 우리는 생명체라는 직물에서 너무 많은 실들을 뽑아내어 전체가 무너지기 시작할 것이다. 우리는 이미 수백만 명을 익사시키고 추가적으로 수백만 명을 굶겨죽일 가능성이 있는 피할 수 없는 기후위기를 만들어왔다. 지구의 박테리아와 무척추동물의 개체수는 틀림없이 환경에 적응할 것이다. 육식동물은 항상 먹이보다 더 희귀하다는 분명한 사실에도 불구하고, 인간은 마치 자신들이 거대 육식동물인 것처럼 "먹이사슬의 꼭대기에서" 살고자 노력해왔다. 우리가 누리고 즐기는 모든 것은 우리가 이해하지 못하고 대체할 수도 없는 시스템의 산물이라는 명백한 진실에도 불구하고, 우리는 우리 자신만을 위해 물건들을 확보하려고 노력해왔다. 생존에 큰 희망을 가진 유일한 종은 과대망상이 없는 종이다.[19]

지구의 역사를 연구하는 과학자들에 의하면 지금까지 다섯 번에 걸친

---

19   위의 책, 384.

대멸종의 시기가 있었고 현재 지구는 인류세(Anthropocene)로 지칭되는 여섯 번째 대멸종의 시기를 보내고 있다고 한다.[20] 엘리자베스 콜버트는 생물계에서 자연적으로 일어나는 멸종을 배경멸종률에 따른 멸종이라고 부르는데, 그에 따르면 이를 초과하는 속도로 일어나는 대멸종의 시대를 지금까지 다섯 번 정도 거쳤다고 한다. 과학자들이 추측하는 다섯 번의 대멸종의 역사는 이렇다. 첫 번째 대멸종은 오르도비스기인 4억 4천3백만 년 전에 발생한 것으로 27%의 과와 57%의 속이 멸종했으며, 두 번째 대멸종은 데본기인 3억 7천만 년 전에 발생한 것으로 19%의 과와 50%의 속이 멸종했고, 세 번째 대멸종은 페름기인 2억 4천5백만 년 전에 발생한 것으로 57%의 과와 83%의 속이 멸종했으며, 네 번째 대멸종은 트라이아스기인 2억 1천5백만 년 전에 발생한 것으로 23%의 과와 48%의 속이 멸종했고, 다섯 번째 대멸종은 백악기인 6천6백만 년 전에 발생한 것으로 17%의 과와 50%의 속이 멸종했다고 한다.[21] 물론 수명이 100여년 정도에 불과한 인간의 시간 개념으로는 머나먼 일이긴 하지만 인간의 과도한 활동과 이기적인 욕망이 그 멸종을 앞당기는 방향으로 가고 있다는 것이 문제이다. 더구나 그 과정에서 인간 사회가 재앙 수준의 고난을 겪으리라는 것은 현재의 기후위기 상황과 인류사에 비추어 볼 때 거의 확실하다.[22] 그러므로 어느 시기보다 자연과 인간의 공존 및 상생의 필요성에 대한 자각과 윤리 의식의 전환이 요청된다.

---

20   엘리자베스 콜버트, 『여섯 번째 대멸종』, 이혜리 역(서울: 처음북스, 2014), 14.
21   위의 책.
22   김명자, 『팬데믹과 문명』(서울: 까치, 2020), 47.

미국의 역사학자 린 화이트 주니어(Lynn White Jr.)는 1967년에 그의 유명한 논문에서 서양의 중세 기독교를 인류 역사상 가장 인간중심적인 종교라고 비판했다. 이것은 "화이트의 논지"(White's Thesis)라고 불리며 오늘날 생태계 파괴와 기후위기의 상황을 초래한 서구 자본주의 사회의 대표 종교인 기독교에 대해 가장 널리 행해지고 있는 신랄한 평가다. 그에 의하면 서구 기독교의 인간중심주의가 인간 외의 세계에 대한 지배적이고 착취적인 태도를 강조했고, 기독교의 선형적 역사 진보에 대한 선입관이 지구의 생태적 순환의 리듬에 대한 적응보다는 기술적 진보를 높이 평가하도록 이끌었다는 것이다. 화이트는 인간의 기술력이 너무나 강해져서 이제는 고갈을 초래하게 되었고 자연환경이 더 이상 감당할 수 없을 정도로 파괴적인 압박을 생태계에 가하고 있다고 생각했다.

여기서 한 가지 우리가 주목할 점이 있는데, 화이트는 우리가 자연과의 가장 근본적인 관계인 신학적 관계를 재고하지 않고서는 이 문제를 해결할 수 없다고 여겼다는 사실이다. 우리는 어떻게든 우리가 누구인지, 자연이 무엇인지, 기술력이 무엇에 사용되어야 하는지, 그리고 자연과의 관계가 어떠해야 하는지에 대한 이해의 지평을 재구성할 필요가 있다. 과학기술을 다루는 역사학자였던 화이트의 입장에서는 이러한 차원에서 서구신학에 대한 면밀하고 깊은 탐구 없이는 그러한 재구성을 이룰 수 없었을 것이다.[23]

---

23 Lynn White Jr., "The Historical Roots of Our Ecologic Crisis," *Science* 155 (March 10, 1967): 1203-7.

우리는 화이트가 단순히 지구상의 생태계 문제 때문에 기독교, 즉 신학을 탓하는 것이 아니라는 점을 인식할 필요가 있다. 왜냐하면 화이트는 문화적으로 내재된 신학을 선택적인 요소로 간주하지 않았기 때문이다. 실제로 화이트의 신학 전반에 대한 이해, 특히 기독교 신학에 대한 이해는 진지하면서도 희망적인 내용을 담고 있다.[24] 화이트는 우리가 생태계 위기의 원인을 신학적인 뿌리에서 찾아내기 위해 기독교 신학의 풍부한 자원을 이용하면 이것은 또한 우리에게 유용한 일종의 준비된 도구를 제공할 수 있다고 가정했고, 실제로 생태계 위기를 극복하는 하나의 모델로 아시시의 프란체스코를 논문의 후반부에서 제시하고 있다. 화이트의 간결하면서도 논쟁적인 이 논문은 엄청난 반향을 일으켰다. 그것은 신학의 영역에서 생태신학(ecotheology)이라는 현대의 새로운 학문 분야가 탄생하는 중요한 계기였으며, 이것은 환경과학, 사회문화적 연구들, 신학, 페미니즘, 역사학, 철학, 성서학, 종교학 등과 결합할 수 있는 주목할 만한 학제간 연구 분야가 되었다.

근본주의 성향의 보수적인 그리스도인들은 현 지구가 역사의 마지막 순간에 신성한 불에 의해 파괴되고 하나님에 의해 다시 무로부터(*ex nihilo*) 창조될 것이라고 주장하며 화이트의 비판에 대해 별로 관심을 기울이지 않는다. 하지만 일부 기독교 윤리학자들은 서구 기독교 전통에 대한 이러한 비판과 서구 세계의 생태계에 대한 분석에 자신들의 생각을 일치시켰다. 약자 윤리의 맥락에 서 있는 다른 기독교 윤리학자들은

---

24   Paul Tyson, *Theology and Climate Change* (United Kingdom: Routledge, 2021), 13-14.

기독교의 전통 안에서 정의와 해방이라는 차원 자체가 인간에 대한 억압뿐 아니라 인간에 의한 지구의 억압에도 적용될 수 있다는 점을 발견할 때 화이트의 주장에 좀 더 설득력 있게 다가설 수 있을 것이다.[25]

화이트의 이러한 지적을 우리는 몇 가지 측면에서 비판할 수 있을 것이다. 첫째, 그의 성경 해석은 관점에 따라 다르게 적용될 수 있다는 것이다. 특히 창조세계에서 인간의 역할을 다루는 창세기 1장과 2장에 대한 해석은 분명한 차이를 나타낸다.[26] 둘째, 역사를 살펴보면 기독교 세계 이전의 인류 사회에도 대규모 벌목이나 거대동물의 사냥에 의한 멸종과 같은 생태계 파괴의 사태가 존재했다는 것이다. 셋째, 기독교가 아닌 다른 종교 세계에서도 서구 기독교 사회에서와 유사한 다양한 생태계 파괴가 발생했었다는 증거들이 존재한다. 넷째, 생태계 위기가 19세기 산업혁명이 일어나기 전까지는 화급한 문제가 아니었다는 것이다.[27] 그럼에도 기독교의 일부 인간중심적인 성경 해석과 자본주의 소비문화에 편승한 부정적인 영향은 서구 사회에서 생태계 파괴의 주요 원인이라는 비난에서 완전히 자유로워지기가 어려워 보인다.

제임스 내쉬는 오늘날의 기후위기와 생태계의 붕괴상황이 생물학적인 문제일 뿐 아니라 영적 차원의 도전이라고 이해한다. 그가 생태계 문제로 인해 하나님의 형상, 성육신 그리고 하나님, 영 등의 신학적 개념

---

25   Wells, *Introducing Christian Ethics*, 389.

26   예를 들어 창 1:28에서는 하나님이 인간에게 "생육하고 번성하여 땅에 충만하라, 땅을 정복하라,…모든 생물을 다스리라"고 명령하신 반면, 창 2:15에서는 "경작하며 지키게" 하셨다는 분명한 차이가 존재한다.

27   Curry, *Ecological Ethics*, 33.

을 문제 삼는 것도 이런 이유에서다. 그러나 그는 기독교만이 생태계 위기의 주범이라고 이해하는 린 화이트 주니어와는 의견을 달리한다. 언급했듯이 자연에 대한 지배개념 및 소비문화는 모든 종교와 문화 안에서 발견되며 윤리적인 도전을 제기한다고 보기 때문이다. 그렇기에 그는 기독교 생태윤리학이 학제간 연구를 바탕으로 전개되어야 할 뿐 아니라 인간 및 자연을 이슈로 삼는 사회윤리학과 긴밀하면서도 동등한 관계 속에 있어야 한다고 주장한다.[28] 이런 과정에서 그의 주된 관심은 생태계의 현실에 적합한 윤리적 가치와 규범을 형성하는 데 있으며, 그는 이것이 신학적 이해와 모순되지 않는다고 확신한다. 내쉬가 기독교 생태윤리를 공공정책 속에 반영시키고자 하는 이유도 이런 맥락에 기반을 두고 있다. 그는 경제학과 생태학의 딜레마, 미래 세대에 대한 책임, 생명체의 다양성 보호 등 인류가 당면한 공적인 문제들을 기독교 생태윤리학이 감당할 수 있어야 한다고 믿는다.[29]

생태윤리와 관련한 기독교적인 접근방식의 한 예로 광범위하고 다양한 글로벌 운동을 포괄하는 용어인 "에코페미니즘"(ecofeminism)이 있다. 이 접근법은 기존의 생태적 사고로 인정된 모델들을 새롭게 보는 데 중요하다. 이 이론은 심지어 다른 종류의 약자 윤리의 내용도 포함한다. 예를 들어 인종과 계급에 기반을 둔 해방신학은 생태적인 문제를 다루는 데 항상 앞장서는 것은 아니었는데, 에코페미니즘의 영향으로 생태

---

28   내쉬, 『기독교생태윤리』, 26.
29   위의 책, 30.

계의 이슈에 관심을 두기 시작했다. 이후로 에코페미니즘은 에코우머니즘(ecowomanism)으로 그 형태가 변하기 시작했는데, 주로 인도와 라틴 아메리카 일부에서 여성들이 세속적인 환경 정책뿐만 아니라 남성우월주의적인 해방신학의 생태적 부적절성을 비판하기 위해 에코페미니즘을 사용하면서 시작되었다. 에코페미니스트들은 종종 "생명망"(web of life)과 같은 이미지로 묘사되는 생명체의 상호연결성에 전념했다. 결국 이 운동은 모든 지구의 생명을 포함하도록 해방신학의 경계를 확장시켰다.

에코페미니즘은 지구를 학대하는 것과 여성을 학대하는 것 사이의 밀접한 연관성에 주목해 왔다. 이 그룹은 예를 들어 물을 긷기 위해 더 멀리 걸어야 하는 여성들이야말로 실질적으로 가장 먼저 환경 변화의 영향을 받는 사람들이라고 주장한다. 그러나 그것은 자연의 착취를 조장하는 마음의 습관과 여성에 대한 지배를 조장하는 마음의 습관 사이에 존재하는 더 깊은 이데올로기적 연관성을 조망하게 한다. 두 경우 모두 이원주의 사고방식의 영향을 받아왔다. 이것은 남성들이 여성들에 대해 계층적 모순을 드러내는 것처럼 인간을 생태계와의 관계에서 계층적 대립 구도에 빠뜨린 사고방식이다. 우리는 이 주제에 접근할 때 지나치게 대립 관계에 집착하지 않도록 조심해야 한다.

에코페미니즘은 범세계적으로 다양한 종교적, 영적 전통에 뿌리를 두고 있다. 우머니즘[30]이 페미니스트 사고에 인종 이슈를 더하고 페미니

---

30   우머니즘의 한 형태인 뮤헤리스타(mujerista) 신학은 해방을 목표로 하는 프락시스이자

스트들에게 흑인 여성들의 경험을 고려하도록 도전하는 것처럼, 에코우
머니즘은 성과 환경을 다루는 탐구에 인종 관련 질문을 포함시키기 위
해 에코페미니즘과 동행한다. 이것은 에코페미니즘과 마찬가지로 기독
교 전통의 요소 및 아프리카 및 아메리카 원주민의 우주론에 의해 형성
된다. 더욱이 에코우머니즘은 라틴 아메리카나 다른 억압적인 맥락과
연결하기에 더 유리하므로 사회생태윤리와 밀접하게 맞닿아 있다. 결
론적으로 에코우머니즘은 환경 문제에서 인종, 계층, 성의 복잡한 교차
점을 확인하는 데 앞장섰다.[31] 이를테면 환경적 인종차별의 예를 들거나
저소득 및 소수 집단 공동체가 유독성 폐기물과 오염된 공기, 물, 그리
고 토양과 훨씬 더 가까운 곳에 거주할 확률이 높은 현상을 예로 들면서
기독교 생태윤리와 한국적 사회생태윤리의 확장 가능성을 더욱 높여주
었다.

성찰하는 행동이다. 신학적인 사업으로서의 뮤헤리스타 신학은 해방의 비전에 기초하
여, 남미 여성들의 주체적인 도덕 행위의 발전 가능성에 집중한다. 이 해방의 비전은 죄
에서 해방되고, 내재화된 억압을 인식하여 투쟁하며, 억압적인 구조를 생존뿐만 아니라
완전한 삶을 위해 변형시키는 것에 초점을 맞추고 있다.

31   Wells, *Introducing Christian Ethics*, 389.

3

사회생태윤리

어느 날 강의 후에 한 학생이 필자에게 찾아와 잠시 머뭇거리다가 이렇게 물었다. "교수님, 오늘 수업 시간에 말씀하신 사례는 저의 집에서 실제로 있었던 일이에요. 성격이 조금 다르긴 하지만 그것은 제 가족에게 일어났던 일과 비슷해요. 불과 얼마 전에 그런 똑같은 일을 제 가족이 겪었어요." 다른 학생이 첫 번째 학생의 말이 끝나기를 기다리다 차츰 우리에게 다가와 대화에 합류했다. "안락사에 대해 질문했던 맨 앞줄에 앉았던 여학생의 질문은 제가 바로 묻고 싶었던 거였어요. 하지만 저는 적당한 말을 찾을 수가 없었어요." 이 두 대화는 기독교윤리와 관련한 수업 현장에서 종종 만나는 상황들이다. 비록 개인의 삶은 독특하지만, 인간이 경험하는 끝없이 반복되는 윤리적인 문제와 질문들에 대해 무엇이 옳은지 또는 좀 더 선한 결정은 무엇인지 보편적으로 대답하기란 쉽지 않은 일이다.

이러한 차원에서 기독교윤리는 신학의 어떤 영역보다 현장의 소리에 깊이 귀를 기울이고 상황과 맥락의 변화에 민감해야 하는 분야다. 더구나 대부분의 윤리적 딜레마가 정답을 찾기보다는 행위자의 삶에 가능하면 가장 적합한 가이드라인을 제시해야 하는 난제들이기 때문에 소통과 공감의 능력이 중요하다. 그러므로 사회윤리와 생태윤리의 요소들은 기독교윤리의 실천에 필수적이다.

어떤 사회적인 이슈에 대해 기독교의 시각에서 윤리적인 결정을 내리는 것은 개인과 공동체의 수준에 따라 다양한 양상을 띤다. 종종 적합한 윤리적 규범이나 가이드라인을 기독교 전통에서 발견하여 특정한 상황에 적용하기가 쉽지 않다. 그러면 사람들은 스스로 고민하기보다는 지름길이나 샛길을 택하여 대부분 어떤 권위 있는 존재에게 호소하여 이를 해결하려고 한다. 그들은 대부분 소속 교회의 목회자나 오랜 시간 동안 공동체의 리더 역할을 감당해온 사람인 경우가 많다. 하지만 상황과 시점을 달리하는 누군가가 다른 사람의 난해한 윤리적 문제를 해결하는 것은 결코 간단한 일이 아니다. 아무리 말씀과 기도로 영적 훈련을 쌓아오며 인생사의 많은 일을 겪어온 사람이라고 해도 명확한 윤리적 지침과 해결방안에 관한 전문적인 방법을 익히지 않는다면 결국 자기 감정이나 순간의 분위기에 이끌려 임의로 판단을 내릴 확률이 높다. 이런 의미에서 윤리적 결정을 내리는 구체적인 방법을 익히는 것은 그리스도인들에게 필수적인 일이다.

이를 위해 본 장은 윤리적인 결정을 내릴 때 고려할 요소들[1]과 결정의 진행 과정, 구체적인 규범들과 그들의 충돌 여부, 그리고 문제의 해결을 위한 사회생태윤리 방법론의 구체적인 단계들을 알아보고, 본서의 핵심이 되는 신학적 방법인 사회생태윤리 개념을 살펴보고자 한다.

---

1   이 장에서 정리된 방법론은 Stivers 등이 저술한 *Christian Ethics: A Case Method Approach* 5판에서 윤리적 사례 연구를 위해 실제로 사용했던 것임을 밝힌다.

1) 윤리적 결정을 위한 요소들

(1) 신앙과의 관련성

죄는 대부분의 기독교 전통에서 인간의 역사에 만연한 문제다. 심연 깊이 자리 잡은 불안에서부터 나오는 죄는 하나님, 자아, 타인, 그리고 자연과의 분리를 초래한다. 그러한 소외는 관계를 파괴하는 특정한 행동을 유발하는데, 보통 공동체 안에서 강화되고 제도 안에서 확고해진다. 죄는 다른 관점에서 보면 은혜와 능력이 많으신 하나님의 사랑을 받아들이기를 거부하는 것이고 소외와 심판을 의식하기를 거절하는 것이다. 죄는 깊고 보편적이지만 그렇다고 반드시 도덕적인 삶을 무력하게 만들지는 않는다. 사람이 되신 예수 그리스도는 죄로 만연한 세상 가운데 거하면서도 진실하게 사는 인생이 어떤 것인지를 우리에게 보여주셨다. 예수는 구원의 원천이신 하나님을 사람들에게 알리셨고 내면의 완전성과 올바른 관계수립의 가능성을 열어놓았다.

사랑으로서의 하나님의 능력에 대한 확증은 대부분의 기독교 전통에서 가장 중요한 요소다. 사랑은 인간을 죄로부터 구원하는 한편 인간의 자유를 침해하지 않으면서도 다른 사람과 재결합시킨다. 사랑은 소유물이 아니라 값없이 주어진 선물이며, 의지만으로 얻을 수 없다. 모든 상황에서 지속적인 사랑이 가능하도록 하는 것은 성령의 역사다. 기독교윤리의 출발점은 사랑에 빠지는 것이다. 그러나 이것은 개인이 혼자서 할 수 있는 일이 아니다. 비록 인간의 자아는 끊임없이 다르게 생각하고 통제하고 싶어 하며 죄와 소외를 조장하지만, 하나님이 자아와 협력하여 무언가를 하신다. 사랑에 빠진다는 것은 먼저 사랑을 받은 자가 내면의 완전함과 변혁을 만들어내기 위해 자아 안에서 그 사랑이 일하게끔 만드는 것이다. 사랑에 빠진 뒤에 행동이 뒤따른다. 비록 세부 사항에서는 상당한 차이가 있지만, 이것은 대부분의 기독교 전통에서 거의 핵심적인 메시지다. 따라서 기독교윤리는 성령 안에 거하고 성령 안에서 살아가는 일에 기초가 된다. 믿음은 관계의 문제이며, 먼저 하나님과 사랑에 빠진 이후에 자아, 타자, 그리고 자연에 반응하는 것이다.

영성이라는 단어는 종종 하나님과의 관계의 핵심을 확인하는 데 사용된다. 하나님의 힘은 상당히 다른 방식으로 경험되는데, 공통 요소는 만남의 순간에 나타나는 통합되고 변형된 자아다. 대부분의 그리스도인들은 하나님을 경험하는 관습적인 종교적 방식들, 예컨대 예배, 기도, 노래, 성례전, 그리고 선포된 말씀 등을 어렵지 않게 인식한다. 대부분의 기독교 전통에서 하나님은 이러한 종교적 방식에 얽매이지 않고 사랑과 일치하는 다양한 방식으로 자유롭게 존재한다. 영성은 사랑에 빠지거나 성령 안에 거함으로써 사회와 자연 속에서 정의로운 행동을 하도록 영감을 주며, 또한 특정한 상황에서 구체적인 행동을 하도록 직관적으로 사랑할 수 있는 길로 이끌기도 한다. 그러나 결정을 내리는 데 있어 다른 것들이 필요하다. 왜냐하면 영감과 직관 그 자체가 항상 옳고 좋은 일을 하기 위한 정확한 지침은 아니기 때문이다. 이것은 특히 복잡한 사회적 상황에서 그러하다. 선행을 실천하기 위해서는 생각뿐 아니라 마음, 지식, 영감과 직관이 필요하다. 또한 그리스도인 실천가들은 특정한 상황에서의 관계에 민감하고 인간 행동에 윤리적 규범을 제공하는 전통

뿐만 아니라 상황에 질서를 부여하는 사실과 이론에 깊은 관심을 갖고 있다.[2]

　　관계에 대한 민감성은 선한 의도와 긴밀하게 연관된다. 그것은 또한 어떤 상황에서 이미 일하고 있는 성령과, 배우로서의 인간의 성격과, 그리고 식물과 동물의 요구에 대한 감각을 포함한다. 관계에 대한 민감성은 특정 상황을 예외적으로 만드는 감정이나 미묘한 변화와 끊임없이 일치한다. 그것은 자아와 그의 존재 상태, 그리고 죄를 짓는 성향을 자신의 자아와 타인들의 자아 모두에서 아는 것이다. 결정을 내리도록 인도하는 사실과 규범에 대한 관심은 마음보다 지식의 문제다. 그것들은 윤리적인 결정을 내릴 때 신중한 분석과 상황에 대한 평가를 필요로 한다.

(2) 분석

훌륭한 윤리적 결정과 행동은 좋은 정보에 달려 있고, 좋은 정보를 얻는 것은 성실함과 어느 정도의 요령에 달려 있다. 윤리적인 상황 또는 사례를 분석할 때 고려해야 할 몇 가지 구성 요소가 있지만, 모든 구성 요소가 특정 상황 또는 사례에 동일한 방식으로 적용되는 것은 아니다. 첫째, 개인적인 경험이 어떻게 자아가 상황을 인식하는 방식을 형성하는지 고려할 것이다. 이를 위한 한 가지 방법은 학생들이 개인적으로 무엇을 고려하고 있는지, 예를 들어 인종, 계층, 성, 습관 및 태도 등과 같이 그들을

2　　Laura A. Stivers and James B. Martin-Schramm, *Christian Ethics: A Case Method Approach*, Fifth Edition (Maryknoll, NY: Orbis Books, 2020), 3.

그 상황으로 이끌어온 개인적인 이력이 무엇인지 스스로에게 물어보게 하는 것이다. 두 번째 구성 요소는 동역학(power dynamics)이다. 여기서는 핵심 주체가 누구인지, 권력은 어떻게 분배되는지, 누구의 목소리가 들리는지, 누가 무시당하는지 등의 질문이 제기된다. 세 번째 구성 요소는 사실 정보다. 예컨대 그 문제에는 역사적 근원이 있는지, 주요 사실은 무엇인지, 논쟁 중인 사실들이 있는지, 그리고 갈등 중에 있는 사실들에 일관성을 주는 이론들이 있는지 등을 고려해야 한다. 네 번째는 그 상황의 더 큰 맥락이다. 대부분의 경우 그 맥락은 한 사람의 눈에 비춰지는 개인적인 관계와 밀접하게 관련된다. 결정권자는 자기 사생활의 한계를 뛰어넘어 사회와 자연이 이 사건에서 인간의 행동에 어떤 영향을 미치거나 받는지 살펴봐야 한다. 옛 속담에 "나무 때문에 숲을 잃지 말라"는 말이 있다. 다섯 번째는 어떤 상황에서 복잡한 요소들에 집중하는 것이다. 이것이 예외적인 경우인지, 중요한 정보가 누락되었는지, 또는 이해하기 어려운 것들이 있는지 등을 집중적으로 다룬다. 여섯 번째는 관계를 신중하게 서술하는 것이다. 때로는 관계적 요인이 정상적이지 않고 전통적인 윤리 지침이 적용되지 않는 상황을 만들기도 한다. 의사 결정권자들은 선택을 복잡하게 만드는 관계성 또는 성격의 문제가 있는지 질문해야만 한다. 일곱 번째는 그 상황에서 핵심적인 윤리적 이슈와 부차적인 윤리적 이슈를 식별하는 것이다. 특정한 사례에 대한 윤리적 분석은 거의 항상 여러 문제들을 포함하며, 학생들은 집중하기 위해 그 가운데 하나를 선택해야 한다. 마지막으로, 여덟 번째 요소는 각각의 문제와 결과를 다루기 위한 대안적 행동 경로의 식별이다. 적절해 보이는 행동은 다시 보면 부적절하거나 심지어 유해하게 만드는 결과를 드러낼 수 있다.

(3) 평가

평가의 주요 과제는 교회의 전통에서 주어진 상황과 관련된 규범이나 윤리적 지침을 찾는 것이다. 윤리학에서 규범은 도덕적 삶에 대한 가이드라인을 제공하는 폭넓은 지침을 가리킨다. 규범은 특정 상황에서 보통 무엇을 해야 하는지 결정하는 데 도움이 된다. 규범은 비슷한 상황에 직면하여 무엇이 좋은지에 대해 일반화된 것으로서, 과거의 의사 결정권자들의 지혜와 경험을 반영한다. 규범의 통찰력은 전통으로 전해지며, 현재의 의사 결정권자들이 같은 종류의 상황이나 심지어 새로운 상황에 직면할 때 보통 현명한 조언을 제공받도록 돕는다.

가. 규범들

규범은 여러 가지 형태로 존재한다. 이러한 다양성을 입증하고 가장 중요한 규범을 식별하기 위해 몇 개의 그림을 제시하는 것으로 충분할 것이다. 세 가지 매우 중요한 규범은 **사랑**(love), **정의**(justice), 그리고 **중재**(peacemaking)다. 하나님으로부터 사랑받은 경험은 이웃을 사랑하려는 의도로 이어진다. 기독교윤리에서 정의는 일반적인 원칙이며 가난한 사람들과 소외계층에 대한 특별한 관심에 의한 공정성이나 형평성을 의미한다. 생태정의의 윤리에서 이 규범은 지속가능성, 충분성, 참여, 연대성의 원칙에서 추가적으로 표현된다. 중재는 비폭력과 화해에 대한 이해를 포함하며 평화주의, 정당 전쟁, 성전(crusade)의 세 가지 각기 다른 규범적 관점에 토대를 제공한다.

덕(virtues)은 모방할 가치가 있는 행동의 패턴을 나타낸다는 점에서 규범이다. 기독교윤리의 가장 좋은 예는 예수의 인격과 사역이다. 우리가 자주 접하게 되는 "예수라면 어떻게 하실까?"(What would Jesus do? WWJD)라는 유명한 질문은 그분의 사례가 많은 사람에게 어떻게 도덕적 지침이 될 수 있는지를 보여준다.

신학적 해석(Theological interpretation) 또한 우리를 안내한다. 예를 들어 주어진 상황에서 하나님이 어떻게 일하고 있는지에 대한 서로 다른 해석은 삶과 죽음의 문제에서 중요한 역할을 한다. 죄, 죽음, 성령과 교회의 사역에 대한 신학적인 이해는 서로 다른 경우에 어떤 결정을 내리는지에 중요한 역할을 한다.

마지막으로, 가장 친숙한 규범은 **규칙**(rules), **법**(laws), **명령**(commands) 등이다. 십계명은 가장 명백한 예다. 그러나 법을 지침으로 삼을 때는 규범이 사랑 없는 결론을 제시할 때도 무조건 따르고자 하는 율법주의적인 경향을 피하도록 유의해야 한다. 기독교에서 모든 법과 규범은 가장 기본적 지침인 사랑에 기초하고 그것에 의해 검증을 받는다.

나. 규범의 원천들

그리스도인들은 윤리적인 지침을 찾기 위해 다양한 자료를 참조한다. 전통적으로 **성경**은 최초이자 가장 중요한 원천이었다. 그러나 성경에서 윤리적 지침을 얻는 일은 앞서 언급한 것처럼 보기만큼 쉽지 않다. 성경의 많은 책들은 서로 다른 시기에 기록되었고 상당히 다양한 맥락과 상황을 반영한다. 성경 기록자들은 다양한 사회와 문화 가운데 그들 자신의 위치에서 글을 썼다. 그들은 그때와는 전혀 다른 세상에 살고 있는 현대인들과는 사물을 확실히 다르게 보고 이해했다. 성경 기록자들은 때때로 서로 의견의 일치를 보지 못했으며, 그들 자신의 시대에는 윤리적으로 받아들여질 수 있다고 생각했던 것, 예를 들어 노예제도와 같은 관습들에 대한 관점은 문화가 발전함에 따라 변화되었다. 이러한 복합적인 차이와 지극히 복잡한 문제를 고려하여 오늘날의 의사 결정권자들은 성경 기록자들이 의미하는 바를 바르게 해석하고 이러한 의미를 지혜롭게 적용해야 한다. 성경은 스스로를 해석하거나 결정을 내리지 않는다. 성서학자들이 다양한 해석 도구를 개발하고 윤리학자들이 해석에 대한 최고의 지혜를 제공하지만, 그들 간의 의견 차이는 흔히 있는 일이다. 사실 윤리적 갈등은 때때로 성경 본문의 해석과 사용에 관한 문제에서 발생한다. 이러한 복잡한 문제들에도 불구하고, 주제는 성경을 통해 전달되며, 이러한 주제는 어느 정도 정확하게 식별될 수 있다. 성경 기록자들은 현대인들과 동일하게 사랑의 하나님을 경험했을 뿐 아니라 많은 동일한 문제들에 직면했었다. 성경은 여전히 좋은 지침의 원천이다.

신학은 규범의 두 번째 원천이다. 하나님의 능력과 인간의 죄에 대한 이해는 이미 확인되었다. 사랑으로서의 하나님의 능력의 본성은 의사 결정권자들이 이웃을 사랑하고 상황에 따라 성령의 일에 민감하게 반응하도록 고무하고 이끈다. 죄에 대한 서로 다른 이해는 성적 문제와 같은 민감한 주제들에 대해 상반된 견해를 낳는다. 의사 결정권자들이 죄를 뿌리 깊고 보편적인 악으로 대할 때 이 같은 태도는 자유를 오용하는 인간의 성향에 영향을 미치는 현실적인 행동으로 이어진다.

규범의 세 번째 원천은 교회의 역사적 **전통**이다. 그리스도인들은 수 세기 동안 폭력, 성, 가난한 사람들, 자연과 같은 문제들에 상당한 사상적인 노력을 기울여왔다. 전통은 변하고 때때로 다양한 지침을 제시하지만, 그것들은 또한 연속성을 보여주며 어느 정도의 실용적인 지혜를 반영한다. 특히 정의에 관한 전통은 본서에서 매우 중요하다.

규범의 네 번째 원천은 다양한 형태의 유형 **교회**다. 이전의 세 가지 원천은 모두 교회의 터전에서 자라났다. 교회라는 명칭이 가리키는 대상은 범세계적인 보편교회에서부터 로마 가톨릭교회를 비롯한 특정 개혁교회 교단들, 교회 협의회들, 지역의 소규모 교회, 그리고 성경에서 "두세 사람이 함께 모이는 곳"이라고 부르는 작은 공동체에 이르기까지 다양하다. 마찬가지로 윤리적 지침도 전통적인 역사관에서부터 포괄적인 교회 연구와 선언들, 교회 조직의 규칙, 그리고 좋은 친구의 지혜와 지도에 이르기까지 다양하다.

마지막 원천은 **세속적인 윤리적 전통들과 타종교의 광범위한 범주**다. 서구의 기독교와 세속 철학 전통은 수 세기 동안 상호 교화시키는 긴밀한 관계를 유지해왔다. 미국 원주민의 전통은 자연에 대한 감수성이 풍부하다. 도교도 마찬가지로 균형을 찾는 풍부한 전통을 갖고 있다. 불교는 만물의 상호관계를 중요시하며 주된 문제로 집착이나 욕망에 대해 이야기한다. 그리스도인들은 자유롭게 다른 전통에서 비롯된 통찰력을 활용하고, 이러한 전통의 추종자들과 대화를 시작하며, 공동 행동에 참여할 수 있다.

어떤 주어진 윤리적 사례와 관련된 규범을 확립하기 위해 이 다섯 가지 원천들을 사용하는 것은 복잡하고 따라서 연습이 필요한 일이다. 상황이나 사례 자체가 분명한 출발점을 제공할 수 있는데, 예를 들어 폭력적인 충돌을 수반하는 상황이 주어질 때는 폭력과 비폭력을 다루는 규범이 적용된다.

관련 규범을 찾는 것을 돕기 위해 많은 자원들을 활용할 수 있다. 성구사전은 성경에서 특정 단어 및 이들 단어를 포함하는 본문의 위치를 찾는 데 도움이 된다. 기독교 윤리학 사전은 널리 보급되어 있으며 시간이 제한된 사람들을 위해 짧은 요약을 제공한다. 학자들은 대부분의 윤리적인 문제를 연구해왔고, 그들의 출판물은 보통 발달된 규범을 제시한다. 대부분의 주요 교단들은 중요한 윤리적 문제에 대해 공식적이고 확고한 입장을 가지고 있다. 만일 강의실 환경에서 사례가 논의된다면, 교사들은 강의를 통해 배경을 제공할 수 있다. 또한 의사 결정권자들은 종종 유능한 지도자들에 의해 지도되는 윤리적 문제를 위해 일하는 지역 교회로 눈을 돌릴 수도 있다.

다. 충돌하는 규범들

의사 결정권자가 관련 규범을 식별하고 특정 상황에 대한 의미를 성찰한 후에는 최소한 하나의 장애물을 더 뛰어넘어야 한다. 두 가지 이상의 규범이 충돌하기 때문에 윤리적 문제들이 종종 서로 맞서기도 한다. 예를 들어 폭력의 사용과 관련된 문제에서 비폭력은 명백한 표준이다. 정의도 그렇다. 어떤 경우에 둘 사이의 갈등은 몇몇 그리스도인들이 정당한 전쟁에 대한 규범적인 관점을 그들의 지침으로 선택하게 만들었다. 정당한 전쟁의 관점은 적은 폭력으로도 많은 정의를 얻을 수 있는 상황에서 특정 조건이 충족된다면 폭력이 정당화될 수 있다는 것이다. 또 다른 빈번한 갈등은 인간의 경제적 이익과 다른 종들에 대한 보살핌 사이의 갈등이다. 상충하는 규범이 위태한 상황을 만들 때 의사 결정권자는 어떻게 해야 하는가? 이 질문에는 하나의 정답이 없다. 기도가 도움이 되지만, 우리는 결국 선택해야 한다. 마르틴 루터의 유명한 격언인 "용감히 죄를 짓는다"(sin boldly)[3]라는 말이 적용될 수 있는 분명한 경우들이 있다.

---

3 1521년 4월 보름스에서 재판을 받은 후 마르틴 루터는 거의 1년 동안 잠적했었다. 그 기간 동안 비텐베르크에 있는 그의 동료들은 그곳의 교회에서 실질적인 개혁을 실행하기 시작했다. 루터의 가장 가까운 동료 중 한 명인 필립 멜란히톤은, 당시에 변화가 죄로 이어질 경우에 대비하여 몇몇 사안들을 진행하기를 꺼렸다. 루터는 1521년 8월 1일 그에게 단호한 행동을 촉구하며 다음과 같은 편지를 썼다. "당신이 만일 은혜의 설교자라면 허구적인 은혜가 아닌 참된 은혜를 설교하라. 은혜가 참이라면 허구적인 죄가 아니라 참된 죄악을 짊어져야 한다. 하나님은 단지 허구적인 죄인들을 구원하지 않으신다. 죄인이 되고 과감하게 죄를 짓되, 더 과감하게 그리스도를 믿고 그 안에서 기뻐하라…" 우리는 루터가 개종 후의 우리에게 고의적이고 노골적으로 죄를 계속 짓게 하려는 의도로 이 말을 하지 않았다는 것에 주의하여 그의 말을 올바르게 해석하도록 주의해야 한다. 비록 그가 죄 많은 행동을 극복하는 인류의 능력에 대해 비관적인 것은 사실이지만, 심지어 가장 독실한 그리스도인들 사이에서도 그가 멜란히톤에게 한 말은 그의 개혁 활동에 관한 것이다. 멜란히톤이 아무것도 하지 않기로 결심했다면 그는 죄를 지을 가능성이 있다는 것이며, 반대로 그가 행동하기로 결심했다면 그것 또한 그가 죄를 지을 가능성이 있다는 것이다. 루터는 완벽한 결과를 보장할 수 없을 때에도 적절한 행동을 하라고 장려하고 있었다.

라. 방법

방법은 직관과 규범을 함께 끌어당겨 분석에 적용하는 과정이다. 규범, 사실, 이론, 맥락, 그리고 관계를 서로서로, 그리고 특정한 상황에 연관시키는 어떠한 단일한 방법도 독특하게 기독교적이라고 할 수 없다. 장단점이 있는 여러 가지 방법들이 있다. 우리가 어느 윤리적인 사례에 사용한 방법이나 논평에 대한 접근방식을 비슷한 특정 사례에 적용하도록 강요하지 않아야 한다. 그러나 우리는 방법이 여전히 중요하며, 특정한 윤리적 결정을 내리는 것과 관련된 요소를 다루는 데 적절한 방법이 있다고 확신해야 한다.[4]

마. 윤리적 평가

평가의 마지막 단계는 실행에 옮기는 것이다. 분석을 수행하고, 관련 규범을 식별하며, 방법들 가운데 하나 이상을 선택한 의사 결정권자는 대안적인 행동, 전략 및 전술 과정과 그 실행 가능성 및 결과를 평가해야 한다. 마법 공식이나 실패할 염려가 없는 방법은 존재하지 않는다. 과정은 대화식으로 진행된다. 무엇이 적절하고 적합한지 찾기 위해 규범, 방법 및 분석 요소들을 함께 적절히 다루어야 한다.

평가에는 결정이 뒤따른다. 대안적인 행동 방침이 균등하게 만족스럽거나 또는 균등하게 만족스럽지 못하기 때문에 때때로 결정을 내리기가 어렵지만, 신앙과의 관련성은 의사 결정권자에게 결정을 하도록 요

4　다음의 사회생태윤리 방법론의 실제를 참고하라.

구한다. 때로는 결정하지 않는 것이 현명한 행동 방침이 될 수도 있지만, 그럼에도 불구하고 그것 역시 하나의 결정이다.

일단 결정이 내려지고 행동 방침이 선택되면, 이러한 결론은 다른 사람들에 의해 정당화되어야 한다. 윤리적인 결정은 보통 공동체의 작업이기 때문이다. 결정을 뒷받침하는 근거들은 분석과 일관성이 있어야 하고, 관련 도덕규범들에 호소해야 하며, 적절한 방법을 사용해야 하고, 균형감을 가져야 한다. 하나의 타당한 윤리적 결정도 상황을 고려할 때 그것이 최선의 선택인 이유를 설명할 수 있어야 한다. 잘 내려진 결정은 또한 다른 사람들이 제기할 수 있는 가장 중요한 반론을 예측하고 대응할 수 있다.

(4) 행동

시대에 따라 민감하고 난해한 윤리적인 이슈들에 대해서는 명확한 결론을 내리기 쉽지 않은 경우가 있다. 어떤 경우에는 열린 결말의 형태를 취하는 것도 하나의 행동이 될 수 있다. 특정한 윤리적 사례에 대한 논의는 보통 결정을 내리는 지점에서 끝나지만, 실제 삶의 정황 속에서는 그렇지 않을 것이다. 실천을 위한 이 마지막 단계에서 의사 결정권자들은 결정을 내릴 뿐만 아니라 그 결정에 따라 행동할 필요가 있다. 그런 다음 의사 결정권자들이 성공과 실패로부터 배울 수 있도록 행동에 이어 성찰의 과정이 따라야 한다. 마지막으로 약간의 보상이 뒤따른다. 의사결정과 행동이 잘 이루어지면, 의사 결정권자들은 밝은 깨달음을 얻으며 그에 뒤따르는 내면의 평화를 즐기게 될 것이다. 심지어 상황이 잘

풀리지 않고 실수를 범했을 때, 그리고 잘못된 선택을 했을 때조차도 회개한다면 용서의 은혜가 따른다. 죄책감이 죄악의 표시일지는 모르지만, 기독교윤리의 최종 결론은 아니다. 우리가 용서를 받았으니 모든 것이 괜찮다는 것이 복음이 우리에게 제시하는 최종 결론이다. 본서의 8장 4절에서는 미국 교단의 창조정의와 관련한 프로그램을 예로 들어 사회생태윤리적인 방법을 통해 행동이 어떻게 구체적으로 교회와 사회의 현장에서 실천될 수 있는지 제시하고 있다. 그 실제적인 과정은 다음에 이어지는 간략히 정리된 내용을 참고하면 된다.

2) 사회생태윤리 방법론의 실제

어떤 사회생태적인 이슈에 대해 윤리적 결정을 내리기 위한 요소들이 준비되었다면 다음의 순서를 따라 실제로 적용해볼 수 있을 것이다. 이것은 사회생태윤리란 개념을 처음 사용하기 시작한 존 하트에 의해 개발되었으며, 필자의 박사학위 논문[5]과 그 이후의 여러 학술 논문에서 사용되었다.

---

5   Yongbum Park, "Donghak and Sacramental Commons: Eastern Learning, Creation Consciousness, and Korean Socioecological Ethics," Boston University, Ph.D. 학위 논문, 2014.

(1) 사회생태적 분석(Socioecological Analysis)

이것은 자연과학, 사회과학, 역사적 전통, 과거와 현재의 공동체적인 통찰, 법적인 결정 등을 기반으로 하는 적절한 자료들을 사용하여 사회적인 이슈를 기술하는 단계다.

(2) 사회생태윤리적 반영(Socioecological Ethical Reflection)

이 과정은 성경적이고 기독교적인 자료들로부터 연관이 되는 윤리적인 통찰들을 추출해서 그것을 중심으로 토론하고, 적용 가능한 윤리적 원리들을 반영한 다음, 그 원리들을 중요도에 따라 나열하는 단계다. 주어진 상황에서 해당 이슈에 맞는 원리를 선별하고, 그렇게 선별한 원리들의 근거를 제시하여 사용할 수 있도록 준비하는 단계라고 할 수 있다.

(3) 사회생태적인 비전(Socioecological Vision)

이것은 현재의 정의롭지 못한 상황을 해결하기 위해 선별된 윤리적 원리들이 사회적, 생태적으로 적용되었을 때의 기대되는 미래의 결과에 대해 예상하는 단계다.

(4) 사회생태적인 프로젝트(Socioecological Project)

선별된 특정 지역의 사람들에게 교회와 공동체를 위한 역사적인 프로젝트에서 윤리적인 원리들을 구체적으로 적용하여 비전을 수립하기 위해 예상되는 행동 사항을 구체적으로 작성하여 제시하는 단계다.

3) 사회생태윤리 개념

사회생태윤리(socioecological ethics)라는 용어를 처음으로 사용하기 시작한 존 하트(John Hart)는 미국 보스턴 대학교의 기독교 윤리학 교수로 재직하면서 사회윤리와 해방신학을 기반으로 생태윤리의 여러 분야를 가르친 학자다. 그는 생태학을 통해 과학, 사회학 그리고 기독교 신앙 사이의 관계성을 연구하는 한편 생태정의와 생태영성에도 깊은 관심을 갖고 연구해왔으며, 미국과 캐나다의 가톨릭 주교들의 여러 공식적인 생태윤리 관련 문서들의 초안을 작성했고, 특히 1991년에는 생태신학과 관련하여 종교기관에서 작성한 최초의 공식 문서라고 할 수 있는 미국 가톨릭 주교들의 서신인 "Renewing the Earth: An Invitation to Reflection and Action in Light of Catholic Social Teaching"의 초안을 작성한 인물이다.[6]

사회생태윤리는 하트가 오랜 기간 발전시켜온 개념으로, 그가 가톨릭의 성례전적 공유지(sacramental commons) 개념을 실천 윤리(praxis ethics) 개념과 함께 일종의 분석을 위한 도구로 활용하여 우주적 공유지(cosmic commons) 개념으로 확장하는 데 사용한 신생 용어다. 또한 그가 본래 가톨릭 신앙을 기반으로 적극적인 사회 참여를 강조하며 학교

---

6   여기서 Hart는 생태계의 위기를 도덕적인 도전으로 강조했으며, 생태계 파괴의 현실을 경제적 상황과 연결하여 설명하면서 가난하고 힘이 없는 이들이 가장 직접적으로 영향을 받는다는 점을 지적했다. 또한 가톨릭의 성례전적 전통을 우주로 확장하면서 과학으로서의 생태학과 사회생태학 간의 접목을 시도했다. John Hart, *What are They Saying about Environmental Theology?* (Mahwah, NJ: Paulist Press, 2004), 30-33.

와 지역 사회에서 생태운동가로 활동해온 배경을 갖고 있기 때문에 그의 사회생태윤리는 무엇보다도 행동(conduct)과 실천성(praxis)이 두드러진다.

그의 이러한 적극적인 사회참여적 윤리관의 뿌리는 그가 뉴욕의 유니온 신학교에서 박사과정 학생으로 있을 때 해방신학의 창시자인 구스타보 구티에레즈(Gustavo Gutierrez)에게서 배운 영향이 크다. 비록 하트가 사회를 해석하는 기반이 해방신학의 마르크스적인 유물론보다는 성경에 기초한 긍휼과 사랑의 해법에 가까우며, 실천적인 면에서 마틴 루터 킹으로 대표되는 보스턴의 비폭력 시민불복종운동과 평화주의 전통에 더 근접해 있지만, 해방신학의 대표적 특징인 사회구조적인 죄를 진지하게 인식하여 그것을 사회과학적인 방법으로 분석하고 비판하는 점은 구티에레즈와의 공통점이라고 할 수 있다.

하트는 오랜 기간 북아메리카 원주민의 생태영성에도 깊은 관심을 가지면서 인디언의 전통 악기 연주에도 조예가 깊고, 그 밖에도 라틴 아메리카, 흑인, 여성, 아시아의 생태윤리와 생태영성 연구에 집중하는 한편, 한국의 민중신학, 특히 탈춤과 판소리에 담긴 한(恨)의 문화에도 깊은 관심을 보였다. 이처럼 하트가 서구의 어떤 학자보다도 한국적인 상황에 대한 이해가 깊은 점을 감안할 때 그의 사회생태윤리가 한국적인 형태로 발전할 수 있을 것으로 기대한다. 그는 오랜 기간 북미 사회에서 생태정의 및 정치적 이슈와 관련한 사회 참여 운동을 주도하는 학자이자 사회운동가로 왕성하게 활동해왔다.

사회생태윤리의 근간이 되는 하트의 성례전적 공유지에 대한 이해의 신학적 기초는 그가 1984년에 저술한 『지구의 영: 땅의 신학』(*The Spirit of the Earth: A Theology of the Land*)에서 유래한다. 그는 이 책에서 "지구와 함께, 지구 안에, 지구 위에, 그리고 지구 주변에 존재하는 모든 것은 창조주의 것이다.…하나님은 지구 위에 성육신하셨고, 일차적으로 그의 손으로 만드신 피조물로서의 인성과 창조주로서의 신성을 동시에 경험하셨다.…하나님은 무한한 존재 안에 유한한 지구를 품으셨기 때문에 하나님의 영은 지구에 스며든다"라고 말한다.[7] 나아가 그는 하나님을 "지구의 영이시며, 위대한 영이시고, 초월적이며 내재적인(transcendent and immanent) 분으로 세상을 창조하셨고, 창조주로서의 관계를 회복하셨으며, 지속적으로 그 관계를 회복해 가시는 분"[8]으로 이해한다. 이런 면에서 그의 성례전적 공유지 개념은 기원에서부터 철저히 하나님, 인간, 그리고 자연 간의 상호의존적인 특징을 지닌다고 볼 수 있다.

이처럼 사회생태윤리 개념을 확립해 가면서 하트는 "사회생태학"(socioecology)이나 "사회생태적"(socioecological), 그리고 실천 윤리(praxis ethics) 같은 용어들을 개별적으로 설명하는 가운데 사회적 상호작용은 고립된 채 나타나는 것이 아니라 특히 관계 가운데서 발생한다는 점을 강조한다.[9] 그는 이러한 관계성으로 인간이 다른 사람의 웰빙, 생물권의 웰빙, 생태계의 웰빙에 관심을 두고 창조의 보존을 향한 사회정의

---

7   John Hart, *The Spirit of the Earth: A Theology of the Land* (Ramsey, NJ: Paulist Press, 1984), 155.
8   위의 책, 158.
9   Hart, *Cosmic Commons*, 184–85.

구현을 위해 투쟁하는 것이 사회생태윤리의 중요한 특징이라고 규정한다.[10] 그리하여 사회생태윤리는 사회와 지구의 웰빙을 위해 인간의 책임적인 실천을 통한 사회정의와 생태정의를 가능케 하는 대화체의 통합적이고도 역동적인 이론과 실천을 제공한다. 다시 말해 그는 사회생태윤리가 "관계적이고, 이론적이며, 은유적인 기초"를 인간의 정의로운 행위에 제공하는데, 이는 인간 공동체와 모든 생물권을 위한 생태정의, 그리고 지구의 생태 웰빙을 위한 사회정의의 실현을 돕는다고 강조한다.[11]

그의 사회생태윤리는 한 마디로 성령의 섭리를 통해 창조주 하나님과 창조세계를 관련시키는 창조중심적(creatiocentric, 또는 creation-centered)인 분과라고 요약할 수 있다. 그는 이해를 돕기 위해 사회생태윤리가 신중심적(theocentric)이거나, 인간중심적(anthropocentric)이거나, 남성중심적(androcentirc)이거나, 자기중심적(egocentric)이거나, 가이아중심적(gaiacentric)이거나, 지구중심적(geocentric)이거나, 또는 생명중심적(biocentric)인 것이 아니라고 강조한다. 이것은 지구 생태계에 대한 기존의 신학과 생태학이 지닌 적용의 한계를 극복하려는 설명이다. 즉 하나의 기준이 되는 대상을 중심으로 하여 그 주변부의 위상이나 역할을 강조하는 것이 아니라 창조세계 전체를 하나님과의 관계라는 관점에서 다루는 한편 생태윤리적이고 사회윤리적인 특성을 통합하려는 시도라고 볼 수 있다. 그런 의미에서 사회생태윤리는 명백하게 기독교윤리의 한

---

10 위의 책, 185.
11 위의 책.

분야라고 할 수 있다. 즉 오늘날의 기후위기와 생태계 파괴의 현실에 응답하는 삶과 실천의 신학적이고 윤리적인 하나의 새로운 흐름이다.

또한 사회생태윤리는 사회학의 변혁성(transformation)과 생태학의 관계성(relationship), 그리고 해석학과 방법론 역할을 감당하는 윤리학 간의 융합 학문이라고 할 수 있다. 이는 초월성(transcendence)과 내재성(immanence), 보편성(universality)과 특수성(particularity), 그리고 이론(theory)과 실천(praxis) 사이의 격차를 극복할 수 있는 윤리적 패러다임으로, 기존의 생태윤리학에 사회윤리학의 장점을 보완하는 하나의 통합적이며 창의적인 분야라고 할 수 있다.

이러한 하트의 사상은 기독교의 전통들 가운데 역사적으로 생태적 아이디어를 풍성하게 제공해온 성례전적 공유지와 여기서 출발하여 그가 전개해가고 있는 우주적 공유지의 아이디어를 더욱 발전시키는 개념이라고 할 수 있다. 다시 말해 그의 사회생태윤리는 생태, 정의, 영성, 실천, 대화 등의 개념을 통섭적으로 아우르며 생태윤리의 실천력을 극대화시키는 방안으로서 사회학적인 분석과 역동성을 더하는 독특한 윤리의 한 분야라고 할 수 있다. 이러한 그의 사회생태윤리는 제4차 산업혁명과 기후위기, 인공지능과 펜데믹 시대를 살아가는 우리에게 윤리적인 가치관으로서의 새로운 가능성을 제공해주는데, 특히 개방과 방대함을 특징으로 하는 제4차 산업혁명 시대에 발생 가능한 소외나 배제, 혹은 차별의 윤리적인 문제들을 해결하는 데 기여할 수 있을 것이다.

이러한 가능성이 존재함에도 불구하고 사회생태윤리가 아직은 신생 학문의 영역이며, 다양한 윤리적 이슈들을 다루는 데 구체적으로 적용될 수 있도록 만드는 것이 향후 연구 과제라고 할 수 있다. 또 특정한 컨텍스트에서의 적용 가능성에 대한 논의는 더욱 다각적인 접근과 해석을 통하여 보편적인 정체성을 확보해야 하는 선결과제가 남았다. 이어지는 장부터는 다양한 윤리적 이슈들에 사회생태윤리를 적용하는 과정을 예시로 기술할 것이다. 각 주제에 따라 사회생태윤리가 조금씩 달리 사용되는 점에 주목하여 다른 새로운 윤리적인 문제에도 이를 효과적으로 적용할 수 있도록 연습할 필요가 있다. 아직은 미지의 영역인 포스트 코로나 시대의 기후위기에 따른 윤리적 이슈들을 다루기 위해 사회생태 윤리가 유용한 도구로 사용되기를 희망한다.

4

그리스도 중심적 사회윤리
- 본회퍼와 킹 비교연구

팬데믹과 기후위기란 비상사태를 맞이한 시기에 오늘날 기독교 신앙은 인류 사회에 어떤 의미가 있는가? 기독교가 지구 공동체를 위해 더욱 의미 있는 역할을 수행하려면 구체적으로 어떠한 신학적 논의와 실천을 모색해야 할 것인가? 시대와 문화가 변해도 불변하는 진리인 예수 그리스도는 어떻게 "어제나 오늘이나 영원토록 동일하신 분"[1]으로 우리와 함께하실 것인가? 다양한 사회적, 경제적, 문화적, 정치적 상황에 놓인 지구 생물종 모두를 위해 예수의 가르침을 따르는 제자들에게 역사를 초월하여 변함없이 존재하는 예수의 참된 역할은 어떻게 표현될 수 있는가?

이러한 질문들에 대한 기독교의 응답을 우리는 그리스도를 따르던 제자들의 삶을 통해 조명해 볼 수 있는데, 역사적으로 오늘날의 대멸종과 같은 사회적 위기 상황에 처했던 그들이 그 같은 상황에 어떻게 대처해 나갔는지 살펴보는 것이 필요하다. 특히 복음의 현장성과 사회 변혁을 강조하는 사회윤리적인 측면에서 "20세기의 기독교 순교자들"[2]이라고 할 수 있는 디트리히 본회퍼(Dietrich Bonhoeffer)와 마틴 루터 킹(Martin Luther King Jr.)의 생애와 신학을 비교하여 연구하는 것은 큰 의미가 있다. 왜냐하면 비록 두 인물이 처했던 시대와 상황은 달랐지만 그들의 생애와 윤리 의식, 그리고 기독교 사회윤리적인 실천방법은 놀라울 정도로 유사하기 때문이다. 아울러 그들 가운데 공통적으로 작용했던 신학

---

1   히 13:8.

2   Reggie Williams, "Bonhoeffer and King: Christ the Moral Arc," *Black Theology: An International Journal*, 9.3 (2011), 357.

적 주제와 윤리적인 핵심은 오늘날에도 여전히 유효하다.

　　본회퍼와 킹은 20세기 서구 기독교를 대표하는 목회자이자 신학자들이다. 본회퍼는 독일 고백교회의 영향력 있는 인물이면서 사회변혁 실천가였으며, 킹은 미국에서 비폭력 불복종을 통한 시민권리운동을 주도한 카리스마 있는 설교자이면서 지도자였다. 각각의 맥락에서 두 사람 모두 그리스도에 대한 믿음에서 영감을 받아 안락하고 인기 있는 것과는 거리가 먼 형태의 제자도를 추구했다. 그들에게는 그리스도를 닮고자 하는 대중들의 열망이 저항의 핵심적인 동기가 되었다. 두 사람 모두 그리스도 중심적이면서도 사회정의를 위해 급진적인 행동을 마다하지 않았다는 점에서 서로 닮은 점이 많은 현대의 순교자들이었다. 한 사람은 끊임없이 미국의 백인 우월주의와 이에 바탕을 둔 제도권에 대항해서 싸웠으며, 다른 한 사람은 전 세계에서 가장 악명 높은 폭군 중 한 명을 제거하려고 시도했다.

　　1930년대에 본회퍼는 나치의 위협적인 통치와 대량학살에 맞서 싸웠다. 1960년대에 킹은 인종 차별의 망령과 대결했다. 킹은 비폭력의 옹호자를 자처했고, 본회퍼는 공개적으로 평화주의자들과 제휴했다. 두 사람 모두 간디의 비폭력 행동주의로부터 강한 영향을 받았다. 간디는 "사티아그라하"(satyagraha)라는 용어로 자신의 저항 운동을 설명하는데, 이것은 엄밀한 의미에서 평화주의(pacifism)[3]의 한 형태는 아니므로 구분이

3　신약윤리학자 Richard Hays에 따르면 기독교 전통은 처음 300년 동안 단호하게 평화주의를 지지했으나 콘스탄티누스 황제 이후 지금까지의 전통은 최소한의 전쟁을 인정하는 것이 지배적으로 되었다. 정의로운 전쟁이나 정당한 전쟁이라는 용어 자체가 갖는 모순

필요하다.

이관후에 의하면 간디는 사티아그라하를 "영혼의 힘"(soul-force)이자 "진실의 힘"(truth-force)이라고 번역했다고 한다. 이 단어는 비폭력을 뜻하는 산스크리트어인 "아힘사"(ahiṃsā)와 동전의 양면처럼 동시에 존재한다. 즉 사티아그라하는 아힘사의 실천을 뜻하며 이를 통해서만 진실에 다가갈 수 있다. 그리고 이 과정에서의 핵심은 그것에 반대하는 사람조차도 그것을 인지하도록 하는 힘에 있다. 간디는 물리적인 힘 곧 폭력은 항상 진실을 억압하며, "폭력을 통해 진실을 추구하는 것은 실제적으로 불가능하다"는 사실을 말하고자 했다.[4]

본회퍼와 킹은 둘 다 비폭력 저항이란 사상과 실천을 수정하도록 만든 그들의 신학 사상과 실천이라는 문제에 직면해 실존적인 위기를 경험했다. 1930년에 본회퍼는 미국의 뉴욕에 위치한 유니온 신학교에서 공부하기 위해 독일을 떠났다. 하지만 그는 나치 독재 정권에 맞서 적극적인 저항을 하기 위해 독일로 돌아가는 길을 택했다. 킹은 1961년 알바니에서 자신의 비폭력 전술이 대적들의 의식을 전환시키는 데 성공하지 못했다고 느끼게 되면서 위기를 경험한다. 하지만 킹은 남부 기독교 리

성에도 불구하고 아우구스티누스를 비롯한 기독교의 많은 사상가들은 평화주의와 결별하고 전쟁의 정당성을 찾기 위해 신학적인 노력을 아끼지 않았다. 이는 Barth도 지적한 것처럼 신약성경과 교회의 전통에서 유래한 것이 아니라 오히려 자연법 전통의 영향을 더 많이 받았을 가능성이 있다. 이에 대해 Hays의 『신약의 윤리적 비전』, 521-22를 참고하라.

4 이관후, "비폭력 시민 저항의 이해: 촛불 시위의 사상적 배경 연구", 「시민사회와 NGO」, 제15권 제1호 (2017), 50.

더십 컨퍼런스(Southern Christian leadership Conference)와 함께 반대자들을 자극하고 조종하는 것을 목표로 하는 비폭력 전술을 사용하기 시작했다.[5] 버밍햄에서 킹은 차별과 싸우기 위한 평화 행진에 참여했다가 죄수로 수감되었다. 베를린에서 본회퍼는 히틀러를 죽이려는 음모에 연루되어 사형 선고를 받았다.

이 장은 본회퍼와 킹이 가장 활발하게 비폭력 저항 활동을 벌이던 시기의 신학 사상을 분석하여 그들의 공통적인 사회윤리를 살펴보고자 한다. 본회퍼에게 그 기간은 1943년에 체포되기 이전이고, 킹에게는 베트남 전쟁 시위 이전이다. 본 장은 또한 그들이 사회정의를 추구하기 위하여 성경과 그리스도에 대한 각자의 해석에서 발견해낸 동기들을 탐구함으로써 본회퍼와 킹이 주장했던 제자도가 서로 매우 유사했다는 점을 밝힐 것이다. 그들은 둘 다 예수가 추구한 방법이 "구원하는 사랑"(delivering love)이라는 개념으로 묘사될 수 있다는 해석을 제시했다. 본회퍼와 킹은 둘 다 자신들의 맥락에서 그리스도가 보여준 것과 같은 행동하는 사랑의 유효성과 씨름하며 불의에 저항하고 사회 변혁을 가져왔다. 사회 변혁의 길을 가장 잘 증명해 보여준 것은 킹이었지만, 우리는 그 길을 본회퍼에게서도 발견할 수 있다. 본회퍼는 "예수란 누구인가"라는 질문에 "대리자"(Stellvertreter, 타인을 위한 사람)라고 답을 했으며, 킹은 "사랑에 반하는 요소를 바로잡는 사랑"(love correcting what would work

---

5   Josiah U. Young III., "Theology and the Problem of Racism," in Willis Jenkins and Jennifer M. McBride Ed., *Bonhoeffer and King: Their Legacies and Import for Christian Social Thought* (Minneapolis: Fortress Press, 2010), 75.

against love)을 구현한 인물이라고 답했다.[6]

1) 본회퍼와 킹의 유사점들

본회퍼와 킹은 비록 각기 다른 시대와 다른 지역에서 활동했지만 그들의 생애, 신학 사상, 신학적 방법론, 그리고 그들로부터 영향을 받은 인물들을 조사해보면 놀라울 정도로 일치한다는 사실을 발견할 수 있다. 본회퍼와 킹은 모두 39세가 되던 해 4월에 생을 마감했는데, 자신들이 평생에 걸쳐 종식시키려고 했던 거대 권력과 차별주의에 의해 희생되었다.[7] 하지만 그들은 이러한 희생의 원인을 제공했던 국가에 대해 결코 무관심하지 않았고, 오히려 자신의 조국이 잘못된 것들을 고치기를 희망했던 애국자였으며, 자신들과 뜻을 같이하는 이들과 연대하여 변화된 미래의 평화를 꿈꿨다. 래리 라스무센(Larry Rasmussen)의 설명에 의하면 둘 다 26세의 나이에 운명적으로 인생의 전환점을 맞이했는데, 본회퍼에게는 당시 히틀러가 총통으로 임명된 것이 젊은 대학교수로 편히 살수 있는 길을 버리고 값비싼 은총의 길로 걸어가게 만든 계기가 되었으며, 킹의 경우 몽고메리 버스승차 거부운동에 동참한 것이 미국 시민 권

---

6   위의 글.
7   래리 라스무센, 『지구를 공경하는 신앙: 문명전환을 위한 윤리』, 한성수 옮김(경기도: 생태문명연구소, 2017), 519.

리운동의 예언자적인 지도자가 되는 계기가 되었다.[8]

> [또한] 둘 다 산상수훈에서 비폭력에 대한 영감을 얻었고, 이어 기독교의
> 비폭력을 실제적으로 추구하기 위해 힌두교인 간디와 그의 방법을 따랐다.
> 둘 다 간디의 친구였던 성공회 신부 찰스 앤드루스(Charles Andrews)의 중
> 재로 간디와 접촉했는데, 본회퍼는 간디의 초청으로 인도를 방문하기 위
> 해 초청장을 받는 일에 앤드루스 신부의 도움을 받았고, 킹은 앤드루스 신
> 부로부터 간디의 아이디어에 대한 설명을 들었다. 또한 둘 다 진보적인 성
> 향의 개혁교회 신학교에서 교육을 받았음에도 당시에 유행하던 자유주의
> 신학사상의 도전에 응했으며 십자가 신학을 중심으로 하는 사랑과 정의의
> 윤리를 구축했다.…둘 다 감옥에 수감되어 기독교윤리의 고전이 된 책을
> 썼으며, 둘 다 느보산 정상에 선 모세처럼 자신들이 들어가지 못할 약속의
> 땅을 전망했다.[9]

이처럼 라스무센이 두 인물을 비교하여 정리한 내용은 특히 그들의 신
학의 중심에 깃든 사회성, 연대성, 관계성, 상호성에 주목하고 있는데,
그중에서도 두 인물에게서 공통적으로 발견되는 공동체주의자의 측면
을 강조한다.[10] 우리는 본회퍼의 『공동생활』(*Life Together*)에 언급된 "약한

---

8   위의 책.
9   위의 책, 520.
10   위의 책, 521.

것의 제거는 공동체의 죽음"[11]이라는 대목과, 킹이 "버밍햄 형무소에서의 편지"에서 표현한 "어느 한 곳의 불의는 모든 곳의 정의에 위협이 된다"[12]라는 문장을 통해 두 사람의 공동체주의 사상을 확인할 수 있다.

두 인물을 연구한 학자들 중 어느 누구도 킹이 본회퍼의 영향을 받았다고 제안하지는 않았지만, 그들에게는 공통점이 많다. 그들은 둘 다 개혁교회 전통의 목회자였고, 자신들이 처한 상황과 시대적인 아픔과 대면하여 그리스도의 제자도를 해석하고 적용하기 위해 부단히 씨름했던 신학자들이었다. 몽고메리 버스승차 거부운동(1955-56) 전후로 킹은 예수께 대한 충성이 추상적인 이상이 아니라 일종의 구체화된 방향이라고 제안하는 "우리 신앙의 중심 그리스도"(Christ the Center of our Faith)라는 제목의 설교를 했다.[13] 본회퍼가 1933년 "창조와 타락"이라는 제목의 기독론 강의와 『윤리학』이라는 저서에서 설명한 것과 비슷하게, 킹은 예수를 신앙과 역사의 중심으로 보았다.

또한 두 사람 모두 흑인 침례교 전통의 영향을 받았는데, 킹은 흑인 침례교 목회자의 집안에서 성장했고, 본회퍼는 독일에서의 투쟁에 앞서 미국에서 공부하며 뉴욕의 할렘에 있는 흑인 침례교단 소속 아비시니안(Abyssinian)교회에 정기적으로 출석했다. 본회퍼는 1930년에서 31년까

---

11   Dietrich Bonhoeffer, *Life Together, Dietrich Bonhoeffer Works, English Edition*, Vol. 5 (Minneapolis: Fortress Press, 1996), 95-96.

12   Martin Luther King Jr., "Letter from Birmingham Jail," in James M. Washington, *A Testament of Hope: The Essential Writings of Martin Luther King Jr.* (San Francisco: Haeper & Row, 1986), 290.

13   Reggie Williams, "Bonhoeffer and King: Christ the Moral Arc," 358.

지 슬론 펠로우(Sloane Fellow)로 재직하며 아담 클레이튼 파월 경(Adam Clayton Powell Sr.)이 목회하던 아비시니안 교회의 사역에 적극적으로 참여했다.[14]

무엇보다 두 사람 모두 해방신학자이자 적극적인 사회윤리 실천가로서 인종차별주의, 소외계층에 대한 합법화된 억압과 잔인성, 이에 대한 기독교회의 무관심 등 다양한 사회악들을 집중적으로 다루었다.[15] 또 그들은 세상에서 예수의 이야기와 의미를 직접적이고 구체적으로 구현하며 사는 삶을 추구했다. 본회퍼는 이러한 삶의 양태를 "성도의 교제"(sanctorum communio)라고 불렀으며 킹은 "사랑하는 공동체"(beloved community)라고 표현했는데 이는 복음의 강렬한 요청을 잠재우는 왜곡된 신앙과는 대조되는 삶의 모습이었다.[16] 특히 킹에게는 사랑하는 공동체를 건설하는 것이야말로 백인 우월주의에 대한 비폭력 저항의 핵심 주제였다. 킹과 그의 동료들이 건설하고자 했던 사회는 증오와 폭력에 의해 유지되는 사회와는 대조되는 것이었으며, 킹은 실제로 이처럼 "사랑하는 공동체"를 성취하는 것이 가능하다고 주장했다. 그는 이런 공동체의 건설을 위해 간디가 방법을 제안했으며 예수는 그 수단을 제공했다고 밝혔다.[17]

---

14   위의 글.
15   Reggie Williams, "Christ-Centered Concreteness: The Christian Activism of Dietrich Bonhoeffer and Martin Luther King Jr.," *Dialog: A Journal of Theology,* Vol 53 (3) (Fall 2014), 187.
16   위의 글.
17   위의 글, 194.

두 사람은 힘과 권력에 대해서도 깊은 관심을 가졌는데, 힘을 떠나서는 악한 일이나 선한 일 모두 일어날 수 없다는 사실에 주목하고 집단적 영성을 형성하여 이를 선한 일에 동원하고자 했다. 본회퍼는 사회의 힘이 지배 권력을 추구하는 이기적인 경향과 죄의 본질 문제를 다루어야 했는데, 그는 이것이 반유대주의와 인종차별주의라는 모습으로 극명하게 드러나는 것을 관찰하였다. 킹은 본회퍼가 열거한 사회의 구조적 악과 파괴적인 권력의 사용이 구체적으로 미국 사회에서 전쟁과 가난과 인종차별의 폭력으로 드러난 것을 비판했다.[18] 이것은 뉴욕 리버사이드 교회에서 1967년 4월 4일에 행한 것으로 알려진 "베트남을 넘어서: 침묵을 깰 때"(Beyond Vietnam: A Time to Break the Silence)라는 제목의 연설문에서 강조되었다. 당시에 킹의 조력자들 대부분은 그의 증언과 활동을 시민권리 운동에만 집중하고 가난과 전쟁에 대한 반대는 중단해달라고 권고했는데, 이에 대해 킹은 "나의 양심은 다른 선택의 여지가 없다"고 말함으로써 진정한 양심은 인종차별주의, 극도의 물질주의, 그리고 군사주의라는 거대한 적들과의 투쟁에서 따로 분리할 수가 없음을 주장했다.[19]

---

18 Martin Luther King Jr., "A Time to Break Silence," in Washington, *A Testament of Hope*, 232-233.

19 짐 안탈, 『기후 교회: 기후붕괴라는 장기비상사태와 교회의 사명』, 한성수 옮김(경기도: 생태문명연구소, 2019), 164, 214. 킹의 유명한 연설에 응답하여, 짐 안탈은 기후위기의 시대를 보내고 있는 그리스도인들도 인간의 경제가 생태계에 대한 천문학적인 비용을 치르지 않은 채 무관심하게 병적으로 흘러가는 것을 가만히 묵인하고 있는 것은 양심의 소리에 귀를 기울이지 않는 방임이라고 주장했다.

본회퍼는 뉴욕에서의 슬론 펠로우 시절에 라인홀드 니버(Reinhold Niebuhr)[20]를 통해 인종과 종교의 치명적인 결합에 대한 비판적 질문에 기초한 할렘 르네상스 문학 운동을 접할 수 있었다. 이 시기에 문학 운동이 진행되었고, 니버는 본회퍼가 수강하는 과목에서 그 운동의 작가들이 저술한 도서들을 필독서에 포함시켰다. 본회퍼는 니버와 함께 공부하면서 할렘에서 일어나는 인종 억압, 정치, 그리고 종교에 대한 현대적인 분석을 공식적으로 경험하게 되었다. 그가 할렘 세계와 맺은 관계는 간디의 작품에 대한 그의 지속적인 관심을 자극했고, 예수의 길에 대한 정의 지향적이고 비폭력적인 해석에 대한 그의 공감을 고취하는 데 도움을 주었다.[21]

비록 시기적으로 일치하는 부분은 없지만, 킹 역시 본회퍼와 마찬가지로 니버의 영향을 받았으며, 간디를 높이 평가했고, 비폭력의 옹호자였다. 본회퍼와 킹 모두 월터 라우센부시(Walter Rauschenbusch)의 사회복음운동[22]에 공감했다. 둘 다 개인의 죄의 심각성에 대해 공감했지

---

20 Reinhold Niebuhr는 미국 사회 전반에 걸쳐 가장 많은 영향을 끼친 신학자 중 한 사람으로 평가되는 기독교 사회윤리학자이며 현실주의의 대표적인 학자다. 그는 1932년에 쓴 『도덕적 인간과 비도덕적 사회』(*Moral Man and Immoral Society*)를 통해 개인의 도덕성과 집단의 도덕성을 엄격하게 구분하여, 개인의 도덕에는 사랑의 규범이 적용될 수 있지만, 어느 한 집단이나 또는 집단 상호 간의 도덕에는 정의의 규범, 곧 힘의 균형이 적용되어야 한다고 주장하며 전쟁이나 폭력의 정당성을 현실적으로 세우려고 했다.

21 Reggie Williams, "Christ-Centered Concreteness: The Christian Activism of Dietrich Bonhoeffer and Martin Luther King Jr.", 187.

22 사회복음운동(social gospel movement)은 19세기 말에서 20세기 초에 일어난 개혁교회의 운동으로 경제 불평등, 빈곤, 알코올 중독, 범죄, 인종 갈등과 같은 사회정의 문제에 집중한 운동이었다. 대표적인 주자인 Walter Rauschenbusch는 초기 교회의 묵시적 희망,

만 그럼에도 공동체의 독특한 중요성을 강조하면서 집단적이고 사회적인 책임에 우선순위를 두었다.[23] 킹에게 있어 우리가 불의에 저항하기 위해 사용하는 수단은 만일 불의가 제거되면 우리의 사회관계를 인도할 수 있는 동일한 수단이어야 한다. 그리스도는 그 수단을 제공했는데, 사랑, 상호 관심, 평화 만들기는 킹이 "사랑하는 공동체"의 수단과 목표로 이해한 것이었다. 본회퍼에게 있어 기독교는 예수 안에서 그리고 예수를 통해 존재하는 공동체였고, 그것은 교회 공동체로 존재하는 그리스도였다. 그들이 타인에 대한 사랑을 구체적이고 사회적으로 표현해야 한다고 주장한 것은 그리스도에 대한 믿음의 직접적인 결과였다. 이와 반대로 죄는 사회적인 관심의 포기와 어려운 이웃에 대한 무관심과 연관되었다. 그들이 억압받는 자들을 위하여 실천하는 사랑(love-in-action)으로 그리스도께 대한 공개적이고 적극적인 신앙을 강조한 것은 두 사람 모두에게 목숨을 바칠 명분을 제공하기에 충분했다.[24]

예수의 삶과 하나님 나라, 죄의 심각성과 사회적인 관계성에 관심을 갖고 사회구조적인 문제의 변화를 주장했다.

23 Reggie Williams, "Christ-Centred Concreteness: The Christian Activism of Harriet Tubman, Dietrich Bonhoeffer, and Martin Luther King Jr.", *Journal of European Baptist Studies,* 19:1 (2019), 133.

24 Reggie Williams, "Christ-Centered Concreteness: The Christian Activism of Dietrich Bonhoeffer and Martin Luther King Jr.," 187.

2) 본회퍼와 킹의 차이점들

킹과 본회퍼는 서로 의견을 달리하는 부분들도 있었다. 본회퍼는 히틀러의 제3제국이 출범하던 단계에서 독일의 예언자적인 신학자이자 인종차별을 기독교의 문제로 이해한 거의 유일한 목사였다.[25] 본회퍼는 킹과 달리 독일 그리스도인들이 사회적, 정치적 악에 맞설 수 있도록 동기를 부여하기 위해 독일 루터교의 전통 내에서 목소리를 내기 위해 노력했다.

그러나 본회퍼는 그의 동료 독일 그리스도인들을 고무시켰던 예언자적인 통찰력을 본래부터 지니고 있었던 것은 아니었다. 24세까지 베를린 대학교에서 두 차례의 박사학위 논문을 완성했던 시기에 본회퍼는 자신의 신학 멘토들의 국가적, 문화적 견해에 대체로 동의했다. 존 모지스(John Moses)는 본회퍼의 초기 멘토들이 [히틀러] "제국의 외교정책을 사실상 지구상의 하나님 왕국과 동일시할 수 있을 정도로 국가의 역사를 그들의 신학에 접목시킨 사람들"이었다고 주장한다.[26] 다른 많은 영향력 있는 독일 신학자들처럼 본회퍼의 멘토들은 "루터의 두 왕국 버전을 교리적인 지위로 격상시키는" 식으로 민족주의와 종교를 혼합했으며 본회퍼도 그러한 영향권 내에 잠시 머물러 있었다.[27]

25   Josiah U. Young III., "Theology and the Problem of Racism," 70.

26   John W. De Gruchy, *The Cambridge Companion to Dietrich Bonhoeffer*, Cambridge Companions to Religion (Cambridge; New York: Cambridge University Press, 1999), 18–19.

27   Reggie Williams, "Christ-Centered Concreteness: The Christian Activism of Dietrich

라스무센에 의하면 킹의 사회윤리 사상의 배경이 된 흑인교회들과 사회복음 사역은 미국의 개인주의적이고 경제 중심적인 주류문화와는 구별되는 소수의 전통에 불과했다. 하지만 시간이 흐르고 때가 무르익자 이러한 주변부의 문화가 저항을 감행할 수 있는 비옥한 터전을 제공했다는 것이다.[28] 그와 달리 본회퍼는 히틀러의 집권 당시부터 기존 루터 교회에 대한 기대를 내려놓고 당시 독일의 개혁교회 전통에 속한 그리스도인들에게는 낯선 개념이었던 새로운 수도원주의를 통해 훈련된 삶 속에서의 갱신을 요청했다. 이처럼 본회퍼의 공동체주의는 "개인주의라는 지배적인 문화에 반대되는 것이 아니었지만" 킹에게는 반대되는 것이었다. 왜냐하면 독일인들에게는 민족을 위해 개인적인 희생을 감당하도록 길러준 강력한 집단 정체성이 형성되어 있었기 때문이다.[29] 즉 루터의 두 왕국 개념과 독일 민족주의의 결합은 프로이센-독일 제국과 제국주의 세계의 운명에 대해 상보적인 공감대를 형성했다.

또한 본회퍼 당시에 만연했던 사회종교적인 맥락에서의 반유대주의(anti-Semitism)가 구약성경의 사용을 제한했다. 본회퍼가 1932부터 1933년까지 베를린 대학교 교수로서 "창조와 타락"을 주제로 강연하면서 구약성경을 활용했을 때 그는 당시 아리아 민족의 우수성을 옹호하기 위한 논거로 사용되었던 구약성경에서 파생된 질서의 타락이라는 개

Bonhoeffer and Martin Luther King Jr.," 188.

28 라스무센, 『지구를 공경하는 신앙: 문명전환을 위한 윤리』, 523.

29 위의 책, 524.

넘을 적용하는 일에 소극적인 태도를 보였다.[30] 이에 반해 킹의 장점은 성경을 충분히 활용하는 것이었고, 일례로 그는 신약성경에 나오는 사랑의 메시지를 "오직 정의를 물 같이, 공의를 마르지 않는 강 같이 흐르게 할지어다"라는 구약성경 예언자 아모스의 내용과 연결하는 흑인 침례교회의 전통을 계승했다. 아모스에서 예수까지 이어져 왔던 이 운동은 킹의 기독론에서 정의와 예수를 연결했고, 예수와 정의를 분리하는 기독론적인 성향을 포함하는 당시의 세속화 경향에 대응할 수 있도록 도움을 주었다.[31]

다른 많은 사회윤리 신학자들처럼 본회퍼와 킹도 복음서의 산상설교가 하나님 나라와 정의에 대한 예수의 길을 제시해주는 핵심적인 성경 본문이라고 여겼다. 킹이 사회정의를 옹호했던 이유는 그가 간디를 존경했을 뿐 아니라 산상설교에서 보았던 "사랑의 윤리"(love ethic)가 구조적인 악에 저항하는 데 필요한 지침을 제공한다고 보았기 때문이었는데, 실제로 그는 삶의 현장에서 이것을 적용했다. 하지만 본회퍼의 경우 그가 히틀러의 악을 분명하게 인식하고 그에 대해 용기 있는 태도를 견지한 것은 산상설교로부터 깊은 영향을 받았기 때문이었으나, 리지 윌리엄스(Reggie Williams)의 평가에 의하면 산상설교에 대한 그의 해석은 그 시대의 불의와 사회악에 맞설 수 있는 구체적인 도구를 그에게 제공

30   Deotis Roberts, *Bonhoeffer and King: Speaking Truth to Power*, 1st ed. (KY: Westminster John Knox Press, 2005), 126.

31   위의 책, 127.

해주지는 못했다.[32]

　　본회퍼와 킹의 이러한 차이점들은 아마도 그들이 처했던 맥락과 상황의 차이에서 유래했을 것이다. 그들의 맥락을 고려할 때, 킹에게 "오늘날 우리를 위한 그리스도는 실제로 누구인가"라는 질문은 강력한 인종차별주의로 인해 둘로 갈라진 사회에서 흑인 남성으로서 그리스도 중심적인 지침을 찾아가기 위한 화두였다고 할 수 있다. 본회퍼도 전쟁 도발, 인종차별, 살인 정부라는 배경에서 킹과 비슷한 경로를 통해 그의 여정을 이어갔지만, 교회 밖에서 정의를 추구하는 일과 예수의 관련성에 대한 그의 이해는 킹에 비해 훨씬 늦은 시기에 이루어졌다. 일찍이 킹은 화해를 추구하며 구원하는 사랑(delivering love)을 실천하는 것을 예수의 방식으로 인식하고 그것을 적극 활용했다.[33]

3) 그리스도 중심적 사회윤리

본회퍼와 킹의 사회윤리의 근간이 되는 신학적인 내용은 예수의 제자도라고 할 수 있는데 이에 대한 그들의 해석과 적용은 매우 비슷했다. 그들은 글렌 스타센(Glen Stassen)이 사랑과 정의의 연관성에 대해 설명하면서 예수의 방식을 "구원하는 사랑"으로 정의했던 것을 가장 잘 체현

32　Reggie Williams, "Christ-Centered Concreteness: The Christian Activism of Dietrich Bonhoeffer and Martin Luther King Jr.," 188.

33　위의 글, 189.

한 인물들이었다.[34] 본회퍼와 킹 모두 불의에 저항하고 사회 변혁을 장려하기 위해 그리스도와 같은 사랑(Christ-like love)의 효력을 놓고 씨름했다. 이 같은 사회 변혁의 길을 가장 잘 증명해 보여준 인물은 킹이었지만, 우리는 본회퍼의 삶에서도 동일한 모습을 발견할 수 있다. 본회퍼는 역사적인 구체성을 지닌 예수를 "대리적이고(vicarious) 공감하는(empathic) 현시" 또는 "대리자"(Stellvertreter, "타인을 위한 사람")라고 묘사했고, 킹은 예수를 "사랑에 반하는 요소를 바로잡는 사랑"(love correcting what would work against love)을 구현한 사람으로 해석했다.[35]

그리스도를 닮은 제자로서 행동하는 사랑에 대한 강조는 킹이 자신의 몽고메리 버스승차 거부 운동을 이끈 기본적인 철학을 설명한 문구에 잘 나타나 있다. 킹은 언급하기를 "몽고메리의 흑인들에게 당당히 사회적 행동에 나서도록 처음에 영감을 준 것은 수동적 저항 이론보다는 산상수훈이었다. 흑인들을 뒤흔들어 사랑이라는 창조적인 무기를 가지고 저항하도록 한 것은 예수였다"라고 설명했다.[36] 또한 그는 저항의 방법과 관련해서도 "사랑이 중심을 규정하는 사상이지만, 운동의 기술적인 방법으로 떠오른 것은 비폭력 저항이었다. 그리스도가 정신과 동기

---

34 Glen Harold Stassen and David P. Gushee, *Kingdom Ethics: Following Jesus in Contemporary Context* (IL: Inter Varsity Press, 2002), 333.

35 James H. Cone, *Martin & Malcolm & America: A Dream or a Nightmare* (NY: Orbis Books, 1991), 62.

36 Larry Rasmussen, "Life Worthy of Life," in Willis Jenkins and Jennifer M. McBride Ed., *Bonhoeffer and King: Their Legacies and Import for Christian Social Thought* (Minneapolis: Fortress Press, 2010), 66.

를 제공했고, 간디가 그 방법을 제공했다"라고 설명했다.[37] 우리는 마태복음 5장부터 7장까지 나타난 예수의 산상설교가 본회퍼와 킹뿐만 아니라 간디에게도 깊은 사상적인 영향을 끼쳤다는 것을 알 수 있다.[38]

킹은 특히 "사랑하는 공동체"라는 자신의 비전을 아가페와 관련 지어 설명하면서 다음과 같이 "구원하는 사랑"의 사회윤리를 공동체와 연결지어 강조한다.

> 아가페는 공동체를 보존하고 창조하고자 하는 사랑이다. 그것은 심지어 누군가가 공동체를 파괴하려 할 때도 공동체를 강조한다. 아가페는 공동체를 회복하기 위해서라면 얼마든지 기꺼이 동행해 주는 것이다. 그것은 첫 번째 마일에서 멈추지 않고 공동체를 회복하기 위해 두 번째 마일도 가는 것이다. 공동체를 회복하기 위해서라면 그것은 기꺼이 용서하는데, 일곱 번이 아니라 일곱 번씩 일흔 번이라도 용서하는 것이다.…한마디로 아가페는 모든 생명이 서로 밀접한 관계가 있다는 사실을 인식하는 것이다. 우리가 그것을 무의식적인 과정이라고 부르든, 혹은 최고의 능력과 무한한 사랑을 지닌 인격적인 존재라고 부르든, 실재의 서로 단절된 측면들을 조화로운 전체로 아우르는 창조적인 힘이 우주 안에 있다는 것이다.[39]

---

37   위의 책.
38   라스무센, 『지구를 공경하는 신앙: 문명전환을 위한 윤리』, 537.
39   여기에 나타난 버스승차 거부운동과 관련한 모든 직접 인용은 다음의 자료를 참고하였다. Martin Luther King Jr., "An Experiment in Love," in James M. Washington, *A Testament of Hope: The Essential Writings of Martin Luther King Jr.* (San Francisco: Harper & Row, 1986).

스타센(Stassen)은 데이비드 거쉬(David Gushee)와 공동으로 저술한 『하나님 나라 윤리학』(*Kingdom Ethics*)에서 사랑에 관한 예수의 명령은 그의 사회적 명령을 해석하는 열쇠라고 주장한다. 스타센은 아가페가 일반적으로 희생적인 사랑으로 정의된다고 주장하는데, 이는 달리 말하면 예수의 규범적인 방식을 "희생을 위한 희생"으로 해석해왔다는 것이다. 하지만 그는 아가페를 "구원하는 사랑"으로 해석해야 한다고 주장했다.[40] 그는 그리스도 안에서 이루어진 하나님의 사역을 기독교적인 사랑의 규범으로 묘사하고 있는데, 이는 네 부분으로 나눠진 구원의 드라마다. 첫 번째로 구원하는 사랑은 동정심을 갖고 바라보며 따돌림과 억압의 상황으로 들어가고, 두 번째로 타인을 위한 구원을 실행하며, 세 번째로 미래를 위해 자유, 정의, 책임감으로 타인을 공동체에 초대하고, 네 번째로 배척하는 이들과 맞서는 것이다. 그러므로 사랑이라는 말의 이면에 있는 드라마는 어떤 기대 없이 희생하는 것이 아니다. 사랑은 일종의 동사로, 타인의 안녕과 구원을 위해 행해지는 일종의 선이다. 구원은 사랑하는 이의 안녕을 추구하는 설득력 있는 사랑의 드라마다.[41] 그러므로 예수를 닮은 존재로서 사랑하는 것은 타인을 구원으로 인도하는 적극적인 행위다. 본회퍼는 『나를 따르라』에서 이러한 희생적인 아가페 사랑과 구원의 관련성에 대하여 다음과 같이 서술한다.

---

40   Stassen and Gushee, *Kingdom Ethics*, 333.

41   Reggie Williams, "Christ-Centered Concreteness: The Christian Activism of Dietrich Bonhoeffer and Martin Luther King Jr.," 189.

질적으로 뛰어난 삶으로 부름을 받고, 거기에 부응하여 살아가고, 그러면서도 그것을 의식하지 못하는 것은 실로 좁은 길이다. 예수 안에 있는 진리를 고백하고 증언하는 동시에 그 진리를 대적하는 자들 및 그분과 우리의 적들을 사랑하고 예수 그리스도의 무한한 사랑으로 그들을 사랑하는 것은 실로 좁은 길이다. 자신의 추종자들이 세상을 소유할 것이라는 예수의 약속을 믿는 동시에 무장하지 않은 무방비 상태로 우리의 적들과 맞서서, 우리 스스로 나쁜 짓을 하기보다는 불의한 일을 당하는 것을 더 좋아한다는 것은 실로 좁은 길이다. 남의 약점과 잘못을 보고도 판단하기를 삼가고, 돼지 앞에 진주를 던지지 않고 복음 메시지를 전하는 것은 실로 좁은 길이다. 그 길은 이루 말할 수 없이 힘들며, 매 순간 우리는 그 길로부터 벗어날 위험에 처해 있다. 만일 우리가 이 길을 외부로부터의 명령에 복종하여 따르는 것으로 여긴다면, 만일 우리가 항상 우리 자신을 두려워한다면, 그것은 실로 불가능한 길이다. 그러나 우리가 예수 그리스도가 한 걸음씩 차근차근 앞으로 나아가는 것을 바라본다면, 우리는 잘못된 방향으로 가지 않을 것이다.…남을 판단하는 것은 우리의 눈을 가리지만 사랑은 빛을 발한다. 다른 사람을 판단함으로써 우리는 우리 자신의 악과 다른 사람들이 우리와 마찬가지로 받을 자격이 있는 은혜에 대해 눈이 멀게 된다.[42]

이처럼 본회퍼는 제자도의 대가를 타인을 위한 존재가 되어 그들을 그리스도의 십자가의 구원으로 인도하는 사랑의 빛으로 표현했다. 그는

---

42   Dietrich Bonhoeffer, *The Cost of Discipleship* (NY: Simon & Schuster, 1995), 183-85.

비록 그 여정이 고난과 역경이 기다리는 좁은 길이겠지만 그럼에도 십자가를 짊어진 예수처럼 자발적인 선택으로 확신을 갖고 정의의 구현을 위해 전진하는 길이라고 이해했다.

4) 구원하는 사랑

본회퍼와 킹이 정의를 위해 기울인 노력은 그들을 동료 그리스도인들이나 권력자들과 대립하게 만들었고, 두 사람은 결국 기꺼이 당시의 법을 어겼다. 그러나 그들은 그들의 상호보완적인 그리스도 중심적 저항이라는 관점에 근거하여 그렇게 행동했던 것이다. 비록 실정법을 어기기는 했지만 우리는 본회퍼의 예수님의 무죄성에 대한 물음과 킹의 "우주의 도덕적 궤적"(Moral Arc of the Universe)에 대한 언급에서 그들이 그리스도로부터 영감을 받은 추론을 발견할 수 있다.[43]

본회퍼는 "어떻게 하나님이 굴욕적인 인간이 될 수 있는가? 어떻게 거룩한 하나님이 완전한 인간이 될 수 있고 죄가 없을 수 있는가? 또는 굴욕적인 신-인(God-human) 속에 뒤섞인 인간성과 신성은 무엇인가?"라는 질문을 던지는 것을 금하고 있다. 그 대신 본회퍼는 우리에게 "굴욕당한 신-인이 누구인가?"라고 질문하라고 권한다.[44] 올바른 질문은

---

43 Reggie Williams, "Christ-Centered Concreteness: The Christian Activism of Dietrich Bonhoeffer and Martin Luther King Jr.," 191.

44 Dietrich Bonhoeffer, *Christ the Center*, 1st Harper & Row pbk ed. (San Francisco:

"어떻게"나 "무엇이"가 아니라 "누가"인데, 그 질문은 그가 그리스도 안에서 우리에게 주어진 현실과 관련된 책임 있는 행동에 대한 본회퍼의 주장과 연결된다. 다시 말해 하나님의 실재를 세계의 현실과 존재론적으로 일관되게 하는 동시에 저주 아래 있는 세상과 하나님이 재결합하는 것이 바로 성육신이라는 것이다. 그러므로 실재는 완전한 하나님이자 완전한 인간인 성육신한 신-인 안에서 이루어진 하나님과 인간 사이의 재결합에 의해 형성되는데, 이것은 또한 사회적 상호작용을 위한 구체적인 지침이 되기도 한다. 본회퍼의 이 같은 주장은 "도덕적인 우주의 궤적"으로 표현된 기독교적 행동에 대한 킹의 언어와 자연스럽게 만난다.[45]

킹은 하나님의 우주적인 능력이 증오와 파괴가 아닌 사랑과 회복이라는 측면에서 적극적으로 정의를 지향하는 것을 보았다. 그는 종종 "도덕적인 우주의 궤적은 정의를 향해 길게 구부러진다"고 주장했다.[46] 그는 하나님을 정의롭고 사랑하는 분으로 이해했다. "우주는 사랑이라는 목적의 지배를 받고 있으며, 의를 위한 투쟁에서 인간에게는 확실히 우주적 동반자가 있다. 세상의 가혹한 모습 뒤에는 자비로운 힘(benign power)이 있다."[47] 자비로운 힘에는 옹호자와 반대자가 있는데, 전자는

Harper & Row, 1978), 106.

45 Reggie Williams, "Christ-Centered Concreteness: The Christian Activism of Dietrich Bonhoeffer and Martin Luther King Jr.," 192.

46 Martin Luther King Jr., "A Time to Break Silence," in Washington, *A Testament of Hope*, 252.

47 Martin Luther King Jr., *Strength to Love* (PA: Fortress Press, 1981), 153.

구원하는 사랑을 구현한 그리스도로부터 영감을 받은 드라마에 적극적으로 참여하는 사람들이고, 후자는 그들이 반대하는 바대로 궁극적으로 실패하는 사람들이다. 따라서 양자 모두에게 그리스도를 닮는 것은 파악하기 어려운 높은 이상들로 이루어진 것이 아니라, 우리가 정의를 추구함으로써 입증된 하나님께 대한 우리의 적극적인 복종으로 이루어져 있다.[48]

본회퍼와 킹은 완전히 다른 정치적인 행동에 참여했다. 한 사람은 대중적인 비폭력 저항을 수행하는 지도자의 역할을 감당함으로써 노벨 평화상을 통해 세계적으로 자신의 공로를 일찍이 알리게 되었고, 다른 한 사람은 비밀 쿠데타 음모에 가담하여 초기에는 많은 이들의 주목을 받지 못했다. 두 인물의 사회윤리적 유산은 각기 다른 정치적인 배경과 문화적인 상황에서 어떤 역할을 수행해야 하는지에 대한 교훈을 제공한다. 이들을 20세기 개혁교회의 순교자나 성자로 여기는 것은 조심스러운 면이 있다. 왜냐하면 그렇게 될 경우 이들의 삶과 신학을 비판적으로 연구함으로써 더욱 풍성하게 물려받을 수 있는 유산을 놓칠 우려가 있기 때문이다. 윌리스 젠킨스(Willis Jenkins)가 도로시 데이(Dorothy Day)의 지적을 인용하여 우리에게 환기시켜준 것처럼 그들의 "사회윤리적 거룩함의 아우라가 두 인물에 대한 비평적인 수용과 해석을 막을 수도 있기 때문"이다.[49]

---

48 Reggie Williams, "Christ-Centered Concreteness: The Christian Activism of Dietrich Bonhoeffer and Martin Luther King Jr.," 192.

49 Willis Jenkins, "Christian Social Ethics after Bonhoeffer and King," in Willis Jenkins

본회퍼와 킹은 우리에게 예수의 길을 통해 구원하는 사랑의 사회 윤리적인 면모를 각기 다른 각도에서 바라볼 수 있는 길을 열어준다. 또 그들이 처했던 특수한 맥락에 따라 어떻게 비폭력 저항의 평화를 추구하는 방법으로 세상을 움직이고 변혁을 추구해 갔는지를 하나의 모범으로 제시해준다. 이는 오늘날 대멸종으로 표현되는 격동의 시대에 예수는 과연 누구인가라는 진지한 물음에 대한 하나의 지침으로 작용한다. 나아가 만민이 기도하는 집이자 성령의 거처인 거룩한 공동체로 자리매김해야 할 교회가 오늘날 한국 사회에서 일부의 일탈로 인해 사회 문제의 진원지로 전락한 부끄러운 현실 앞에서 더 이상 굴욕적인 상태로 머물지 말고 용기 내어 스스로를 개혁할 것을 요청하게 한다. 킹이 "세계라는 집"(the World House)이라는 표현으로 평화와 화해의 미래를 희망하며 개인의 인격과 사회정의 속에서 삶의 윤리적인 목표를 세우는 일에 그리스도를 닮는 사랑의 능력이 역사한다고 강조한 것처럼, 우리는 지금 기후위기와 팬데믹이란 글로벌 비상사태 앞에서 용기를 내어 예언자적인 목소리를 높여야 할 것이다.

---

and Jennifer M. McBride Ed., *Bonhoeffer and King: Their Legacies and Import for Christian Social Thought* (Minneapolis: Fortress Press, 2010), 243-48.

5

인공지능의 윤리[*]

* 이 부분은 필자의 다음 논문을 중심으로 전체의 흐름에 맞게 내용을 일부 수정하여 기술
되었음을 밝힌다. "사이버네틱스 시대의 기독교윤리: 인공지능에 대한 사회생태윤리적
접근", 한국신학논총, Vol. 15, 2016, 9-31.

지난 2016년 3월 세계 최고의 프로 바둑기사인 이세돌 9단과 구글의 학습기계인 딥마인드(DeepMind)가 개발한 인공지능(Artificial Intelligence, AI) 바둑 프로그램인 알파고(AlphaGo) 간의 대결이 한국 사회에 큰 반향을 불러일으킨 적이 있었다. 4승1패로 알파고가 승리를 거두었지만 이를 두고 구글 관계자는 인간을 상대한 인공지능 기계의 승리라고 말하기보다는 인류 전체의 승리라고 하면서 알파고 또한 인류의 산물임을 분명히 하였다.

이미 1996년과 1997년에 IBM의 인공지능 기술 기반의 딥블루(DeepBlue)와 세계 체스 챔피언 가리카스파로프 간의 대결이 두 차례 있었고, 2011년 미국에서는 알파고와 비슷한 계통의 학습기계인 IBM의 왓슨(Watson)이 미국의 인기 퀴즈 프로그램인 'Jeopardy!'에서 인간 퀴즈왕을 이겼던 적이 있어 인공지능이 인간을 이긴 것이 전혀 새로운 일은 아니지만, 대결한 바둑기사가 한국인이라는 점에서 한국 사회에 던진 화두가 크다.

이를 두고 구글은 자체 평가에서 "인공지능의 기술 발전을 10년 앞당기는 이정표"라고 하며 패러다임 전환을 이루는 역사적인 사건으로 지목하기도 하였지만, 반면에 어떤 이는 이것을 인공지능의 다섯 가지 대표적인 능력[1] 중에서 불과 한 가지에 국한된 "방대한 자료를 분석해

---

1 완전한 인공지능이라고 할 수 있는 다섯 가지 조건으로는 "사람의 지식과 경험을 바탕으로 새로운 상황의 문제를 해결할 수 있는 능력, 방대한 자료를 분석해 스스로 의미를 찾는 학습능력, 시각인식과 음성인식 등의 지각능력, 자연어를 이해하는 능력, 그리고 자율적으로 움직이는 능력" 등이 있지만, 이들을 서로 구분하는 한계선이 명확하다고 볼 수는 없을 것이다. (이인식, "알파고는 인공지능이 아니다", 파퓰러 사이언스 2016년 4

스스로 의미를 찾는 학습 능력"이라고 과소평가하기도 했다.

구글을 비롯한 많은 IT 선도 기업들은 이처럼 급속하게 발전하는 인공지능을 이용하여 기후 변화에 대한 정밀한 예측이나 암과 같은 불치병의 조기 진단 등과 같은 보다 고도의 정확성을 요구하는 문제를 해결하는 것도 미래에는 가능해질 것이라고 주장한다. 더구나 자율주행 차량[2] 개발의 급속한 진전은 향후 글로벌 경제의 양상을 크게 바꾸어 놓을 뿐 아니라 인류 문명사의 흐름에 커다란 변화를 가져올 것이 분명하다. 이런 일련의 상황들을 고려할 때, 인공지능은 앞으로 더 이상 보조적인 역할이 아니라 중심적인 기능이나 가치를 제공하게 되고, 나아가 인공지능 기술개발의 우열이 국가적인 차원에서 진보의 척도가 될 수 있는 상황까지 도래할 것으로 예상된다.

한편 일부 학자들은 인공지능이 인류의 생존에 위협을 가할 수 있다고 경고하기도 한다. 특히 인공지능을 활용한 로봇이 군사적 대량 살상 목적으로 개발되어 사용된다면 영화 속의 터미네이터와 같은 이른바 킬러 로봇이 실생활에 버젓이 돌아다니면서 위협적인 존재가 되지 않으

월호).

2 자율주행 차량의 운행에 있어 윤리적으로 문제가 될 수 있는 것은 논리적으로도 선택하기 힘든 딜레마적인 상황에서의 판단에 대한 것이다. 인공지능 시스템의 알고리즘의 판단에 따라 주행하는 차량이 갑작스럽게 끼어 든 어떤 차량과의 추돌에 직면하여 순간적으로 선택을 해야 할 상황에서 상대방 차량과 충돌하여 그 차량의 탑승자에게 피해를 줄 것인가, 아니면 갑작스럽게 행로를 변경하여 보행자나 또 다른 차량에게 피해를 줄 것인가의 돌발적이고도 난감한 상황에 대한 대처능력이 얼마나 신뢰할 수 있는가에 대해 논쟁의 여지가 있다. 이러한 상황에서의 판단에는 어쩔 수 없이 인간 생명에 대한 우선권을 과연 어디에 두느냐와, 사고가 발생했을 때 누구에게 책임을 물을 것인가 등의 문제가 개입한다.

리라는 보장이 없기 때문이다. 하지만 이와 정반대 입장에 서 있는 사람들은 폭발물을 처리하거나 폭탄을 운반하는 위험한 임무에서 인간을 보호하는 일을 로봇이 대신하기 때문에 오히려 인명을 지켜주는 역할을 한다고 주장하기 때문에 이를 두고 만만치 않은 논쟁이 가속화될 것으로 보인다. 하지만 분명한 것은 언젠가 이러한 흐름 가운데 전투용 인공지능 로봇이 인간을 대신하여 등장할 것을 대비하여 지금이야말로 모든 인공지능형 로봇에 필수적으로 적용할 수 있는 윤리적인 기준과 제약이 사회 공동의 합의 가운데 마련되어야 한다는 점이다. 이런 의미에서 이 시점에 인공지능 윤리와 그에 따른 법 규제 등을 다루는 일은 결코 시기상조라고 볼 수 없다.

더구나 과학기술의 진보와 발전에 따른 미래의 다양한 변화에 대한 책임윤리적인 차원에서의 대비는 현대 사회와 문화의 변화에 적극적으로 대처해야 하는 신학교육을 위해 필수적인 과제라고 할 수 있을 것이다. 또 알파고와 이세돌 9단 간의 대결을 통해 관심을 불러일으킨 인공지능의 적용에 따라 앞으로 다가올 세계의 문화와 사회에 대해 기독교 윤리적으로 전망하고 대비하는 것은 목회 현장의 실제적인 사역을 위해서도 매우 중요한 일이다.

현대문명의 기술 진보에 따른 인간 소외 문제가 인공지능의 발전을 통해 더욱 심화될 것으로 예측하면서, 인간의 인지능력과 감정, 무의식과 창의성의 영역에 과연 인공지능이 어느 정도 수준까지 접근할 수 있을 것인가에 대해 본 장을 통해 개략적으로 알아보고자 한다. 나아가 이에 대한 필연적인 결과로 제기될 것으로 보이는 윤리적인 이슈를 예측해보고, 그에 대한 기독교 윤리적인 대안을 모색해 보려고 한다.

1) 인공지능의 역사

인공지능이라는 아이디어가 처음으로 도입되기 시작한 것은 상당히 오래전의 일이다. 그 기원을 우리는 "사이버네틱스"(cybernetics)라는 개념에서부터 찾아볼 수 있는데, 이 용어는 1948년 미국 MIT의 수학자였던 노버트 위너(Norbert Wiener)가 그의 책 *Cybernetics: Or Control and Communication in the Animal and Machine*에서 본격적으로 사용하면서부터 널리 알려지게 되었다.[3]

사이버네틱스라는 단어는 어떤 "조정의 기술"(the art of steering)이나 키잡이를 의미하는 그리스어인 "키베르네테스"(*kybernetes*)에서 유래했다. 이러한 기원에서 보는 것처럼 이 용어는 어느 목표점에 도달하기 위해 필요한 무언가를 뜻하며, 특히 위너의 책 제목에서 알 수 있듯이 이것은 조정과 의사소통을 통해 이루어지는 것으로 여겨지는데, 그중에서도 피드백의 중요성이 강조된다. 위너는 그의 책에서 동물이 주변 환경의 변화에 상관없이 항상성(homeostasis)을 유지하기 위해 사용하는 피드백의 원리를 기계에도 적용할 수 있다는 아이디어에서 착안하여 사이버네틱스의 원리를 발전시켰고, 그 후로 전자제어 회로 장치 등 과학기술

---

3   코디쵀, 『20세기 문화지형도』(파주: 안그라픽스, 2006), 215.

의 진보에 커다란 공헌을 했다.[4]

위너의 이론을 더욱 발전시킨 고든 패스크(Gordon Pask)는 위너의 "의사소통"(communication)이라는 개념 대신 "대화"(conversation) 이론을 적용하였다. 이것은 특정한 목표를 갖는 어떤 체계 간의 상호작용에서 양방성을 강조하는 것으로, 더욱 복잡한 구조에서의 정보의 흐름에 관심을 둔 것이다. 패스크는 1969년에 출간한 저서 *The Architectural Relevance of Cybernetics: Artificial Machine and Natural Ecologies in Natural System*에서 인간과 기계, 특정 체계와 환경 사이의 반복적이고 지속적인 정보의 흐름과 피드백이 가져오는 새로운 구조를 기술하고자 했으며, 이를 통해 새로운 공간으로의 이동을 설명하고자 했다.[5]

앞서 소개한 위너의 책 제목에서 볼 수 있듯이 그는 이미 오래전에 동물의 생리에서 착안한 생물학적인 시스템과 기계라고 하는 인공적인 시스템(artificial system)에 공통으로 적용할 수 있는 하나의 원리를 찾아내어 그것으로 일종의 사이버네틱 원리(cybernetic principle)를 구축하고자 했다. 즉 기계와 생물체의 만남과 교류를 통해 원리적인 면에서 상호보완적이고 협조적인 체계를 구축할 수 있다고 본 것이다. 이처럼 무생물인 인공 시스템이 생물과 마찬가지로 하나의 목적을 지닐 수 있다는 생각은 당시 매우 획기적인 아이디어였으며, 비록 오늘날의 인공지능 개념과는 거리가 약간 있어도 인공지능 개념과 기술을 발전시키는 데

---

4   위의 책, 216.
5   위의 책, 218.

하나의 중요한 이정표를 제시했다고 할 수 있다.

훗날 "가상공간"(cyberspace)이라는 용어를 대중화시킨 윌리엄 깁슨 (William Gibson)[6]은 뉴욕타임즈와의 인터뷰에서 위너에 대해 언급하면서 그를 가리켜 "목적론적인 구조(teleological mechanisms)의 연구를 설명하기 위하여 사이버네틱스라는 용어를 사용한 인물"이라고 표현하기도 했다.[7] 물론 그의 이러한 설명은 사이버네틱스의 윤리관을 규명하려 했다기보다는 기계가 단순히 인간을 위한 도구로서의 차원에서 벗어나 마치 생물처럼 특정한 시스템을 구축하고 정해진 목적을 지향할 수 있다는 점을 지적했다는 데 의미가 있다.

그렇다면 인공지능과 사이버네틱스는 어떤 관계가 있을까? 이 둘과 컴퓨터, 또는 로봇 사이에는 어떤 상호 관련이 있는 것일까? 기원에 있어 두 개념 사이에 깊은 연관성이 있는 것은 사실이지만 그럼에도 분명한 구분이 필요하다. 우선 인공지능은 과학자들의 주도로 컴퓨터의 방대한 정보처리 기술 능력을 이용해서 인공적으로(artificial) 어떤 지적인 기계(intelligent machines)를 만들어내는 것을 주된 목적으로 하고 있다. 이들은 생태계에서 발견되는 생물체의 특정한 원리를 이용하기는 하지만 기계와 생물체 간의 만남을 전제로 하고 있지는 않다. 다시 말해 일차적으로 기계중심적이고 기술중심적이다. 그들은 성능이 더 좋은 강

---

6   위의 책, 235.
7   기술 연구가 어떤 목적을 지향한다는 아이디어는 그 안에 어떤 가치나 윤리의식이 존재할 수 있다는 것으로 달리 해석할 수 있을 것이다. "Back from the Future," Interviewed by Deborah Solomon, *The New York Times Magazine* 2007년 8월 19일자, http://www.nytimes.com/2007/08/19/magazine/19wwln-q4-t.html?_r=0.

력한 컴퓨터가 더 "강한 인공지능"(strong AI)을 생산해낼 수 있다고 믿으며,[8] 그리하여 보다 구체적이고 완벽한 목적을 실현하는 시스템의 구축을 강조한다. 여기서 강한 인공지능이란 적절하게 프로그래밍 된 컴퓨터가 바로 일종의 마음이라고 보는 관점이다. 인공지능을 옹호하는 이들 중에는 성능이 고도로 향상된 컴퓨터야말로 마음에 관한 연구를 확고한 과학적 토대에 올려놓을 최상의 후보라고까지 보는 사람들도 있다.[9]

반면에 사이버네틱스를 연구하는 사람들은 조직, 피드백, 목표, 대화 등의 모델을 가져다가 어떤 체계의 능력이나 한계를 포괄적으로 이해하는 데 사용한다. 이 체계에는 기술적인 것뿐만 아니라 생물학적이고 사회적인 영역도 포함이 되며, 그래서 어떤 개념을 보다 확실하고도 명확하게 묘사하는 것에 중점을 둔다.[10] 이런 면에서 사이버네틱스는 기계에 중심 가치를 두는 것이 아니라, 어떤 체계를 설명하고 상호의존적인 관계를 규명하는 일에 더 관심이 있다.

인공지능과 사이버네틱스 간에는 이러한 차이점이 존재하는데, 1940년대 후반에는 위너의 사이버네틱스 개념을 필두로 수학, 과학, 공학, 철학 등 다양한 영역에 종사하는 학자들이 인공적인 두뇌의 가능성에 대해 논의를 시작했으며, 1950년에 앨런 튜링(Alan Turing)은 생각하

---

8   웬델 월러치, 콜린 알렌, 『왜 로봇의 도덕인가』, 노태복 옮김(서울: 매디치미디어, 2014),
     101-102.
9   위의 책, 101.
10   코디쳐, 『20세기 문화지형도』, 216.

는 기계의 구현 가능성에 대한 분석이 담긴 "연산 기계와 지능"이라는 논문을 발표했고, 그 논문을 바탕으로 튜링 검사를 고안한다. 이 검사는 "지능을 어떻게 정의할 것인가"라는 문제를 명확하게 해결하기 위해 고안된 것으로, 글로 나누는 대화의 반응을 근거로 기계와 인간을 구별할 수 있는지 알아보는 테스트였다.[11] 이 검사는 만일 어떤 전문가가 컴퓨터와 인간의 차이를 구별해낼 수 없다면, 그 컴퓨터는 기계가 아니라 이미 지능을 지녔다고 여겨도 된다고 보는 방법으로, 다소 논란의 여지가 있지만 하나의 구체적인 목표를 제시해주었다는 점에서 의미가 있다. 바둑기사 이세돌과 대결을 펼친 구글의 알파고를 인공지능 시스템이라고 여기는 이유 중 하나는 알파고가 바로 이 튜링 검사를 통과했다는 사실이다. 이처럼 여러 가능성에 대한 활발한 논의가 이어지다가 1956년에 본격적으로 학문으로서의 인공지능이 언급되기 시작했는데, 그 계기는 다트머스 대학교의 존 맥카시(John McCarthy)에 의해 처음으로 "인공지능"(Artificial Intelligence)이라는 용어가 사용되면서부터다.

이후로 마치 인간처럼 생각하고 주어진 문제를 해결할 수 있는 인공지능을 구현하려는 연구는 수차례에 걸쳐 부흥과 쇠퇴를 거듭했다. 그러다가 다시금 부흥기를 맞게 된 계기는 뇌의 정보처리 방식을 인공적으로 재현하여 정보를 처리하는 딥러닝(deep learning)이 개발된 사건이다.[12] 흔히 제4차 산업혁명으로 불리는 로봇, 인공지능, 사물인터넷의 기

---

11 월러치, 『왜 로봇의 도덕인가』, 65.
12 딥 러닝(deep learning)은 기계학습의 유형으로 비구조화된 정보를 알고리즘이 관찰하여 유용한 정보의 패턴을 입력하거나 가르쳐 주지 않아도 스스로 알아서 습득하는 특징

술융합에 의한 사이버-실물(cyber-physical) 연계 시스템이 중심이 되는 기술혁명은 미래의 글로벌경제를 주도할 것으로 예상된다. 특히 인공신경망을 통한 딥러닝, 소셜 네트워크, 그리고 인터넷과 스마트폰에서 얻어지는 빅 데이터는 향후 인공지능의 기술 발전에 최적의 조건을 제공한다. 또 자율주행 차량이나 로봇 의료기술, 개인맞춤형 투자자산 관리를 담당하는 로봇 어드바이저, 그리고 노약자나 어린이를 친근하게 돌보는 감정인식 로봇의 출현으로 안전 문제나 오류의 가능성뿐만 아니라 이에 따른 법률적·윤리적 책임의 문제를 어떻게 다룰 것인가에 많은 관심이 집중되고 있다.[13]

그렇다면 인공지능의 미래는 어떻게 전개될 것인가? 이에 관해 전망하려면 우선 구체적으로 스스로 윤리적인 결정을 내릴 수 있는 인공지능 로봇의 존재에 대해 생각해보아야 한다. 이를 위해 웬델 월러치는 로봇공학(robotics)의 발달에 따라 도덕 행위자의 범위가 인간을 넘어 인공지능 시스템으로까지 확대될 것으로 보고, 이를 가리켜 인공적 도덕 행위자(artificial moral agent, AMA)라고 명명하여 소개하고 있다.[14] 그는 도구적 인간의 정체성에서 기인한 기술 발달을 필연적인 과정으로 이해하면서, 구약성경 이사야의 내용을 인용하여 "칼을 녹여 쟁기를 만든다는

이 있다. 알파고도 결국은 정보의 패턴을 기계가 스스로 학습하도록 정교하게 설계된 알고리즘이라고 볼 수 있다 (최은창, "인공지능 시대의 법적, 윤리적 쟁점", 미래연구 포커스, 2016년 봄호).

13 Patrick Lin, Keith Abney, and George A. Bekey eds., *Robot Ethics: The Ethical and Social Implication of Robotics* (Cambridge, MA: The MIT Press, 2012), 9.

14 월러치, 『왜 로봇의 도덕인가』, 14.

성경의 내용은 도구가 비용, 이득, 그리고 권력과 오랫동안 관련되어왔음"을 의미한다고 지적한다.[15] 다시 말해 도구적 인간에게 있어 도구 형태의 변화는 삶의 가치관과 우선순위 및 윤리 의식의 변화까지도 가능케 한다는 것이다. 또 제조사나 설계자의 선택에 따라 미래의 로봇은 자율적으로 행동할 가능성이 있는데, 그렇다면 로봇의 인공지능 시스템을 과연 어느 정도의 기술 수준에서부터 스스로 책임을 질 수 있는 AMA로 볼 것인가라는 의문이 제기된다. 이를 위해 로봇을 더 이상 하나의 기계로 여기지 않고 의인화된 대상이나 인격성(personhood)을 갖춘 존재로 본다면, 그 순간부터 이미 로봇 자체에 책임을 부여함으로써 윤리적인 문제들을 초래하기 시작할 것이다.

2) 인공지능의 기술개발에 따른 윤리적인 이슈들

"로봇의 도덕을 구현하는 일은 인간을 이해하는 과정이다"라는 주장으로 프롤로그를 연 『왜 로봇의 도덕인가』(*Moral Machines: Teaching Robots Right from Wrong*)라는 책에서 월러치와 콜린 알렌(Colin Allen)은 다가올 인공지능 시대에 따른 로봇 윤리의 필요성을 공학과 윤리학 사이의 경계를 넘나들며 흥미로운 사례와 함께 설명하고 있다. 그런데 이 명제를 달리 표현해 본다면 "인간을 제대로 이해하지 못한다면 로봇의 도덕을

---

15   위의 책, 69.

바르게 구현해 낼 수 없다"로 바꿀 수 있지 않을까?

월러치는 AMA를 제작하기 위해서는 우선 인간을 대상으로 하고 인간 중심적으로 연구된 윤리 이론에 대해 재고할 필요가 있다고 주장한다. 그는 인공지능 기반의 기계가 아닌 인간을 대상으로 하여 오랜 기간 형성되어 온 종교철학적인 전통에 깃든 여러 가치를 기계에 섣불리 적용하는 일은 그리 간단한 일이 아니라고 하면서, 어떤 컴퓨터나 로봇에 적합한 윤리 의식을 개발하는 일이 쉽지 않음을 지적한다.[16] 예를 들어 오래전에 제시된 아시모프의 로봇공학의 3원칙(또는 4원칙)[17]이나 로봇을 위한 십계명을 추려내어 컴퓨터에 탑재하는 것은 그리 어려운 일은 아니겠지만, 어떻게 딜레마적인 상황에서 갈등을 형성하지 않고 모두가 합의할 수 있는 윤리적인 규칙들을 선별할 수 있느냐가 관건이라는 것이다. 더구나 아리스토텔레스의 덕의 윤리에 기반을 둔 접근을 한

---

16 위의 책, 21.

17 로봇공학의 삼원칙(Three Laws of Robotics)은 미국의 작가 Issac Asimov가 로봇에 관한 소설들 속에서 제안한 로봇의 작동 원리다. 1942년작 단편 *Runaround* 에서 처음 언급되었다. 그는 미국 SF계의 제1인자로서 특히 미래 사회를 묘사하는 데 뛰어났다. 로봇공학의 3원칙은 "첫 번째, 로봇은 인간에게 해를 입히거나, 혹은 행동을 하지 않음으로써 인간이 해를 입도록 해서는 안 된다. 두 번째, 로봇은 인간이 내리는 명령들에 복종해야만 하며, 단 이러한 명령들이 첫 번째 원칙에 위배될 때에는 예외로 한다. 세 번째, 로봇은 자신의 존재를 보호해야만 하며, 단 그러한 보호가 첫 번째와 두 번째 원칙에 위배될 때에는 예외로 한다." 나중에 Asimov는 네 번째 또는 (다른 세 가지 원칙들을 대체한다는 의미에서) 영 번째 원칙을 추가하게 된다. 다른 세 원칙들도 이 영 번째 법칙을 위배할 수 없다. 영 번째 원칙은 "로봇은 인류에게 해를 입히거나, 혹은 행동을 하지 않음으로써 인류가 해를 입도록 해서는 안 된다"이다. 이 원칙들은 소설 속에 등장하는 허구의 소산이며 알고리즘 작성에 구체적으로 적용하기에도 마땅하지 않지만 AMA의 행동은 인간에 대한 일상적인 도덕 규칙과는 다른 기준을 따라야 한다는 점에서 의미가 있다고 볼 수 있다(월러치, 『왜 로봇의 도덕인가』, 158-59).

다고 해도 컴퓨터나 로봇에 적합한 덕목을 개발하는 일이 쉽지 않다는 점을 월러치는 지적한다.[18]

이 책은 또한 10여 년 전에 보도된 로이터 통신의 "병사들, 전투 로봇과 마음이 통하다"라는 제목의 기사와 위싱턴포스트의 조엘 가로(Joel Garreau)가 쓴 로봇 지뢰 제거 실험을 비난하는 기사를 예로 들며 "인간이 마음을 써주는 로봇의 등장이 현실화되었다"라는 주장을 펼친다.[19] 그러면서 자연스럽게 "로봇도 과연 인간에게 마음을 써 줄까?"라는 질문을 던지면서 인공지능의 발달에 따라 로봇이 인간과 유사한 마음이나 감정을 갖게 될 가능성을 저울질하며 이해와 의식이 가능한 AMA의 출현과 그 이후의 세계에 대해 전망한다.

지금까지 다수의 영화에서도 이러한 윤리적인 상황을 가상적으로 다루어왔는데 영화 "2001 스페이스 오디세이"(스탠리 큐브릭, 1968)에 등장하는 컴퓨터 할 9000(HAL 9000)은 자기방어를 위해 우주 비행사에게 거짓 정보를 제공하고 자신을 정지시키려는 인간을 제거한다. 2002년에 개봉한 "시몬"(앤드류 니콜 감독)이라는 영화에는 등장인물인 삼류 영화감독 타란스키가 사이버상의 인물인 여배우 시몬을 통해 세상을 속이는 과정이 나오는데, 이를 통해 인기와 부에 의해 왜곡된 인간 내면의 욕망과 관련한 문제를 드러낸다. 2013년에 개봉된 스타치크 존즈 감독의 영화 "그녀"(Her)는 소외된 인류의 고독을 다루고 있는데, 이 영화에 등장

---

18   월러치, 『왜 로봇의 도덕인가』, 21.
19   위의 책, 99.

하는 인공지능 시스템 사만다는 수천 명이 넘는 사용자와 사랑을 나누면서도 각각의 개인에게는 마치 일대일로 대화하는 것처럼 거짓으로 위장한다. "엑스 마키나"(앨릭스 갈랜드, 2015)의 주인공 에이바는 자신의 목적을 달성하기 위해 거짓말을 통해 소외된 인간을 이용한다. 비록 영화 속에나 등장하는 가상의 이야기들이지만, 이런 문제들은 인공지능을 지닌 소프트웨어나 로봇이 인간성의 소외나 이기적인 욕망을 위한 진실의 왜곡과 같은 심각한 윤리적인 문제들을 야기할 수 있음을 보여 주는데, 특히 단순히 인공지능 개발자나 사용자의 윤리를 넘어 인공지능 자체의 윤리에 대해 고려해야 할 필요성을 각인시켜 준다.

앞서 예시된 영화들의 예를 통해 관찰할 수 있는 것처럼, 윤리적인 문제 중에서도 특히 인공지능을 가진 존재들이 관심이나 애정을 독점하기 위해 속임수를 사용하는 문제가 주된 소재로 사용되는 이유는, 무엇보다 최근 들어 인간의 본질적인 정체성과 관련하여 소외 문제가 더욱 심각하게 제기되기 때문이라고 본다. 이를 소재로 한 영화들이 끊이지 않고 계속 제작되는 이유는, 문명이 고도로 발달하면서 극단적인 개인주의와 이기주의가 만연하는 현실 가운데, 인공지능이 가져다줄 수 있는 긍정적인 측면보다는 인공지능의 등장으로 인해 더욱 심화될 소외와 차별의 문제가 앞으로 주요한 윤리적 이슈가 될 것으로 예측하기 때문일 것이다.

키스 애브니(Keith Abney)는 "로봇공학, 윤리 이론, 그리고 메타 윤리학: 당황한 자들을 위한 가이드"(Robotics, Ethical Theory, and Metaethics: A Guide for the Perplexed)라는 글에서 인공지능과 관련하여 우리가 다루어야 할 로봇 윤리의 영역들을 크게 세 가지로 구분하는데, 첫 번째로 로봇공학자의 직업윤리, 두 번째는 로봇에 프로그램화된 도덕적인 규범, 세 번째는 아직 실현되지는 않은 영역으로, 자의식을 가진 로봇의 윤리적인 추론 능력을 들 수 있다.[20] 애브니는 로봇이 미래의 언젠가는 도덕적 행위자가 될 것으로 예측하면서, 로봇이 인간성을 가지고 있다는 전제하에 우리는 우리의 동료인 인공 인간(artificial persons)들을 우리의 도덕적인 공동체에 포함시킬 것인지, 아니면 로봇을 우리의 새로운 자녀들로 받아들이기를 거부할 것인지 결정을 내려야 할 때가 올 것이라고 지적한다.[21]

인공지능과 관련하여 윤리적 접근 방법을 적용하는 작업은 아직 초보 단계에 머물고 있다. 인공지능 윤리가 기술적으로 아직 깊이 있는 연구에 도달하지 못했으며 현재 단계에서는 로봇 윤리에 대한 애브니의 세 가지 구분에서 첫 번째 범주인 로봇공학자의 직업윤리 영역에서 인공지능 로봇공학자들이 인간으로서 갖는 특성과 관련하여 다양한 이슈들이 다루어질 것이다. 여기서 우리는 인공지능 윤리를 다루기 위해서는 먼저 인간의 윤리 의식을 더 깊이 이해해야 한다는 점을 깨닫게 된다.[22]

---

20   Patrick Lin, Keith Abney, and George A. Bekey eds., *Robot Ethics*, 36.
21   위의 책, 50.
22   월러치, 『왜 로봇의 도덕인가』, 370.

3) 성례전적 공유지, 그리고 사이버네틱스

인공지능 윤리를 다루는 데 있어 고도의 산업화에 따른 인간성 소외의 문제나, 경제적 불평등으로 인해 인공지능 기반 로봇과 프로그램을 활용하는 일에 차별이 초래되는 문제에 대해서는 역사적으로 인종, 성, 경제적 지위, 그리고 동물의 차별을 다루어 온 생태윤리의 사회학적인 접근법을 적용하는 것이 유효할 것이다. 왜냐하면 이 주제와 관련하여 지속적으로 공유되어 온 윤리적 문제가 인공지능 기반 로봇이나 소프트웨어의 사용과 관련해서도 마찬가지로 제기될 것으로 예견되기 때문이다.

생태윤리의 사회학적 접근법과 관련하여 필자는 가톨릭 전통의 성례전적 공유지(sacramental commons) 개념이 기독교윤리의 생태적 자원을 풍성하게 하는 일에 기여해 왔다는 점에 주목한다. 이를 통해 창조세계의 아름다움과 다양성은 신적인 신비를 드러내는데, 이것은 기독교에서만 아니라 다른 종교에서도 찾아볼 수 있다. 이처럼 성례전을 생태적으로 적용하는 일은 여러 기독교 윤리학자들의 연구 주제가 되었는데, 대표적인 학자들로는 제임스 내쉬(James Nash), 샐리 맥페이그(Sallie McFague), 래리 라스무센(Larry Rasmussen), 그리고 존 하트(John Hart) 등이 있다. 이들의 공통적인 아이디어는 기독교 신앙이 세상은 하나님을 드러내는 장소인 동시에 하나님이 인류 및 세상과 관계를 맺는 장소라고 가르친다는 것이다. 그러므로 그리스도인은 세상에 영향을 주는 일에 더욱 신중해야 하며 생태계에 대해 존중하는 마음을 가져야 한다.

내쉬는 자신의 저서 『기독교생태윤리』(*Loving Nature: Ecological Integrity*

and Christian Responsibility)에서 이러한 점을 잘 표현하여 "자연은 관계에 있어 신성하며" 나아가 그 자체로서 "신성함을 품고" 있다고 설명한다. 현재 우리가 발을 딛고 서 있는 곳은 "영속적으로 거룩한 터전"인데, 왜냐하면 하나님께서는 우리가 그분께 예배를 드리는 거룩한 장소에만 아니라 "토양과 대기를 비옥하게 하는 곳에도 존재하기 때문"이다. 로마서 8장에 나타나 있듯이 주님은 "모든 피조물과 함께 기쁨과 고통"을 나누신다. 그의 성례전적 접근법을 요약하면 "성령의 성례전적 현존은 모든 창조세계에 신성한 가치와 위엄을 제공한다"[23]는 것이다.

존 하트에 의하면 "성례전적 공유지는 창조 안에 내재 및 초월(immanent and transcendent)하는 영과 관여하는 인간의 거룩한 경험의 장소"다. 그에 의하면 교회의 가르침은 "모든 창조는 거룩할 수 있으며 지구는 신자들을 위한 은혜의 수단인 거룩한 공유지(sacred commons)로 봉사한다"는 것이다. 하트는 세계 종교와 다양한 영성의 전통을 아우르는 영적인 경험의 장소로서 창조세계의 공통성을 연구해왔다. 그의 "창조 중심적인 의식"(creation-centered consciousness)은 과학과 생태 철학, 성경신학과 역사신학, 그리고 미국의 인디언 영성 등을 통합한다.

성례전적 공유지 개념은 하트로 하여금 창조세계 내에서의 성령의 현존에 집중하게 만드는데, 이를 위해 그는 생태적 아이디어를 제공하는 성경 읽기와 다양한 인물들, 예를 들어 고백자 막시무스(Maximus the

---

23   James Nash, *Loving Nature: Ecological Integrity and Christian Responsibility* (Nashville, TN: Abingdon, 1991), 115.

Confessor), 빙엔의 힐데가르트(Hildegard of Bingen), 아시시의 프란체스코 (Francis of Assisi), 존 뮈어(John Muir), 그리고 북미 원주민들인 블랙 엘크 (Black Elk), 필립 디어(Philip Deere), 데이비드 소해피 신부(David Sohappy, Sr.) 등에 관심을 둔다.

그는 또한 신적인 창조성의 공유지로서의 지구에 대한 비전 및 모든 생물과 무생물 간의 상호작용에 있어 인간의 반응과 관련한 주목할 만한 비전을 제공한다. 하트는 성례전이란 인간을 "신적 현존과 참여의 고양된 인식에 의해 스며든 은혜로 채워진 순간"으로 이끄는 일종의 "창조의 영의 표식"이라고 규정한다.[24] 그러므로 자연의 성례전은 동시에 인간을 성령과 생물 및 무생물의 창조와 관계를 맺는 자리로 인도하는 자연에서의 장소, 사건들, 혹은 피조물이라는 것이다. 이런 의미에서 지구는 은혜의 도구인 성례전적 공유지로서의 역할을 감당하며, 이것은 그의 후속 연구서인 *Cosmic Commons: Spirit, Science, & Space*에서 우주적 공유지(cosmic commons)로 확장된다.[25]

하트는 성례전적 공유지를 증진시키고 보호하기 위해서는 자연에 대한 인간중심적인 지배의 사고로부터 창조세계와의 관계적 상호의존성(relational interdependence)으로 의식의 전환을 경험해야 한다고 주장한다.[26] 이러한 측면은 인공지능 윤리를 형성하는 작업에도 중요한 의미가

---

24   John Hart, *Sacramental Commons*, xiv.
25   John Hart, *Cosmic Commons: Spirit, Science, & Space* (Eugene, OR: Cascade Books, 2013), 7.
26   위의 책, 117.

있는데, 인간과 인공지능 로봇 간의 관계가 더욱 긴밀하게 상호의존적으로 연결되어 있음을 인식할 때 비로소 실현가능한 윤리적 아이디어가 형성될 수 있기 때문이다. 미래에 존재할 것으로 예측되는 자율적인 인공지능을 기반으로 하는 로봇의 윤리 의식 확보를 위해, 그를 단순히 인간이 만든 객체로서의 기계로만 여기지 않고 로봇의 내재적인 가치를 추구해야 할 순간이 찾아올지도 모른다. 하트 역시 생물계뿐만 아니라 무생물계의 모든 구성원에게서 추구해야 할 내재적인 가치에 대해 강조한 바 있다.[27] 우리가 인공지능 로봇의 이러한 특성을 이해하고, 그들을 단지 도구로만 이해하는 것이 아니라 인간과의 관계적인 측면[28]에서 윤리적으로 접근한다면, 미래의 어느 시점엔가 존재할 가능성이 있는 마음과 감정을 소유한 로봇을 대하는 태도를 준비하는 하나의 과정이 될 수 있지 않을까?

그는 또한 공유지의 성례전적 성격의 근거를 설명하며 "만일 인간이 공유지를 성령께서 존재케 하는 성례전적인 것으로 본다면, 생태계를 존중하는 마음을 가져야 하며, 책임성을 갖고 돌봐야 하고, 그 안에서 성령의 표식을 찾아야 하며, 그 산물을 정의롭게 배분해야 한다"고 주장

---

27   위의 책, 181.
28   Hart는 다른 창조세계에 대한 책임성을 구별하기 위해 관계적 의식(relational consciousness)이라는 용어를 사용하는데, 이는 모든 피조물을 존중하는 것에서부터 흘러나온다고 설명한다. 또한 창조의 신성함과 모든 생명체와 공유하고 있는 장소로서의 지구에 대한 공감 인식을 증진시키면 이러한 관계적 의식은 개발된다고 보았다 (*Sacramental Commons*, 203).

한다.[29] 우리가 이러한 성례전적 공유지란 관점으로 인공지능의 윤리적인 측면에 접근한다면 인공지능을 단순히 기계적인 도구로만 여김으로써 맞이하게 될지도 모르는 미래의 디스토피아적인 세상을 방지할 수 있지 않을까?

이와 비슷하게 래리 라스무센(Larry Rasmussen)은 "세상에 존재하는 어떤 대상에서 거룩함과 신성함을 발견한다고 해서 그것이 하나님이라는 뜻은 아니다. 다만 그것은 하나님께서 그 존재 안에 계시며, 그것이 하나님에게서 유래했다는 의미로 받아들여야 할 것이다"[30]라고 말함으로써 자연을 신적인 면과 구분하고 있다. 존 호트(John Haught)는 이러한 점을 보다 신중하고 제한적인 방식으로 기술하고 있는데, 그에 의하면 세상을 성례전적으로 보는 것은 그것을 신성한 것으로 보는 것과는 근본적으로 다르다고 설명한다. 그는 "자연이 신성하기(sacred) 때문이 아니라 성례전적이기(sacramental) 때문에 가치가 있다"고 주장하는 한편, 자연이 우리의 종교의식과 신적인 신비를 중개하는 역할을 감당한다고 설명한다.[31] 비록 이들이 신성함을 서로 다른 방식으로 설명하기는 하지만, 그들은 성례전적인 특성을 기독교의 신앙적인 가닥으로 이해하고 더 나아가 자연을 하나님을 품은 대상으로 바라보게 한다는 공통점을 갖고 있다고 할 수 있다.

---

29 위의 책.

30 Larry Rasmussen, *Earth Community, Earth Ethics* (Maryknoll, NY: Orbis Books, 1996), 239.

31 John Haught, *The Promise of Nature: Ecology and Cosmic Purpose* (New York: Paulist Press, 1993), 78.

현 시대의 생태윤리적 사고를 증진시키기 위해 하트는 성례전적인 특성을 강조하는 동시에 사고의 영역을 "성례전적 우주"의 개념으로 확장시킨다. 우주의 창조주로서 하나님이 소유한 성례전적인 성격은 결국 공유지로 지역화된다는 것이다. 공유지는 우주보다 작은 규모로 존재하며 하나님은 현존하는 공동체에서 현재적으로 드러난다는 것이다.[32] 만일 성례전적 우주가 창조의 영속적인 속성을 나타내는 것이라면, 성례전적 공유지 접근법은 보다 지역적이고, 특정적이며, 개별적이고, 공동체적인 사회 경험을 의미한다고 볼 수 있다. 이런 의미에서 성례전적 공유지는 자연스럽게 우주로 확장된다.

그가 학문적으로 구체화시킨 우주적 공유지 개념은 통합적인 패러다임과 지역적인 관심을 서로 분리하지 않는 동시에 열려 있는 세계관적인 접근법으로, 이것은 인공지능 윤리를 이해하는 데 기여할 수 있다고 본다. 하트에 의하면 우주적 공유지는 상호연관성을 지니고 있고, 그러면서도 구별되며, 우주의 다양한 통합적 존재(integral being)[33] 구성원 사이의 상호작용에 있어 공간적, 지역적 맥락으로 구성되어 있다고 한다.[34] 이러한 우주적 공유지에 관한 이해는 생명의 영인 우주의 영을 통해 우주의 모든 존재들이 신성한 상호연관성을 드러내면서 통합적으로 생태적 조직체를 형성해간다는 점을 분명하게 보여준다. 이러한 관점은

---

32 John Hart, *Sacramental Commons*, 61.
33 Hart에 의하면 통합적 존재(integral being)는 모든 우주의 실존하는 것들로 구성되어 있다. 신자에게는 신적인 존재(divine Being)가 포함되어 있지만, 인문주의자에게는 우주에 이러한 신적인 존재가 현존하지 않는다는 점에 그는 주목한다.
34 John Hart, *Cosmic Commons: Spirit, Science, & Space*, 15.

인공지능의 발원지에서부터 중요한 영향을 주고 있는 사이버네틱스의 이해와 유사하다고 할 수 있는데, 특히 대화와 피드백, 그리고 어떤 체계의 능력이나 한계를 분석하는 점은 인공지능과 관련하여 윤리적인 기준을 수립하는 데 기여할 수 있을 것이다.

4) 인공지능에 대한 사회생태윤리적 해석

하트의 설명에 따르면 사회생태윤리는 특정한 장소와 역사적인 시기 내에서 통합된, 사회적이고 생태적인 이슈들에 의해 고무된 반성과 행동을 포함한다.[35] 그는 맥락이라는 관점에서 실천 윤리(praxis ethics)를 구별하는데, 그는 실천 윤리를 맥락화된 윤리(contextual ethics)가 아니라 최근의 경험들에 기초한 맥락 안에서의 윤리(ethics-in-context)로 해석한다. 다시 말해 규범적이거나 의무론적인 윤리가 아니라 맥락 안에서 시행된 윤리라는 것이다.[36] 따라서 우리는 인공지능 시대를 향한 윤리가 단지 실용적이거나 현실에의 적용을 위한 것이 아니라 보다 참여적이고 실천적인 것이 되도록 사회생태윤리가 일종의 약자 윤리로 기여할 것이라고 기대한다. 나아가 피드백을 강조한 사이버네틱스의 특징은 인공지능을 위한 윤리적인 접근에도 여전히 유효할 것이다.

---

35   위의 책, 188.
36   위의 책.

사회생태윤리는 또한 인간의 공동선과 창조세계의 지속성을 증진하기 위해 다양한 문화 개념과 맥락에서 대화적 관계성(dialogic relationship)을 위한 일종의 시작점을 제공한다. 나아가 창조의 돌봄과 공동체의 돌봄을 촉진하는데, 하트에 의하면 그 과정은 맥락 안에서의 관계적 의식(relational consciousness), 관계적 실행(relational conduct), 그리고 관계적 공동체(relational community)를 조성하며 이루어진다.[37] 그리하여 사회생태윤리는 사회정의와 생태정의를 "지금 여기"(now and here)의 상황에서 상호관련성(interrelationship)과 상호작용(interaction)을 통해 구체적이고도 역동적으로 이루어가는 상당히 변혁적인 학문 분야라고 할 수 있다. 현재 인공지능과 관련한 대부분의 연구가 경제적으로 우위에 있는 국가나 개인에게 한정되어 있음에도 그 파급효과가 지구 전체에 미친다는 점을 고려할 때 이것이 자칫 차별을 심화시키는 또 하나의 도구가 되지 않을까 우려하기도 하는데, 개발 단계에서부터 사회생태윤리적인 관계성 중심의 윤리 의식을 우선으로 고려한다면 문제의 발생을 사전에 방지할 수 있을 것이다.

우리는 인공지능의 미래를 크게 두 가지 방향으로 나누어서 생각해 볼 수 있다. 하나는 인간의 기계화이고, 다른 하나는 기계의 인간화다.[38] 인간의 기계화는 사이보그[39]로 대표된다. 대표적으로 이미 스마트폰은

---

37 위의 책, 185–186.
38 백욱인, 『컴퓨터 역사』(서울: 커뮤니케이션북스, 2013), 22.
39 사이보그(cyborg)는 사이버네틱스(cybernetics)와 조직체(organism)의 합성어로 뇌를 제외한 인간과 기능적으로 결합하여 결여된 신체 기능을 보완하거나 특정 부분을 강화하는 기능적 조직을 말한다. 다시 말해 우리의 몸에 장착하거나 결합된 시스템이 사이보

인간이 기계와 어떻게 결합하는가를 우리의 일상에서 잘 보여준다. 거치형 컴퓨터나 노트북과 달리 스마트폰은 사실상 인체와 하나가 된 기계라고 볼 수 있다. 증강현실 기술이나 빅 데이터와 클라우딩 컴퓨팅 활용이 고도화되면 인간이 빅 데이터와 빅 브레인에 사실상 결합하는 거대한 네트워크의 시대가 도래할 것이다. 다른 하나의 방향은 기계가 인간화되는 것이다. 가까운 현실은 아닐지라도 인간의 몸을 닮은 로봇, 혹은 인간처럼 생각하고 감정을 느낄 수 있는 인공지능이 개발된다면 인간으로부터 독립된 인간과 유사한 로봇이나 인공지능이 등장할 것이다. 이러한 수준에 도달할 경우 로봇은 인간에 종속된 수동적인 기계가 아니라 독립된 타자가 될 가능성도 있다.

인간은 아담 이후로 이 세상에서 함께할 동반자를 찾아왔는데, 그것은 사람이 혼자 사는 것이 창조주께서 보시기에도 좋지 않았기 때문이다.[40] 그리하여 지속적으로 돕는 배필인 하와를 비롯하여 여러 종류의 동반자적 존재들이 인간 곁에 항상 있어왔는데, 최근에 가장 주목을 받는 미래의 반려자가 바로 인공지능을 가진 로봇인 반려 로봇이라고 할 수 있다. 반려동물이나 반려식물이 현대의 적막한 산업사회 속에서 소외된 인간에게 정서적으로 안정을 주고 치유의 역할을 해 온 것처럼, 고성능 인공지능을 탑재한 반려 로봇이 기술적으로 더욱 정교하면서도 생

그라고 할 수 있는데, 일상에서 거의 손에 쥐고 사용하는 스마트폰은 우리의 기능적인 많은 면을 담당하기 때문에 이미 사이보그화(cyborgization) 되었다고 할 수 있을 것이다. 이런 의미에서 기계와 인간의 경계가 점차 모호해지고 있다고 볼 수 있으며 이에 따른 윤리적, 법적인 정책의 수립이 요구된다.

40   창 2:18.

명 존중의 윤리를 기반으로 신중하게 개발된다면 인간에게 유익한 동반자가 될 수도 있을 것이다.

언론 보도에 따르면 국내에 반려동물과 함께 사는 인구가 이미 천오백만을 넘어섰고, 반려동물의 죽음으로 심적인 고통을 호소하는 "펫로스 증후군(petloss syndrome)"[41] 환자가 늘고 있다고 한다.[42] 반려인에게 있어 반려동물은 가족과 같으며, 삶의 동반자이고, 무조건적 사랑의 대상이다. 이러한 반려동물을 상실한 반려인은 정신적, 감정적, 신체적 고통을 겪게 되는데, 이는 가족을 사별한 아픔을 겪은 사람들의 반응과 유사하다. 연구에 따르면 이러한 고통은 보통 2-3개월 정도 지나면 사라지지만 때로는 1년 이상 지속되기도 하는데, 그런 경우 복합 비애와 외상후 스트레스 장애로 발전할 수도 있다고 한다.[43] 그런데 이처럼 죽음이 문제가 된다면 영원히 살 수 있는 반려 로봇이 하나의 해결책이 될 수 있지 않을까? 최근 인공지능을 탑재한 로봇은 인간의 감정을 읽고 반

---

41   Serge Ciccotti는 자신의 책 『인간과 개, 고양이의 관계 심리학』에서 반려동물이 죽었을 때 "남자들은 가까운 친구를 잃었을 때와 같은, 여자들은 자녀를 잃었을 때와 같은 고통을 느낀다"라고 말한 바 있다. 특히 반려동물은 인간의 불완전한 정서나 환경의 상태를 판단하지 않는 무조건적인 사랑의 대상이므로 반려인은 반려동물에게 자신의 감정을 쉽게 드러내고 공유하게 된다. 그리하여 때로는 생활 패턴 또한 반려동물 중심으로 바꾸고 그들에게 부모의 역할을 자처하게 된다. 따라서 반려동물과의 이별은 자녀와의 이별과 같은 감정을 초래할 수 있고, 반려동물의 죽음을 자신의 탓으로 돌릴 수도 있다는 것이다.

42   이재포, "반려로봇과 메멘토 모리", 한겨레, 2016년 10월 3일자, 2021년 7월 14일에 검색함. http://www.hani.co.kr/arti/economy/it/763867.html.

43   모효정, "반려동물의 상실로 인한 슬픔, 펫로스(Pet Loss) 증후군의 증상과 대처", 인간·환경·미래 제15호 (2015년 가을), pp. 91-120.

응하는 수준까지 발전했다. 예를 들어 인간형 로봇으로 개발되었다고 하는 일본의 "페퍼"(Pepper)[44]는 노인 요양병원, 상점 등에서 사람과의 관계를 확대해가고 있다. 아프지 않고 죽지 않는 반려 로봇의 일상화는 시간문제고, 미래의 인류는 그러한 로봇과 더불어 살아가게 될 것이다.

하지만 우리가 주의해야 할 것은 어떤 대상을 지나치게 사랑하고 의인화하여 그 대상이 동반자 관계가 아니라 우상의 자리를 차지함으로써 발생할 수 있는 차별과 배제 및 소외의 문제다. 반려 존재에 대한 지나친 집착 때문에 하나님의 형상을 입은 인간 자신이 누구이며 어떤 기원과 사명을 지닌 존재인지 망각하거나, 더 나아가 그것이 오히려 또 다른 억압과 차별 역할을 하게 되고 그로부터 역차별을 받게 된다면, 분명 심각한 사태에 이를 수도 있을 것이다. 특히 반려 로봇이 구형 모델이 되거나 기계적인 결함을 드러내게 되었을 때 심각한 우울증에 빠지거나 또는 지나친 의존으로 기본적인 사회생활조차 하지 못하게 된다면, 그들은 오히려 인간 사회에 해악을 끼치는 존재가 되고 말 것이다. 다시 말해 미래에 인간이 인공지능을 기반으로 하는 존재들에게 절대적으로 의존하는 상황이 도래한다면 하나님의 형상으로 창조된 인간으로서의 존귀함이 손상될 여지도 있다.

결론적으로 인공지능으로 가는 길목에 함께했던 사이버네틱스

---

44   페퍼는 인간의 감정을 인식하는 인공지능 로봇이다. 녹음된 메시지를 전달하는 게 아니라 시각, 청각, 촉각 등으로 인간의 감정을 스스로 해석하고 정의하는 '감성 생성 엔진'을 통해 표현한다. 생후 3개월에서 6개월 정도 아기의 감정 발달 수준이지만 인간의 감정과 마음을 이해하는 페퍼는 출시되자마자 1분 만에 매진될 정도로 큰 인기와 주목을 받았다고 한다.

의 대화이론(conversation theory)과 유사한 사회생태윤리의 창조중심적인 상호연관성(interrelatedness), 상호작용(interaction), 상호의존성(interdependence) 등의 개념이 인간 소외와 차별의 문제를 극복하는 데 기여할 수 있고, 나아가 앞으로 인공지능과 관련한 윤리 의식을 건강하게 구축하는 데 도움을 줄 수 있을 것으로 본다. 또 이러한 작업을 진행하기 위해서는 더 포괄적인 접근법이 필요할 뿐만 아니라, 인간의 도덕성을 보다 풍부하게 이해할 필요가 있고, 이것은 결국 기독교윤리를 더욱 풍성하게 해줄 것이라고 기대한다. 무엇보다 창조세계 안에 존재하는 성령의 운행을 신뢰하는 공유지로서의 성격이 또 하나의 피조물인 인공지능에도 존재할 수 있다는 점을 우리는 명심해야 할 것이다. 우주에 존재하는 모든 것이 결국 창조주의 섭리 가운데 진행된다는 확신과 소망이 있을 때 인공지능 시대의 윤리적인 기반은 생명의 가치를 인정하고 존중하게 될 것이다.

6

제4차 산업혁명 시대의
기독교윤리[*]

* 이 부분은 필자의 다음 논문을 중심으로 전체의 흐름에 맞게 내용을 일부 수정하여 기술되었음을 밝힌다. "제4차 산업혁명 시대의 기독교 사회생태윤리 모색", 기독교사회윤리, 41집, 2018, 101~132.

1) 연구의 필요성과 목적

제4차 산업혁명 시대를 보내고 있는 한국 사회에서 교회와 기독교 신앙의 영향력이 점차 증대되어 가는 현실 가운데 새로운 형태의 윤리적인 패러다임이 요청되고 있다. 기후위기 시대에 책임 있는 존재가 되기 위해서 제4차 산업혁명 시대를 살아가는 이들에게 사회생태윤리는 긍정적이고 현실 개혁적인 세계관을 제시한다. 왜냐하면 상호관계(interrelated), 상호의존(interdependent), 상호작용(interactive)으로 특징지어지는 생태계 시스템에 대한 "이해"를 창조 의식(creation consciousness)과 자각(self-awareness)을 바탕으로 사회구조적인 변화와 정의를 추구하는 "실천"과 접목시키는 사회생태윤리는 삼위일체의 관계성[1]에 입각한 기독교적이고도 창조적인 전망이라고 할 수 있기 때문이다.

본 장에서는 사회생태윤리의 개념과 전개 과정을 살펴보고 이를 어떻게 하면 제4차 산업혁명 시대의 윤리적인 문제들을 해결하는 도구로 사용할 수 있을지 가능성을 모색해 보고자 한다. 이는 기존의 사회윤리와 생태윤리의 개념이 만나서 단순히 하나로 통합되는 것이 아니라 통섭(consilience)[2]과 지식의 융합을 통한 시너지 효과를 낼 수 있는 더욱 역

---

1   Jürgen Moltmann은 『삼위일체와 하나님 나라』에서 전통적인 삼위일체론에 대한 변화를 촉구하면서 생태윤리적인 의미를 강조하고 있으며 사귐과 평등으로서의 내재적인 상호관계성을 강조하고 있다. 그의 이러한 하나님에 대한 이해는 "사회적 삼위일체론"으로 알려져 있다.

2   흔히 서로 다른 분야들에서의 지식의 융합을 시도하여 새로운 것을 도출해 내는 것을 통섭(consilience)이라고 부른다. 여기서 의미하는 지식의 융합은 학문들 사이의 크로스오

동적이고도 현실 참여적인 패러다임이 될 것이라고 기대하며, 또한 앞으로의 다양한 윤리적인 문제에 적용하기 위해 지속적으로 연구할 과제로 제안하고자 한다.

또한 이 장은 보다 본질적인 종교의식(religious consciousness)과 실천행위(conduct)의 변화를 이루기 위한 하나의 시도라고도 할 수 있는데, 예를 들면 이것은 구체적으로 기독교가 어떻게 하면 더욱더 자연을 의식하고(nature-conscious), 자연과 관계하며(nature-related), 나아가 자연을 통합하는(nature-integrated) 종교가 될 수 있을 것인가라는 질문에 일종의 답을 제시하는 것에서부터 출발한다.[3] 우리는 여기서 제안된 답변을 제4차 산업혁명 시대의 예측 가능한 윤리적인 문제들에 적용하여 하나의 대안 역할을 충실히 감당하게 하는 한편, 그동안 개혁교회 전통에서 소홀히 다루어왔던 사회윤리의 생태학적인 측면을 강조함으로써 교회와 사회에 더욱 광범위하게 기여할 수 있음을 증명하고자 한다.

이러한 주제와 관련하여 기독교 생태윤리의 사회적인 측면과 영성

버(crossover)로 분과 학문끼리의 융합, 즉 학제간 연구(interdisciplinary research)를 의미한다. 제4차 산업혁명의 특징이라고 할 수 있는 방대한 양의 공유된 지식을 다루는 일에 있어 이러한 통섭을 이해하는 것은 핵심적인 영역이라고 할 수 있다.

3   이러한 질문은 역사적으로 많은 토착 종교에서 다루어 온 것들이기도 한데, 특히 도교, 유교, 불교 등과 같은 동양의 여러 종교들이나 북미 원주민의 신앙, 그리고 한국 고유의 종교인 동학에서도 이와 관련한 풍부한 아이디어를 찾아볼 수 있다. 본 장에서는 이처럼 광범위한 종교 전통을 모두 다룰 수 없기에 동학을 중심으로 하는 한국 전통 종교와의 접목을 시도하려고 한다. 이에 대하여 Yongbum park, "Chondogyo and a Sacramental Commons: Korean Indigenous Religion and Christianity on Common Ground," in *The Wiley Blackwell Companion to Religion and Ecology*, John Hart ed. (UK: John Wiley & Sons Ltd., 2017), 333을 참고하라.

의 역할을 강조하면서 오랜 기간 연구해 온 학자들 가운데 존 하트(John Hart)가 있다. 그는 기독교의 성례전 전통을 근간으로 하여 저술한 자신의 책 『성례전적⁴ 공유지: 기독교 생태윤리』(*Sacramental Commons: Christian Ecological Ethics*)에서 창조 의식(creation consciousness)에 따른 성례전적 공유지의 현대적 의미를 강조하면서 창조세계 가운데 존재하는 성령의 표식을 인간이 인식할 수 있음을 상기시키고 있다.⁵ 나아가 이후의 다른 저술들에서 그는 지속적으로 이를 발전시킨 사회생태윤리라는 독특한 개념을 학문적으로 전개하고 있다.

본 장에서는 하트의 사회생태윤리에서 핵심이 되는 성례전적 공유지⁶와 이를 확장한 개념인 우주적 공유지의 내용을 간략하게 소개하고, 그의 사상에 영향을 끼친 대표적 인물인 제임스 내쉬(James Nash)의 기독교 생태윤리의 주요 내용과 관련하여 생태학적 덕목들(ecological virtues)을 살펴보고자 한다. 또 하트가 이를 기초로 전개하고 있는 사회생태윤리의 개념에 대해 기술하고, 이러한 아이디어를 통해 제4차 산업혁명 시대를 살아가는 현세대의 복합적인 윤리적 문제들을 해결할 수 있는 하나의 긍정적인 실천 방안으로 제시하려고 한다. 또 이것을 한국 사회와

---

4   "sacramental"이라는 용어를 "성사적인"이라고 번역할 수도 있지만, 한국교회 전통에 따라 "성례전적인"으로 번역하였다.

5   John Hart, *Sacramental Commons: Christian Ecological Ethics* (Lanham, MD: Rowman & Littlefield Publishers, Inc., 2006), xiv.

6   공유지(commons)란 한 사회의 모든 구성원들이 접근할 수 있는 문화적, 자연적인 자원을 의미한다. 여기에는 공기, 물, 토양(사유화되지 않은) 등과 같은 자연 자원이 포함되며 모두가 공유할 수 있는 것을 뜻한다. 경제 용어로 commons를 해석한다면 공유재, 또는 경우에 따라 공공재로도 번역이 가능하다.

교회의 현장에 구체적으로 적용하기 위해 한국적인 상황에서 사회생태윤리의 구축을 시도해 보고, 이를 기반으로 한국교회가 직면한 사회적 신뢰도 하락의 위기를 극복하는 하나의 대안으로 제시하는 것이 본 장의 목적이다.

2) 제4차 산업혁명 시대의 윤리적 문제

우리는 제4차 산업혁명이 인류의 삶을 이전보다 더욱 풍요롭고 편리하게 발전시켜 줄 것으로 기대하지만, 그와 더불어 그것은 우리의 행동 양식뿐만 아니라 정체성과 도덕성, 그리고 윤리관까지도 변화시킬 가능성이 크다. 따라서 과학기술의 급속한 발전에 따라 윤리와 과학을 상호 보완하는 합의된 가치관을 제시하는 것이 더욱 중요한 과제가 되었다. 여러 시대적인 쟁점들에 대한 우리의 윤리적인 관심과 정당한 합의로 약속을 실체화하기 위해 과학적 진리와 과학기술의 근본 의미를 재검토할 필요가 있으며, 특히 생명의 의미와 생태계의 도덕적 지위 등에 대한 논의가 활발히 이루어져야 할 것이다.

제4차 산업혁명 시대를 이해하려면 그 주체라고 할 수 있는 인간에 대한 이해가 선행되어야 한다. 왜냐하면 본래 혁명이라고 하는 것이 인간의 욕망을 충족시키기 위한 기술의 발달에 따른 세계관과 사회구조, 즉 패러다임의 변화를 의미하기 때문이다. 인류는 그동안 욕망을 극대화하기 위해 물량적이고 외면적인 성장을 추구해왔다. 인류가 지금까지

거쳐온 산업혁명들을 인간의 역할에 방점을 두고 간략하게 회고해 보면, 18세기 중엽부터 시작하여 약 100여 년간 이어진 제1차 산업혁명은 증기기관이라는 기계의 발명을 통해 인력보다 우세한 거대 동력 에너지를 생산해냄으로써 인간의 손과 발을 대신했고, 19세기 말에서 20세기 초반까지 이어진 제2차 산업혁명은 전기의 힘으로 동력 기관을 조작할 수 있도록 했으며, 1960년대에 시작된 제3차 산업혁명은 컴퓨터와 인터넷을 통해 대량의 정보를 획득하고 저장할 수 있도록 만들어주었다.

우리는 지금 제4차 산업혁명 시대를 살아가고 있는데, 인공지능과 기계학습, 생명공학, 사물인터넷, 블록체인, 그리고 모든 분야의 융합을 통하여 이전과는 비교할 수 없는 방대한 분량의 정보와 지식을 인지하고 공유하며 처리할 수 있는 능력을 점차 증대시켜가고 있다. 그런데 학자들은 제4차 산업혁명이 인류에게 엄청난 혜택을 제공해주지만 그 이면에서는 각종 윤리적인 문제들이 대두될 수 있다고 지적한다.[7] 제4차 산업혁명의 진행과 함께 나타날 어두운 그림자에 대한 준비도 필요하다는 것이다. 예를 들면 인간을 능가하는 로봇이 지배하는 새로운 세상에 대한 두려움과 거부감을 극복하지 못하는 사회는 몰락의 길을 걸을 수밖에 없을 것이다. 개인에게도 끔찍한 상황이 발생할 수 있는데, 인간을 대신하여 인공지능이 그 자리를 차지하게 되어 기존의 직종이 감소하

---

7   실제로 Klaus Schwab과 같은 경제학자들은 제4차 산업혁명에 대해 낙관적으로 평가하면서도 혁명의 체제적 요인으로 심화될 불평등과 노동자와 자본가 사이의 빈부의 격차, 그리고 정체성의 혼란이나 각종 윤리적인 쟁점들에 대해 우려하고 있다. 이와 관련하여 그의 책 『제4차 산업혁명』(서울: 새로운 현재, 2016)을 참고하시오.

고 일자리가 줄어들면 빈부의 양극화가 심화될 것이고, 인간 소외의 문제는 더욱 심각해질 것이다. 인류 역사를 돌아볼 때 기술혁신과 혁명적인 변화가 인류 모두의 삶의 질과 복지에 동일한 수준으로 긍정적인 영향을 끼치지는 않을 것이라고 충분히 예측할 수 있다.[8] 클라우스 슈밥(Klaus Schwab)은 경제학자의 관점에서 제4차 산업혁명 시대에 더욱 가속화될 것으로 예상되는 불평등과 불공평의 문제를 지적하면서 공급과 관련된 노동과 생산 부분의 불균형으로 인해 빈부 격차가 심화되어 대중의 삶의 질이 오히려 낮아질 가능성에 대해 우려하고 있다.[9]

제4차 산업혁명으로 인해 심화될 것으로 예측되는 여러 쟁점 중 생명공학과 관련한 분야는 가장 난해한 윤리 문제 가운데 하나다. 진보된 유전자 조작 기술을 의학 연구와 치료에 어느 정도까지 허용할 수 있는가에 대한 법적인 기준을 만드는 일에 어려움이 있다. 특히 이러한 문제들이 자본주의 사회에서는 경제적인 이슈와 맞물려서 상업적인 성격을 드러내는 것을 배제할 수 없으므로 복합적으로 얽힌 윤리적 난제라고 볼 수 있다. 구체적인 예로 인간 복제를 통해 동일한 유전자 정보를 가진 인간을 대량으로 생산하도록 인위적으로 조작한다면 생명의 가치와 존엄, 인간의 정체성과 공동체가 혼란과 무질서에 빠질 것으로 예측된다.[10]

그렇다고 해서 제4차 산업혁명 시대에 이미 코앞의 현실로 다가온

8   클라우스 슈밥, 『제4차 산업혁명』, 송경진 옮김(서울: 새로운 현재, 2016), 32.
9   위의 책, 33.
10   이경숙, 박재순, 차옥숭, 『한국 생명사상의 뿌리』(서울: 이대출판부, 2001), 30.

이러한 논의를 무조건 비난하거나 엄격하게 규제해서도 안 될 것이다. 그보다는 신학적이고 윤리적인 차원에서 이런 문제들을 좀 더 진지하고 신중하게 검토하여 현실적인 대책을 수립해야 한다. 성경에서는 인간이 하나님의 형상으로 창조되었으며 따라서 하나님과의 교제가 가능한 영적이고 존귀한 존재라고 설명하고 있다. 또한 인간은 돕는 배필과 함께 공동체를 이루며 사는 존재로, 누구도 우월하거나 열등하지 않은 존재로서 모든 창조세계와 유기적인 상생을 이루며 살아간다.

이처럼 새로운 혁명의 시대는 인류를 더 심각한 윤리의 경계로 몰아가고 있는데,[11] 제4차 산업혁명 시대에 예측되는 또 다른 쟁점들의 예로는 인공지능과 관련한 복잡하고 위험한 문제들이 있다. 실제로 일부 학자들은 인공지능이 인류의 생존에 위협을 가할 수 있다고 경고한다. 특히 인공지능을 활용한 로봇이 군사적 목적으로 개발된다면 마치 영화 속에 등장하는 킬러 로봇처럼 일반인에게도 위협적인 존재가 되지 않으리라는 보장이 없기 때문이다. 하지만 이와 다른 입장에 서 있는 사람들은 위험한 임무에서부터 인간을 보호하는 일을 인공지능 기반의 로봇이 대신하기 때문에 오히려 인명을 안전하게 지켜주는 역할을 한다는 상반된 의견을 제시한다. 분명한 것은 지금이야말로 모든 인공지능형 로봇에 적용할 수 있는 명확한 윤리 지침이 마련되어야 할 때라는 점이다.

그렇다면 제4차 산업혁명 시대에 인공지능의 미래는 구체적으로 어떻게 전개될 것인가? 이에 대해 전망하려면 먼저 스스로 윤리적인 결

---

11 슈밥, 『제4차 산업혁명』, 160.

정을 내릴 수 있는 인공지능 로봇이 존재할 가능성과 그 여부를 판단할 기준을 정하는 일을 생각해 보아야 할 것이다. 이를 위해 웬델 월러치 (Wendell Wallach)는 로봇공학의 발달에 따라 도덕 행위자의 범위가 인간을 넘어 인공지능 시스템으로까지 확대될 것으로 보면서 이를 가리키는 개념으로 "인공적 도덕 행위자"(artificial moral agent, AMA)라는 표현을 사용한다.[12] 도덕 행위자란 개념은 전통적으로 자신의 행동에 대해 책임질 수 있는 자유의지를 가진 인격적 존재에 한정되어 사용되었다. 그런데 윤리 의식을 내재하고 인간과 유사한 행동을 수행할 수 있는 자율적 AI의 등장은 이러한 행위자 개념의 수정을 요구한다. 그는 도구적 인간의 정체성에서 기인한 기술의 발달을 필연적인 과정으로 이해하면서, 도구 형태의 변화는 삶의 가치관과 우선순위 및 윤리 의식의 변화까지도 가능케 한다고 지적한다. 또한 제조사나 설계자의 선택에 따라 미래의 로봇은 자율적으로 행동할 가능성이 있는데, 그렇다면 어느 정도의 기술 수준을 갖춘 인공지능 로봇 시스템을 스스로 책임질 수 있는 AMA로 볼 것인가에 대한 의문이 생긴다. 만일 로봇을 더 이상 하나의 기계로만 여기지 않고 의인화된 대상이나 인격성(personhood)을 갖춘 자율적인 존재로 본다면, 그 순간부터 이미 로봇 자체에 행동에 따른 책임을 부여하게 되고 인간과 로봇의 경계가 모호해지면서 윤리적인 판단의 어려움이 발생할 것이다. 이처럼 제4차 산업혁명으로 특징되는 기술진보에 따른 인간 소외와 인간과 인공지능 사이의 윤리적 경계가 모호해지는 문제가

---

12   웬델 월러치, 『왜 로봇의 도덕인가』, 노태복 옮김(서울: 매디치미디어, 2014), 14.

기술의 발전을 통해 더욱 가속화될 것으로 예측할 수 있다. 따라서 인간의 인지능력과 감정, 무의식과 창의성의 영역에 과연 인공지능이 어느 정도의 수준까지 접근할 수 있을지 기술적인 면에서의 연구에만 그치지 말고 이제는 신학적, 윤리적인 기준을 놓고 고민해야 할 시기다.

제4차 산업혁명이 열어갈 보다 진보된 세상에 대한 기대가 클수록 좌절과 실패도 많아질 것이지만, 그것이 가져올 문제점을 예측하여 대비한다면 도전을 기회로 바꿀 수 있게 될 것이다. 세상은 이미 초연결 사회가 되어 더욱 빠르고 복잡하게 변화하고 있다. 이로 인해 때로는 이전보다 더한 공포와 불확실성이 인류를 위협하겠지만 향상된 인식과 공동의 담론으로 공동선을 추구하며 우리의 윤리 수준을 높여간다면 더 나은 세계가 우리 앞에 펼쳐질 것이다.[13]

3) 공유지의 성례전적, 우주적 모델

무한진보와 발전을 추구하는 제4차 산업혁명 시대를 맞이하여 개선되기는커녕 더욱 심각해지는 것이 급속한 기후 변화와 생태계 파괴의 문제다. 생태계 붕괴의 위협에 직면한 지구 공동체의 위기는 단지 과학기술의 무분별한 남용이 초래한 물리적 환경파괴의 문제이기만 한 것이 아니라 고도 산업화에 따른 인간성 소외의 문제와 경제적인 불평등에

---

13   슈밥, 『제4차 산업혁명』, 259.

따른 정의와 관련한 총체적이고 통합적인 윤리적 이슈라고 할 수 있다.[14] 이를 근거로 생태계 위기와 관련한 윤리적인 과제들을 해결하기 위해 역사적으로 인종, 젠더, 경제적 지위, 그리고 인간 외의 생물체와 연관된 차별 문제를 다루어온 생태윤리의 사회학적인 접근법이 유효할 것으로 보인다. 왜냐하면 이러한 주제들과 관련하여 역사적으로 공유되어온 윤리적인 문제점들과 그에 따른 대안들이 상보적인 대화를 통해 하나의 통합적인 해법으로 작용할 수 있다고 보기 때문이다.

(1) 성례전적 공유지

가톨릭을 중심으로 오랜 기간 중요한 신학적인 주제로 논의되어온 성례전적 공유지 개념이 전통적으로 기독교 사회윤리의 생태적 자원을 풍성하게 하는 데 기여해왔다. 이 개념에 대한 연구는 창조세계의 아름다움과 다양성이 신적인 신비를 더욱 분명하게 드러낸다는 점을 강조해왔는데, 이것은 또한 제4차 산업혁명에 따른 각종 윤리적인 문제들을 해결하는 데 하나의 해법이 될 수 있을 것이다. 사회생태윤리는 존 하트가 오랜 기간에 걸쳐 발전시켜온 개념으로, 그에 의하면 우리는 단지 인간 사회뿐만 아니라 인간과 다른 창조물, 모든 생명체들이 서로 인지할 수 있는 지구, 우주, 그리고 창조세계에 편재하는 초월적인 성령과의 교제를 이룰 수 있다고 한다.[15] 하트는 자신의 연구를 통해 비전과 행동

---

14   김용휘, 『우리 학문으로서의 동학』(서울: 책세상, 2007), 70.
15   John Hart, *Sacramental Commons: Christian Ecological Ethics* (Lanham, MD: Rowman & Littlefield Publishers, Inc., 2006), 77.

(vision and action), 영성과 윤리(spirituality and ethics), 그리고 의식과 실천 (consciousness and conduct) 사이의 직접적인 연관성을 규명하고자 하며, 이것이야말로 사회생태윤리의 핵심적인 내용이라고 언급한다. 다시 말해 그는 행동을 유발하는 비전의 역동성과 윤리적 실천을 가능케 하는 영성의 통전성, 그리고 실천으로 이어지는 의식의 함축적인 역할에 대해 연구하면서 거기에 따른 창조 의식의 의미를 탐구했다. 하트에 의하면 이러한 아이디어는 기독교만이 아닌 다른 종교 전통에서도 찾아볼 수 있는데, 특별히 본 장에서는 한국의 전통 종교인 동학의 시천주(侍天主)[16] 사상을 그 대표적인 예로 주목하고 양자를 탐구하여 한국적인 사회생태윤리의 구축을 시도하려고 한다.

기독교의 성례전 전통의 생태적 적용과 관련하여 그동안 여러 기독교 윤리학자들이 연구를 진행해 왔는데, 그 가운데 대표적인 학자들로는 앞서 언급한 하트 외에 제임스 내쉬(James Nash), 샐리 맥페이그(Sallie McFague), 그리고 래리 라스무센(Larry Rasmussen) 등을 예로 들 수 있다. 이들의 공통적인 아이디어는 전통적으로 기독교 신앙은 창조세계 자체가 하나님을 드러내며 또한 하나님이 인류 및 세상과 소통하고 관계를 맺는 집과 같은 장소라는 점을 가르쳐왔다는 것이다. 이들 대부분은 주로 서구 신학과 윤리의 관점에서부터 출발하여 성례전 전통을 다루었는데, 하트는 이를 한국의 민중 신학 및 미국 원주민 인디언의 영성, 그리

---

16 이것은 "한울님을 모신다"는 의미로, 동학의 창시자인 수운 최제우의 종교 체험을 바탕으로 제시한 21자 주문의 핵심내용이다.

고 해방신학 등과 비교하는 윤리학적 연구를 시도해왔다는 점에서 다른 학자들과 구분된다.

하트의 성례전 연구에 영향을 준 제임스 내쉬는 저서 *Loving Nature: Ecological Integrity and Christian Responsibility*에서 "자연은 관계에 있어 신성하며" 나아가 그 자체로서 "신성함을 품고" 있다고 말한다.[17] 그에 의하면 현재 우리가 발을 딛고 서 있는 곳은 "영속적으로 거룩한 터전" 인데, 왜냐하면 이곳은 하나님께 예배를 드리는 거룩한 장소일 뿐만 아니라 "토양과 대기를 비옥하게 하는 곳에도 하나님은 존재하기 때문"[18] 이다. 사실 로마서 8장에 나타난 것처럼 창조주는 "모든 피조물과 더불어 [기쁨과] 고통"을 함께 하신다. 이런 점에서 그는 자연을 결코 신격화 하고 있는 것이 아니다. 오히려 그에 의하면 "성령의 성례전적 현존"은 모든 창조세계에 "신성한 가치와 위엄"을 제공한다.[19] 내쉬는 서구 개혁 교회의 입장에서 바라보는 성례전적인 강조를 성령론의 관점에서 위와 같이 신학적인 의미로 서술하고 있다. 동시에 그는 생태계를 위한 덕목들을 열거하면서 기독교의 생태윤리적 가치를 복원하는 데 필요한 요소들을 설명하는데, 예컨대 감내력(sustainability), 적응성(adaptability), 관계성(relationality), 검약성(frugality), 공평성(equity), 연대성(solidarity), 생물종다양성(biodiversity), 충족성(sufficiency), 그리고 겸손(humility) 등이다.[20]

---

17   James Nash, *Loving Nature: Ecological Integrity and Christian Responsibility* (Nashville, TN: Abingdon, 1991), 115.
18   위의 책, 116.
19   위의 책, 116.
20   이에 대한 설명은 위의 책 2장 63쪽 이후의 내용을 참고하라.

내쉬의 사회윤리적 생태윤리를 발전시킨 하트의 표현에 따르면 "성례전적 공유지는 창조 안에 내재 및 초월(immanent and transcendent)하는 성령과 관여하는 인간의 거룩한 경험의 장소"다.[21] 그에 따르면 교회는 이러한 이유로 "모든 창조는 거룩할 수 있으며 지구는 신자들을 위한 은혜의 수단인 거룩한 공유지로 봉사한다"고[22] 가르치는데, 그는 기독교의 오랜 전통을 적극적으로 생태적 아이디어에 적용하고 있다. 또 하트는 세계 종교와 다양한 영성 전통을 아우르는 영적인 경험의 장소로서 자연의 공통성을 오랜 기간 연구해왔다. 그의 성례전적 공유지와 관련하여 핵심 개념이라고 할 수 있는 "창조 중심적인 의식"(creation-centered consciousness)은 과학과 생태 철학, 성경과 역사신학, 사회학, 그리고 미국 인디언 영성 등을 통합하면서도, 성경의 창조 이야기 전통에 기초를 두고 있다.

성례전적 공유지 개념은 하트에게 있어 창조세계에서의 성령의 현존과 운행에 집중케 하며, 이를 위해 생태적 아이디어를 제공하는 성경 읽기와 다양한 인물들, 예를 들어 고백자 막시무스(Maximus the Confessor), 빙엔의 힐데가르트(Hildegard of Bingen), 아시시의 프란체스코(Francis of Assisi), 존 뮈어(John Muir), 그리고 북미 원주민들인 블랙 엘크(Black Elk), 필립 디어(Philip Deere), 데이비드 소해피 신부(David Sohappy, Sr.) 등의 가르침에서 도움을 받는다.[23]

---

21   John Hart, *Sacramental Commons*, xviii-xx.
22   위의 책, xxii.
23   위의 책, 9-11.

그는 또한 신적인 창조성의 공유지로서 지구에 대한 비전 및 모든 생물과 무생물 사이의 상호작용에 대한 인간의 반응과 관련한 주목할 만한 비전을 제공한다. 하트는 성례전을 정의하기를 "인간을 신적 현존과 참여의 고양된 인식에 의해 스며든 은혜로 채워진 순간"으로 이끄는 일종의 "창조의 영의 표식"이라고 한다.[24] 그러므로 그에 의하면 자연의 성례전은 동시에 인간을 성령과 생물 및 무생물의 창조와 관계를 맺는 자리로 인도하는 자연에서의 "장소, 사건들, 혹은 피조물"이다.[25] 이런 의미에서 지구는 은혜의 도구인 성례전적 공유지 역할을 감당하며, 이 것은 그의 후속 연구서인 *Cosmic Commons: Spirit, Science, & Space*에서 우주적 공유지의 차원으로까지 확장된다.[26]

하트는 성례전적 공유지의 중요성을 깨닫고 이를 책임 있게 보호하기 위해서는 자연에 대한 인간중심적 지배 구도에서 벗어나 창조세계와의 관계적인 상호의존성(relational interdependence)으로 의식의 전환을 이루어야 한다고 강조한다.[27] 이를 위해 그는 우주에 존재하는 생물계뿐만 아니라 무생물계의 모든 구성원에게서 추구해야 할 내재적인 가치(intrinsic value)에 대해 강조하며,[28] 그들을 단지 도구로만 이해하는 것이 아니라 인간과의 관계적인 측면에서 필요한 윤리적인 접근법을 개발하

---

24   위의 책, xiv.
25   위의 책, xxiii.
26   John Hart, *Cosmic Commons: Spirit, Science, & Space* (Eugene, OR: Cascade Books, 2013), 7.
27   위의 책, 117.
28   위의 책, 181.

자고 제안한다.

그는 또한 공유지의 성례전적 성격의 근거에 대해 설명하면서 "만일 인간이 공유지를 성령께서 존재케 하는 성례전적인 것으로 본다면, [당연히] 생태계를 존중하는 마음을 가져야 하며, 책임감을 가지고 돌봐야 하고, 그 안에서 성령의 표식을 찾아야 하며, 나아가 그 모든 산물을 정의롭게 [모두에게] 배분해야 한다"고 말한다.[29] 사실 이러한 사상은 최근의 것이 아니라 고대로부터 내려오는 기독교의 전통 가운데 이미 다양하게 존재하고 있었다. 성경의 시작이 물질계의 기원을 의미하는 창세기에서부터 출발하는 점을 보더라도 우주에 대한 기독교 전통은 결코 성과 속의 이분법을 강조하거나, 물질세계를 저급하게 여기거나, 또는 "저 세상"만을 추구하는 내세중심적인 것이 아니었음을 알게 된다.[30] 그러므로 우리가 이러한 성례전적 공유지의 관점으로 모든 존재하는 것들을 바라본다면 그들을 단지 도구적인 존재로만 여기게 되어 자칫 맞이하게 될지도 모를 제4차 산업혁명 시대의 디스토피아적인 세계의 도래를 미리 방지할 수 있다고 전망한다.

하트와 비슷하면서도 조금은 다른 어조로 라스무센은 "세상에 존재하는 어떤 대상에서 거룩함과 신성함을 발견한다고 해서 그것이 하나님이라는 뜻은 아니다. 다만 그것은 하나님이 그 존재 안에 계시며, 그것이 하나님에게서 유래했다는 의미로 받아들여야 할 것이다"[31]라고 주

---

29   위의 책.

30   Yongbum Park, "Chondogyo and a Sacramental Commons," 341.

31   Larry Rasmussen, *Earth Community, Earth Ethics* (Maryknoll, NY: Orbis Books, 1996),

장하며 자연을 신적인 면과 구분하고자 한다.[32] 이에 대해 존 호트(John Haught)는 조금 더 신중하고 제한적으로 기술하고 있는데, 그에 의하면 세상을 성례전적으로 보는 것은 그것을 신성한 것으로 보는 것과는 근본적으로 다르다고 설명하면서 자칫 범신론으로 오해받기 쉬운 점을 경계하고 있는 것처럼 보인다. 그는 "자연이 신성(sacred)하기 때문이 아니라 성례전적(sacramental)이기 때문에 가치가 있다"며, 우리의 종교 의식과 신적인 신비를 중개하는 역할을 창조세계가 감당한다고 분석한다.[33] 비록 이들이 신성함에 대한 정의를 조금씩 다르게 내리고 있지만 성례전적인 특성을 기독교 신앙의 중요한 한 가닥으로 보고, 자연을 하나님을 품은 대상으로 보게 한다는 점에서 공통점이 있다.

(2) 우주적 공유지

현 시대의 사회생태윤리적 사고를 증진하기 위해 하트를 비롯한 여러 학자들은 성례전적인 특성을 강조하지만, 하트의 경우는 여기서 한 걸음 더 나아가 "성례전적 우주"(sacramental universe) 개념으로 윤리적 사고의 영역을 확장시킨다. 본래 우주의 창조주로서 하나님이 지닌 성례전적 성격은 결국 공유지로 지역화되고, 이것은 우주보다 작은 규모로 존

239.

32 Rasmussen은 지구 공동체의 통합적인 윤리로서 생태윤리를 강조하고 있으며, 종교와 윤리, 환경과학 등을 통한 생태윤리의 사회학적인 통찰력을 엿볼 수 있는 글로벌 비전을 제시하고 있다(참조. 위의 책).

33 John Haught, *The Promise of Nature: Ecology and Cosmic Purpose* (New York: Paulist Press, 1993), 78.

재하며 하나님은 현존하는 공동체에서 동시대적으로 드러난다는 것이다. 만일 성례전적 우주가 창조의 영속적인 속성을 나타내는 것이라면, 성례전적 공유지에 의한 접근은 더 지역적이고, 특정적이며, 개별적이고, 공동체적인 사회 경험을 의미한다고 볼 수 있다. 이런 의미에서 성례전적 공유지는 자연스럽게 우주로 확장된다.

사실 우주적 차원에서의 하나님에 대한 이해가 최근의 신학적인 발견이라고 보기는 어렵다. 그것은 이미 구약 전통 가운데 여러 곳에서 찾아볼 수 있으며,[34] 바울 서신들을 중심으로 하는 신약의 다양한 찬가들[35]에서도 우주적 그리스도의 모습을 발견할 수 있기 때문이다. 또 초기 교회의 교부들과 중세의 신비가들,[36] 그리고 기독교 생태윤리학의 성자라고 할 수 있는 아시시의 프란체스코(Francis of Assisi)의 여러 글에서도 충분히 발견된다. 더불어 최근의 신학자들 가운데 위르겐 몰트만(Jürgen Moltmann)은 그의 그리스도론을 우주적인 차원으로 확장시킨 "생태적 그리스도론"을 통해 이러한 사상을 광범위하고도 구체적으로 발전시켜 왔는데, 생태계에 대한 그의 관심은 창조론, 성령론, 종말론에 이르는 신학의 거의 모든 분야에서 우주적인 차원으로 확장된다.[37] 하지만 이러한

---

34 구약의 여러 부분과 예언서나 묵시서, 그리고 지혜서 등에서는 우주에 대한 관심이 두드러지게 나타나며 이는 대표적으로 창 49:25; 신 33:13-16; 수 10:12; 삿 5:4-5; 욥 3:3-9; 9:5-10; 36:26-33; 37:1-13; 38:1-41:34; 시 8편; 146편 등이 있다.

35 대표적인 예로 엡 1:3-14; 빌 2:1-24; 골 1:15-20; 히 1:1-4 등이 이에 해당된다.

36 이러한 특징을 지닌 교부들 중에는 알렉산드리아의 클레멘스, 이레나이우스, 니사의 그레고리오스, 그리고 신비주의자들 중에는 빙엔의 힐데가르트, 마이스터 에크하르트, 노리치의 율리아나 등이 대표적인 예다.

37 이정배 외 14인, 『현대 생태신학자의 신학과 윤리』(서울: 대한기독교서회, 2008), 236-

기독교의 우주론적인 전통을 공유지 개념으로 연결하여 발전시킨 것은 하트가 처음이었다고 볼 수 있다.

그가 학문적으로 체계화시키고 있는 우주적 공유지 개념은 어떤 통합적인 패러다임과 지역적인 관심을 분리하지 않으며, 동시에 열려 있는 세계관적인 접근법을 형성하는 데 기여할 수 있다. 하트에 의하면 우주적 공유지는 상호연관적이고, 그러면서도 서로 구별되며, 다양한 우주의 통합적 존재(integral being) 사이의 상호작용에 있어서 공간적, 지역적 맥락으로 구성된다.[38] 우주적 공유지에 관한 그의 이해는 우주의 영을 통해 우주의 모든 존재들이 신성한 상호연관성을 가지며 통합적으로 생태적 생명 조직체를 형성해간다는 점을 분명하게 드러낸다. 이러한 측면은 제4차 산업혁명이 가져올 초연결 사회로 인한 프라이버시, 개인정보, 저작권 등과 같은 민감한 사항이나 열린 네트워크상에서 겪을 군중 속의 고독을 극복하는 데 기여할 수 있을 것이다.

49.

38   John Hart, *Cosmic Commons*, 15.

4) 한국 사회에서의 적용

(1) 한국적 사회생태윤리의 모색

한국의 전통 종교인 동학의 핵심개념인 시천주와 가톨릭의 성례전적 공유지는 공히 제4차 산업혁명 시대의 위기를 의식(consciousness)과 실천(praxis)에 관한 것으로 간주한다. 왜냐하면 상상을 초월한 혁신은 인간이라는 존재가 과연 무엇인가에 대한 개념을 재정립하도록 만들 뿐만 아니라, 이처럼 놀라운 발견과 방대한 정보량의 증가에 따라 윤리적이고 도덕적인 논의를 중점적으로 이어가겠다는 우리의 의식과 그에 대한 구체적인 실천이 더욱 중요해지고 있기 때문이다.

그럼에도 불구하고 두 영역을 함께 연구하여 한국적인 사회생태윤리를 모색하는 과제는 선행연구가 별로 존재하지 않는 분야이기 때문에 본 장에서 일목요연하게 전부를 다루는 것은 쉽지 않은 일이다. 특히 체험적인 수행을 강조하는 동학의 시천주 개념을 서구의 기독교 전통에서부터 출발한 신생 윤리학 분야인 사회생태윤리와 비교하여 해석하는 데 한계가 있음을 인정한다. 마찬가지로 동학의 역설적 방법론인 불연기연(不然其然)으로 가톨릭의 성례전적 공유지를 설명하는 것도 간단한 작업이 아니다. 이러한 한계점은 이 분야에 대해 향후 지속적인 연구가 요청된다는 하나의 도전이기도 하다. 지금까지 일부 학자들에 의해 이런 한계를 극복하기 위한 연구가 지속적으로 수행되어왔다.

김용휘는 동학에 대한 기존의 오해를 불식시키고 가톨릭과의 관련성을 보다 명확하게 설명하면서 서구 자본주의가 지향하는 경쟁 논리에 의한 생명 파괴의 위협을 극복하기 위한 대안으로 동학을 소개한다. 그에 의하면 "내 안에 모셔져 있는 우주 생명, 무궁 생명을 온몸으로 체험하고 내가 전체 우주, 전체 생명과 하나의 기운으로 통해 있다는 것을 자각하는 것"이 제4차 산업혁명이 가져올 인간 소외와 같은 윤리적인 문제를 해결하는 방안이 될 것이라고 힘주어 말한다.[39] 그는 "내면에 신령한 우주 생명을 모신 거룩하고 창조적인 우주적 주체이자 모든 생명을 자기의 몸과 같이 느낄 수 있는 감수성을 지닌 윤리적 주체"로의 거듭남을 강조하면서 동학 수도를 통한 시천주 체험의 중요성을 언급한다.[40] 나아가 그는 동학의 불연기연이 과학과 종교를 통합하고 동양과 서양을 연결할 수 있는 하나의 방법론적인 틀로서의 가능성을 지니고 있다고 기술하고 있는데, 이는 동학의 인본주의적인 한계와 특성을 나타내고 있는 부분이기도 하다.[41] 그의 주장은 인간에 대해 지나치게 낙관적인 입장에 서서 인간의 욕망으로부터 기인한 윤리적인 쟁점들을 다룬다는 점에서 한계를 갖는데, 따라서 기독교 신학과의 학제간 대화를 통한 통섭적인 담론을 찾는 게 필요할 것이다.

김지하는 수운의 시천주 사상을 피에르 테야르 드 샤르댕(Pierre Teilhard de Chardin)의 진화론과 대비하면서 물질, 생명, 정신, 영성의 우주 진화이론을 설명한다. 그는 모든 물질이나 무기물 속에도 그 나름의 생명 활동과 영성이 살아 움직이고 있고, 자기 조직화하는 우주는 물

---

39   김용휘, 『우리 학문으로서의 동학』, 164.
40   위의 책.
41   위의 책, 92-95.

질 속에서 활동하는 생명과 영성의 지속과 비약 과정을 통해 끝없이 진화한다는 주장을 펼친다.[42] 그는 신이란 "모든 존재 위에 초월적으로 군림하는 실체이며 만물이 생성하는 근원"으로, 모든 생명과 물질 내부에서 "자발적이고 창조적으로 생성하는 마음"이라고 기술한다.[43] 그의 진화론적인 생명 사상은 물질과 신의 근원에 대한 유물론적인 해석이라고 볼 수 있으며, 동학에 대한 이해에 있어서 가치 판단의 기준을 서구 진화론의 과학 철학에 두고 있음을 발견할 수 있다.

지금까지의 선행연구들을 살펴보면 가톨릭이나 개혁교회 전통의 서구 중심적인 성례전 전통의 해석이나, 아니면 동학을 하나의 해석의 틀로 삼아 서구의 사상을 조명하려고 하는 기존의 연구들은 다수 존재했으나, 본 장에서 탐구하고 있는 동학의 시천주와 가톨릭의 성례전적 공유지 간의 비교연구는 발견할 수 없었다. 양자의 비교연구를 통하여 제4차 산업혁명이 불러올 윤리적인 쟁점들을 재평가하고 한국적인 사회생태윤리로 재구성하여 향후 대안적인 실천 프로그램의 형태로 교회와 사회 현장에 활용하는 작업이 본 연구가 지닌 과제다.

본 장을 통하여 산출할 수 있는 제4차 산업혁명 시대의 윤리적 쟁점들을 해결하기 위한 사회생태윤리는 사회학의 변혁성(transformation)과 생태학의 관계성(relationship), 그리고 해석학과 방법론의 역할을 감당하는 윤리학의 융합 학문이라고 할 수 있다. 이는 초월성(transcendence)

---

42   이경숙 외, 『한국 생명 사상의 뿌리』, 166-68.
43   위의 책, 169.

과 내재성(immanence), 보편성(universality)과 특수성(particularity), 그리고 이론(theory)과 실천(praxis) 사이의 격차를 극복할 수 있는 윤리적 패러다임으로, 기존의 생태윤리학에 사회윤리학의 장점을 보완하는 통합적이며 창의적인 분야라고 할 수 있다.

이 장에서 사회생태윤리가 동학과의 만남을 도모하는 이유는 무엇보다 동학이 한국의 전통 종교사상을 대표한다는 점과 아울러 "나의 몸이 한울님을 모신 거룩한 성소"라는 인식과 만물이 한울님을 모신 신령하고 거룩한 존재라는 시천주의 개념은 내면의 변화와 자아실현을 통해 "사회적 성화와 개혁"으로 이어질 수 있는 장점을 갖고 있기 때문이다. 이는 또한 만물의 창조주로서 성령에 대해 인식하는 기독교의 창조 의식(creation consciousness)과도 통한다. 특히 우주를 하나님의 영이 존재하는 거룩한 처소이자 만물을 모두가 적당하게 공유할 수있는 공간으로 창조했다는 성례전적 공유지 개념과의 비교연구는 그동안 소홀히 다루어졌던 연구 분야라고 할 수 있는 생태윤리학의 사회학적인 강조에 기여할 것이다. 아울러 동학과 가톨릭의 공통적인 생태윤리 개념을 통합적으로 비교, 연구하는 것은 종교간(interreligious), 학제간(interdisciplinary), 통섭(consilience) 연구에 도움을 줄 것으로 기대한다.

본 장은 서구 근대화의 물결이 한국 사회에 본격적으로 유입되기 이전에 자생한 동학의 혁명적인 평등주의적 사고가 각종 억압과 소외로부터 민중을 해방하고 평등하게 존중하려는 사상을 내포하고 있었던 사실에 주목한다. 동학이 가진 이러한 급진적이고 실천적인 사고는 한국 사회에서 사회윤리 개념의 선구자 역할을 했으며, 그에 대한 사회적 인식은 현대 한국 사회의 생태윤리학과 생태 공동체 운동에 그동안 커다란 영향을 끼쳐왔다. 동학의 이와 같은 생태영성과 생태윤리의 사회 변혁적인 사상은 제4차 산업혁명 시대의 인간중심적인 폐해를 극복하는 독창적인 한국적 사회생태윤리학의 구축에 기여할 것이다.

(2) 사회생태윤리에 근거한 한국교회의 과제

한국교회와 기독교 신앙이 제4차 산업혁명 시대에 발생할 수 있는 윤리적인 문제들을 향하여 진정으로 의미 있는 존재가 되려면 사회정치적인 상황에 대하여 의미 있는 영향을 주는 목소리를 낼 수 있어야 한다. 특히 기후위기 시대를 맞이하여 더욱 극심한 글로벌 생태계 파괴의 현실에 직면할 것이 예상되는 이 시점에서 자원의 재활용이나 교회에서의 환경 주일 준수, 전원형 교회의 운영이나 지구 공동체와의 관계성 윤리나 청지기 의식에 대하여 언급하는 정도로는 충분하지 않다. 우리가 이러한 도전을 좀 더 심각하게 받아들인다면, 우리의 보다 본질적인 종교의식(religious consciousness)과 실천행위(conduct)에 변화를 이룰 수 있어야할 것이다.

이러한 사회생태윤리적 패러다임으로 한국 사회가 현재 직면한 현실을 바라보면서 우리는 먼저 한국 기독교와 사회에 서구 자본주의가 미친 부정적인 영향을 좀 더 솔직하고 겸허하게 인정해야 한다. 소위 번영신학과 물신주의, 기복신앙과 성속 간의 지나친 이원론적 분리, 그리고 이에 따른 자연의 과도한 개발과 자원 남용을 방조한 일은 위의 기준에서 볼 때 근본적으로 교회가 창조세계를 위한 사역을 제대로 감당하지 못해서 발생한 것이니 회개하고 반성해야 한다. 이러한 잘못은 생태계 파괴의 다양한 문제들을 유발하였을 뿐만 아니라 이제는 제4차 산업혁명 시대에 발생할 가능성이 있는 다른 윤리적인 문제들에 대해 진지하게 고민하도록 만들고 있으며 그 심각성은 점점 더 커갈 것으로 예측된다.

서구 자본주의의 그릇된 과학기술중심주의와 힘의 논리에 의한 식민주의적 착취와 억압은 글로벌 생태계 파괴라는 물질세계의 손상만 가져온 것이 아니라, 이러한 영향을 받은 일부 한국교회에 서구 번영신학의 아류인 기복주의라는 암적인 존재를 키워왔다. 이는 제4차 산업혁명 시대를 살아갈 젊은이들이 미래 세계를 바라보는 시각에도 영향을 주어, 영원한 생명을 가치로 여기기보다는 물질 소유에 우선하는 가치관에 지배당하도록 만들었고, 경제적 양극화가 심화되는 한국 사회의 청년들에게서 점차 희망을 빼앗아가고 있다.

본래의 기독교 정신 대신 물질만능의 소비주의에 중심을 내어준 이러한 교회들은, 마치 로마 시대에 기독교가 공인되자 차츰 쇠퇴의 길로 접어들었던 것과 마찬가지로 경건의 능력을 상실한 채 점점 겉모습의 화려함만 키우는 흉측한 괴물이 되어가고 있다. 제4차 산업혁명의 새로운 전환기를 보내고 있는 한국교회는 이러한 모습에 경종을 울려야 할 것이다. 한국교회가 개혁의 주체에서 개혁의 대상이 된 것은 아닌지 겸허하게 돌아볼 때다. 대형 예배당이나 대형 교단 등을 아직도 미덕이나 부흥의 산물로 보는 그릇된 가치관은 속히 사라지고, 한 생명의 가치가 존중되며 작은 것의 아름다움이 높이 평가되는 의식의 전환이 요구된다.

제4차 산업혁명 시대의 온전한 윤리관을 정립하는 작업은 앞서 제임스 내쉬가 제시한 생태적 덕목으로 재해석된 초기 기독교 정신인 겸손과 청빈, 절제와 나눔의 미덕을 회복하고, 존 하트의 사회생태윤리 정신인 상호연관성, 상호의존성, 상호작용, 내재하는 동시에 초월하는 성령의 역동성에 힘입은 창조중심적 의식(creation-centered consciousness)을 계발하고 구현함으로써 가능하다고 생각한다.

아울러 필자는 현재 한국교회가 겪고 있는 다양한 문제와 위기 상황도 같은 방법을 통하여 해결된다고 확신하는 한편 또한 이것이 제4차 산업혁명 시대의 다양한 윤리적인 문제들을 극복하는 길이라고 생각한다. 이는 21세기 한국교회의 선교적 과제이기도 하다. 이러한 실천을 통해 한국교회와 사회에 일거양득의 효과가 나타나기를 희망하는데, 이 같은 희망이야말로 바로 한국적 사회생태윤리가 이 땅에 필요한 이유다.

5) 사회생태윤리의 가능성

지금까지 제4차 산업혁명 시대의 윤리적인 문제를 해결하기 위한 하나의 방법론적인 대안으로서의 사회생태윤리를 살펴보았다. 이 용어의 기원을 추적하는 과정에서 필자는 하트가 여러 저술에서 사용한 개념에 대한 정의와 역사적인 전개 과정을 고찰하였는데, 이 주제가 아직은 보편적인 학문적 공감대를 형성하지는 못했지만, 그런 이유로 향후의 프로젝트를 통해 보다 깊이 있게 다루어야 할 필요성이 요청된다. 과거에 머레이 북친(Murry Bookchin)[44]의 사회생태학(social ecology)이 코뮌주의 (commune-ism)와 아나키즘(anarchism)의 급진적인 방향으로 전개되어 보편적인 공감대를 형성하지 못한 선례를 교훈 삼아 사회생태윤리는 보다 통섭적인 학제간 연구 과정을 통해 다수가 공감하면서도 보편적인 학문으로서의 정체성을 확보하는 일을 당면 과제로 삼아야 할 것이다.

향후 이러한 연구는 신학적으로 성경을 사회적인 생태윤리의 관점에서 조망하는 새로운 시각을 제공해줄 것이며, 창조에 대한 기존의 관점을 대체하는 새로운 해석학적인 패러다임을 제공하게 될 것이다. 사회생태윤리는 지속적으로 발전하는 가운데 있으나 어떤 일관된 학문적 관점이 아직은 확립되지 못한 상황이고, 더욱이 현실적으로 교회와 사회에서 삶의 변화와 개혁을 이끌어내는 데까지는 아직 큰 영향을 미치지 못하고 있다. 그럼에도 본 장에서 시도한 다종교적인 학제간 대화를 통하여 더욱 포괄적이면서도 통섭적인 해석학을 제공할 수 있을 것으로 기대하며, 또한 이를 통해 기독교윤리뿐만 아니라 기독교의 주요 교리인 삼위일체론, 기독론, 성령론 등을 새로운 지평에서 이해할 수 있을 것으로 전망한다.

제4차 산업혁명이란 장밋빛 미래의 이면에 존재하는 기후붕괴와 생태계 파괴의 총체적인 위기에 직면한 현실과 관련하여 한국 사회의

---

44   Murry Bookchin(1921-2006)은 뉴욕 태생의 러시아 이민 가정 출신으로 어려서부터 노동운동과 생태운동에 참여했으며 1960년대부터 "인간의 자연 지배에 의한 생태계 파괴는 인간 사회의 지배구조에서 비롯된다"는 사회적 생태주의(social ecology)를 제창하였다. 그는 특히 급진적인 성향을 나타내면서 반자본, 반시장, 반국가(아나키즘)의 대안 운동으로서의 생태-코뮌주의(eco-commune-ism) 운동을 전개하였다.

여러 분야에서 그동안 산발적으로 참여적인 실천을 강조해왔음에도 불구하고, 기존의 제안과 시도들이 사회구조의 변혁이나 거시적이고 패러다임적인 전환을 만족할 만한 정도로 성취하지 못하고 있는 것이 사실이다. 이는 여전히 "큰 것의 아름다움"을 우선으로 추구하는 자본주의적 폐해의 영향으로 인해 거대 종교의 형태를 지향하고 있는 일부 한국교회의 상황에서는 더욱 그러하다고 볼 수 있다. 창조세계에 대한 책임성과 돌봄의 사역이 근본 취지와는 다르게 때로는 교세 확장과 교회 홍보의 방편으로 사용되기도 했으며, 더구나 교회를 기반으로 하는 실질적인 기여는 매우 미약한 현실이 이에 대한 반증이라고 할 수 있다.

이러한 이유로 윤리적 패러다임과 교회에서의 실천이 실제 사회에서의 삶이나 정치적인 영역과 상당히 분리된 채 지속되어온 한국의 상황에서는 국민이 현실 세계에서 고뇌하고 있는 이슈들을 더욱 역동적으로 다루는 방향으로 윤리적인 의식이 재편성되어야 한다.[45] 이러한 면에서 만일 한국교회가 제4차 산업혁명 시대의 풍요와 진보에만 눈이 멀어 생태계 파괴의 위기를 본질적인 윤리와 신앙의 위기로 심각하게 인식하지 않는다면 이보다 더 큰 실제적인 문제는 없을 것이다. 왜냐하면 이미 기후위기와 생태계 파괴의 현상은 한국 사회에서, 나아가 전지구적으로 상당한 기간에 걸쳐 가장 심각한 문제였음에도 한국교회가 이를 의도적으로 무시해 온 것이 아닌가 하는 우려를 지울 수 없기 때문이다.

결론적으로 필자는 제4차 산업혁명 시대에 예측되는 다양한 윤리

---

45 Yongbum Park, "Chondogyo and a Sacrmental Commons," 340.

적 문제들을 해결할 수 있는 하나의 대안으로서 사회생태윤리적인 실천과 의식의 전환을 통해 한국교회가 변화할 것으로 긍정적으로 전망한다. 양극화와 인간 소외의 심화를 비롯한 제4차 산업혁명 시대의 윤리적인 문제들을 해결하는 일은 또한 가장 중요한 교회적, 신학적인 과제이기도 한데, 결국은 해결방안도 서로 깊이 관련되어 있다. 한국적 상황에서의 사회생태윤리가 주는 생태적 감수성 및 상호관계성 회복에 의한 청빈, 절제, 나눔의 의식이 위기에 처한 한국교회와 절망하는 미래 세대, 그리고 제4차 산업혁명 시대의 윤리적인 과제에 직면한 한국 사회의 문제를 동시에 해결해 가는 하나의 묘안이 될 것이다.

7

인류세와 기독교 생태윤리

기후위기에 직면하여 인간 사회 내부의 문제보다 인간과 지구의 관계 문제가 더욱 중요하게 여겨지고 있다. 예를 들면 지구 온도의 급격한 상승과 이에 따른 각종 이상 기후 현상들, 지구의 오랜 역사와 함께 존재해왔던 빙하의 붕괴에 따른 해수면 상승과 빙하 내부 메탄가스의 노출 가능성에 대한 경고, 각종 살충제와 화학 물질의 과도한 사용에 따른 생물종다양성의 급속한 감소와 변이 생물의 출현, 플라스틱에 의한 해양 생태계의 오염 등이 그 구체적인 사례들이다. 가속화되어 가고 있는 생태계 파괴에 따른 재앙의 규모는 감히 예측하기조차 쉽지 않은 상황이다. 어떠한 메커니즘에 의해, 그리고 무엇을 위해 이런 문제들이 발생했을까를 생각해 보면 결국 이 모든 것들은 전부 인간의 활동에서 비롯되었고 지구상에서 오직 인류만을 위한 목적으로 행해진, 지구에 대한 인간의 일방적인 횡포였음을 시인하지 않을 수 없다.

이에 대해 하버드 대학교의 생물학자인 에드워드 윌슨(Edward O. Wilson)은 지금까지의 지구 역사에 비해 단기간에 저질러진 인류의 활동으로 인한 문제들이 더 이상 돌이킬 수 없을 정도의 한계 상황인 일종의 티핑 포인트에 도달하기 전에 단편적인 문제해결을 위한 시도가 아닌 거시적인 안목에서 지표의 절반을 자연에 위임할 것을 촉구한다.[1] 그는 지금까지의 생물지리학적인 연구를 토대로 하여 지표면의 절반 정도를 더 이상 인류의 손길이 닿지 않도록 보전할 때 지구 생태계가 온전히 보

---

1   에드워드 윌슨, 『지구의 절반: 생명의 터전을 지키기 위한 제안』, 이한음 옮김(서울: 사이언스북스, 2017), 14.

전될 수 있고 생물종의 80퍼센트 이상이 안정을 유지할 수 있다고 주장한다.[2] 하지만 비현실적이고 이상주의적인 그의 주장에 진지하게 귀를 기울여줄 인류가 과연 얼마나 될까?

지구의 미래를 과학적으로 정확하게 예측하려면 과거에 발생한 지구의 변화를 정확하게 이해해야 한다. 오랜 지구의 역사 과정 가운데 인류가 차지해온 기간은 극히 미미하지만 이제 인류는 지구의 미래를 염려하여 그 변화의 추이를 예측하는 과학적 근거를 찾는 일에 주력해야 할 시점에 이르렀다. 하지만 현재의 과학기술로는 안타깝게도 지구의 역사를 극히 일부만 파악할 수 있을 뿐이며 그것에 대해서조차도 명확한 결론을 내리고 있지 못하는 현실이다. 예를 들어 비교적 최근인 약 6,000년 전 홀로세 중기 온난기 시기의 지표 환경, 온도, 강수량, 식생, 계절, 해수면 높이의 변화, 퇴적물의 생성과 이동 등을 두고 과학자들 사이에 여전히 이견이 존재한다.[3]

윌슨은 지질학자들이 구분한 지질시대를 고찰하면서 신생대의 마지막 시기로 간주되는 홀로세(Holocene)가 끝나고 새로운 지질시대로 대체되었다고 인정할 수 있을 만큼의 변화가 발생한 현 시대를 지칭하는 인류세(Anthropocene)라는 개념을 소개한다. 그에 의하면 대륙 빙하가 마지막으로 물러나기 시작한 11,700년 전에 시작된 홀로세는 온화한 기후 덕분에 생물종의 수가 가장 많았던 시기였지만 지금은 인간의 활동으로

---

2   위의 책, 15.
3   한국지질자원연구원, "미래 지구를 위한 담대한 담론", https://blog.naver.com/kigamblog/221554824234 (2019년 8월 27일 검색).

인해 멸종이란 새로운 국면을 맞이하고 있다는 것이다.[4] 만일 먼 미래에 인류가 우리 시대의 지층을 탐사한다면 어떤 결론을 내리게 될까? 인류 세라고 명명된 시대의 과도한 개발과 자원 남용, 그리고 이기적인 인류 의 본성이 결합되어 만들어낸 참혹한 상황을 보고하며 불행한 과거의 한 단면으로 평가하지는 않을까 상상해본다.

월슨에 의하면 인류세라는 용어는 1980년대 초에 수생 생물학자인 유진 스토머(Eugene F. Stoermer)에 의해 처음 창안되었고, 2000년 노벨 상 수상자였던 대기화학자 파울 크뤼천(Paul Crutzen)에 의해 널리 알려 진 개념이다.[5] 먼 미래에 지질학자들이 지구의 지층을 연구하게 된다면 아마도 자연적인 지구의 활동과는 무관하게 인간의 과도한 활동과 지구 에 대한 착취의 부산물인 콘크리트, 알루미늄, 그리고 플라스틱 등과 같 은 쓰레기들이 이른바 기술화석(techno-fossil)[6]의 형태로 축적된 새로운 지층을 발견하게 될 것이고, 거기에서 이전의 어느 지질시대에도 존재 하지 않았던 인류의 활동에 의한 각종 오염물질들과 최악의 인간 본성 이 결합된 불행한 결과물을 보게 될 것이라는 것이 월슨을 비롯한 인류 세를 주장하는 학자들의 생각이다.[7] 즉 지구에서 더 이상 인류는 하나의 구성원이 아닌 지구와 대적하고 지구의 지질 역사를 임의로 변화시켜 주도적 악을 행하는 범법자가 되었다.

---

4   월슨,『지구의 절반: 생명의 터전을 지키기 위한 제안』, 22.

5   위의 책, 23.

6   장윤재, "포스트휴먼 신학을 향하여: 생태신학과 포스트휴머니즘의 만남", 김수연 외 11
     인,『포스트휴먼 시대, 생명, 신학, 교회를 돌아보다』(서울: 동연), 2017, 201.

7   월슨,『지구의 절반』, 24.

장윤재에 의하면 이는 단지 지구 생태계만의 문제가 아니라 휴머니즘의 위기라고 볼 수 있다.[8] 그는 연약한 인간 존재를 극복하기 위한 트랜스휴머니즘 경향에 의한 새로운 종으로서 포스트휴먼의 등장에 대해 우려하며 생태계 위기의 시대에 사는 인류가 기계론적인 세계관이 아닌 엔트로피의 세계관으로 돌아가야 한다고 주장한다. 엔트로피는 열역학 제2법칙으로 물질과 에너지는 소모되며 흩어지는 비가역적인 한 방향으로만 변한다는 과학 법칙이다.[9] 이는 우리가 인간의 과학기술 능력을 지나치게 의존하는 것이 아니라 겸손히 그 유한성을 인정하자는 것으로, 인류세가 경고하는 인간의 지나친 낙관론에 대해 우려를 표명하는 것과 맥을 같이한다. 그 대신 인간의 한계성과 파괴적인 본능을 인정하고 지속가능한 미래를 위한 패러다임 전환을 이루자는 것이 장윤재가 주장하는 엔트로피 세계관과 인류세 개념 사이의 공통 논지다.[10] 즉 인간에 대한 지나친 낙관론에서 탈피하여 책임적이고 자성적인 입장에서 재조명하자는 것이다.

본 장에서는 21세기에 접어들면서 지구 시스템의 위기와 생태계 파괴의 위협에 직면하여 활발한 논의의 중심에 서 있는 인류세 개념과 의미를 간략하게 살펴보고, 그에 따른 대안으로 해밀턴이 주장하는 새로운 인간중심주의로서 인류세의 미래상과 그에 대한 비평적인 평가, 그리고 인류세 시대 기독교의 생태윤리적인 의미를 조망하려고 한다. 혹

---

8   장윤재, "포스트휴먼 신학을 향하여", 202.
9   위의 책, 219.
10   위의 책, 229-30.

자는 인류세를 연구하면서 생태위기의 시대에 인간의 책임과 역할을 이전보다 더욱 강조하여 인간중심주의를 강화하자는 주장을 하기도 하지만, 인류에 대한 무한한 신뢰와 긍정이 가져온 지금까지의 부정적인 결과가 인류세라고 하는 한 단어로 요약된다고 한다면, 인간중심주의의 변형이나 교정이 아닌 중심축의 근본적인 전환이 요청된다고 할 것이다. 이에 기독교 생태윤리의 핵심적인 내용이라고 할 수 있는 삼위일체의 관계중심적인 패러다임이야말로 인류세 시대의 윤리적인 가이드라인이 될 수 있을 것으로 여기며, 나아가 창조를 중심으로 하는 기독교 신학이 인류세의 위기를 해결하는 데 기여할 수 있는 방안을 모색할 것이다.

1) 인류세의 개념과 의미

클라이브 해밀턴(Clive Hamilton)은 자신의 책 『인류세: 거대한 전환 앞에 선 인간과 지구 시스템』에서 지질학자들에 의한 지질연대표의 구분 기준인 절(Age), 세(Epoch), 기(Period), 대(Era), 누대(Eon) 등을 언급하면서, 국제층서위원회(International Commission on Stratigraphy)에서 인류세를 새로운 지질시대의 하나로 공식적으로 도입하기 위해 진행했던 논의를 소개한다.[11] 그는 인류세의 시작점을 어디로 볼 것인가에 대한 다양한 주

---

11 클라이브 해밀턴, 『인류세: 거대한 전환 앞에 선 인간과 지구 시스템』, 정서진 옮김(서울:

장들을 제시하면서 1945년 원자폭탄의 폭발로 인해 지표면에 방사성 물질이 급격하게 증가한 시점을 하나의 지표로 삼자는 착안에 중요한 의미를 부여한다.[12] 반면에 일부 지구과학자들은 홀로세가 끝나고 인류세가 시작되었다고 주장하는 주된 이유가 대기 중의 이산화탄소의 급격한 증가로 지구 시스템 전반이 연쇄적인 영향을 받기 시작했다는 사실에 있음을 강조한다. 하지만 그가 주목하는 점은 지질학적인 변화가 불가항력적인 자연의 힘에 의해 주도된 것이 아니며, 인류세의 구체적인 시작점은 의식적이고 자발적인 인간의 활동이 주체가 되었던 시점이라는 사실이다.[13]

그렇지만 인류세가 여전히 홀로세에 포함된다는 주장도 있다. 양시대가 여전히 긴밀하고 연속적인 관계에 놓여 있다는 것이다. 이처럼 지질학자들은 만일 인류세가 시작되었다고 전제하더라도 그 시작을 언제로 정할 것인지 합의를 내리지 못하고 있다. 최근의 보도를 보더라도 층서학자들이 인류세를 지질 연대의 하나로 인정할지 여부조차 여전히 논쟁 중이라는 것을 알 수 있다.[14] 해밀턴에 의하면 지구의 지질 연대를 결정하는 일에 주도적인 역할을 하는 국제층서위원회가 인류세를 인정하려면 새로운 증거들을 발견해야 할 뿐만 아니라 앞으로 일어날 일들을 예측함으로써 향후 지구 시스템 전체에 미칠 영향을 고려해야 한

이상북스, 2018), 16.

12 위의 책, 17-18.

13 위의 책, 20.

14 "Rethinking the 'Anthropocene,'" Dec. 2018. *Scientific American* Vol. 319 Issue 6: 10.

다는 것이다.[15] 이런 의미에서 생태계 파괴의 문제를 이전보다 더욱 심각하게 고려하여 미래를 대비하기 위해서라도 인류세를 지질 연대의 공식 명칭으로 도입하는 일에는 긍정적인 측면이 존재한다.

더불어 인류세라는 개념이 상대적으로 소수에 의해 야기된 위기와 관련하여 인류 전체를 암묵적으로 비난하게 만든다는 지적도 있다.[16] 아마존의 원시림이나 아프리카의 밀림에 거주하는 인류의 이산화탄소 발생량이나 산업 폐기물의 배출량은 거의 제로에 가까울 정도로 미량인데 어떻게 극도로 산업화된 사회에서 생활하는 인류가 배출하는 이른바 기술화석의 양과 비교할 수 있는가 하는 점이다. 만일 인류세라는 명칭으로 지질 연대를 구분한다면 모든 인류에게 책임과 비난이 돌아가는 것인데, 그 원인을 실제로 제공한 그룹에 해당하는 인류는 상대적으로 극히 소수에 불과하다는 것이다.

또 다른 지적은 "인류세 담론"이 역사상의 모든 인류뿐 아니라 인간 본성 자체가 이 곤경에 대한 책임이 있는 것처럼 여기도록 만든다는 것이다. 그것은 사람들이 주어진 생태계의 수단 안에서 어떻게 살아야 하는지, 그리고 심지어 어떻게 번성해야 하는지를 지속해서 연구하며 밝혀내고 있는 인류학자들에게는 거의 의미가 통하지 않는다. 그러나 사회과학자들과 또 다른 이들은 우리가 직면하고 있는 지구 시스템의 위기는 인간의 본성이 그 원인이 아니라 인간이 이루어온 문화에서 비

---

15   해밀턴, 『인류세: 거대한 전환 앞에 선 인간과 지구 시스템』, 24.
16   Rethinking the 'Anthropocene,' 10.

롯된다고 주장한다. 즉 구체적으로는 지난 오백여 년 동안 유럽에서 발생하여 이어져 내려온 사회경제적인 구조와 활동이 바로 그것이다. 그들은 이 시기에 주목하여 실제로 역사적, 문화적 뿌리에 초점을 맞춘 이름을 붙인다면 무슨 일이 일어났는지를 이해하는 데 더욱 도움이 될 것이며, 이는 불가피한 흐름이 아닌 특정한 그룹에 속한 인류의 선택임을 상기시킬 수 있고, 나아가 어쩌면 인류를 둘러싸고 있는 이른바 영광스러운 삶의 부를 희생할 필요가 없는 길을 제시해줄 것이라고 한다.[17]

이를 위해 사상가들은 인류세를 대체할 만한 명칭들을 놀라울 정도로 다양하게 제시했다. 가장 널리 받아들여지는 것은 인류 지리학자인 안드레아스 말름(Andreas Malm)에 의해 처음 제안된 것으로, 자본주의 시대의 기원을 19세기 영국의 공장에 연료를 공급하기 위해 석탄을 사용한 시점에서 찾고자 하는 "자본세"(Capitalocene) 개념이다. 이와 달리 지리학자이자 역사가인 제이슨 W. 무어(Jason W. Moore)는 15세기 유럽에서 자본세가 영구적인 영토 확장에 기반을 둔 경제체제로 인해 발생했다고 주장한다. 자본주의는 신대륙, 아시아, 아프리카, 오스트레일리아에 대한 식민 지배 체제로 나아가면서 전례 없는 속도로 자연을 소비하는 제조업과 글로벌 무역시스템을 구축했고 현재에 이르러 지구의 한계점과 맞부딪치고 있다는 것이다.[18] 철학자인 도나 해러웨이(Donna Haraway)는 미래를 내다보는 또 다른 이름인 "출루세"(Chthulucene)[19]를

---

17   위의 글.
18   위의 글.
19   그리스어 "chthonos"에서 유래한 용어로 "지구의, of the earth"라는 뜻이다.

제안했는데, 이는 우리 인간들이 동료 존재들인 생물종 및 무생물종과 완전하고 풍부한 조화를 이루며 살아가도록 스스로 가르치는 시대라는 의미에서 제안한 용어다.[20]

해밀턴은 한편으로 역사가 디페쉬 차크라바르티(Dipesh Chakrabarty)의 말을 인용하여 인류세의 도래는 인간의 역사와 지질학적인 역사, 즉 지구의 역사가 만났다는 것을 의미한다는 점에 주목한다.[21] 다시 말해 불과 150여년 전인 1864년판 영국 브리태니커 백과사전에는 약 6000여년 정도의 젊은 지구의 역사가 인류사와 더불어 공식적으로 기록되어 있었지만, 자연이 고유의 역사를 갖게 되자 그 이후로 자연의 역사와 인류의 역사가 급속도로 분리되었다는 것이다.[22] 그러나 이제 인류세를 통해 인류의 미래가 지구 시스템의 운명에 의존하게 되었다는 지적을 하면서 인류의 역사와 지구의 역사가 다시 만나는 점에 주목하는 새로운 패러다임 전환을 요청하는 것이다.

물론 어느 시대나 사회에서도 세상을 바라보는 기본적인 태도나 관점이라고 할 수 있는 패러다임 혹은 세계관은 당시의 과학 및 기술 수준의 영향을 받기 마련이다. 하지만 이러한 시각이 과학의 발전 수준을 뒤따라오지 못하거나 뒤늦게 적응한다면 결국 위기에 직면하게 될 것이다.[23] 이브 코셰(Yves Cochet)는 생태학을 하나의 총체적인 사상이자 거

---

20 Rethinking the 'Anthropocene,' 10.
21 해밀턴, 『인류세:거대한 전환 앞에 선 인간과 지구 시스템』, 25.
22 위의 책, 26.
23 이브 코셰, 『불온한 생태학』, 배영란 옮김(파주: 사계절, 2012), 18.

대 담론으로서의 패러다임이라는 차원에서 본다면 이는 기존의 생산 중심 패러다임과는 대조된다고 지적한다. 그는 르네 지라르(Rene Girard)의 『거식증과 모방욕구』에 나타난 사회적 상호작용의 영향력에 주목하면서 인류학적인 불변요소들이라고 할 수 있는 거울 반사적 상호작용, 따라 하려는 경쟁심, 시기심, 질투심 등을 생산제일주의적인 가치가 아닌 다른 방향으로 옮기려는 시도를 제안한다.[24] 다시 말해 자본주의 사회에서 통상적으로 높이 평가하는 능력이나 실리주의, 과소비 등의 가치를 낮게 인식하고 그 대신 생태주의, 검소함, 절제 등의 가치를 하나의 유행, 시대정신, 매력적인 삶의 방식으로 삼아 생산 중심의 패러다임을 대신할 가치관으로서 생태주의적 패러다임의 실마리와 동기, 자극요인을 찾자는 것이다.[25]

문제는 과연 자본주의 시장중심이란 극도로 경쟁적인 구도의 현 사회에서 어떻게 이러한 패러다임 전환을 이룰 것인가 하는 점이다. 큰 것보다는 작은 것을 아름답게 여기고 대량 생산과 소비보다는 나눔과 절제, 검약과 불편함을 미덕으로 삼아 그 같은 덕목들이 현대인들에게 상대적으로 더욱 매력적인 시대정신이 되도록 하기 위해 필요한 것은 무엇인가? 인류세에 대한 관심과 그로 인한 지구 시스템에 대한 경각심이 그러한 역할을 할 수 있지 않을까? 인류세라는 용어 자체가 갖는 의미에는 지구에 대한 인간의 만행을 자성적인 입장에서 바라보는 측면이 있

---

24   위의 책, 285.
25   위의 책, 284.

는 반면에 지금까지 지구에 대하여 행한 인류의 잘못된 행위를 개선하고 변화시킬 수 있는 존재도 결국 인류 이외에 존재하지 않는다는 다소 오만한 입장이 공존하는 것은 사실이다. 그렇다면 인류세가 지구 시스템에 현실적으로 기여하는 패러다임으로 작용하기 위해 어떠한 조정이나 절충, 또는 현실적인 변형이 필요할까?

해밀턴에 의하면 구체적으로 이러한 패러다임으로서의 인류세는 20세기 후반과 21세기에 접어들면서 비로소 부상한 지구 시스템에 대한 새로운 사고체계로서의 인식으로 가능하며 이는 통합적, 초학문적, 전체론적 접근이라고 볼 수 있다.[26] 그는 지구 시스템(Earth System)이라는 개념이 기존의 연구 대상들을 포괄하는 역동적이고 통합적인 시스템으로서의 접근이며 단순히 다양한 생태계를 모아 놓은 것이 아니라고 지적하면서, 하나의 패러다임 전환으로서 지구 시스템이란 개념을 지속적으로 강조한다. 다시 말해 지구 시스템의 출현을 통한 인류세에 대한 관심은 생태계 파괴의 문제에 대해 우려를 제기하는 것으로만 그치지 않고 존재론적인 중요성을 지니며, 인간과 지구를 아우르는 공동의 이야기(또는 담론, discourse)로 보아야 한다는 것이다.[27]

---

26 해밀턴, 『인류세: 거대한 전환 앞에 선 인간과 지구 시스템』, 31.
27 위의 책, 44-45.

2) 새로운 인간중심주의로서의 인류세

해밀턴은 한편으로 인류세라는 용어를 대중이 인식하도록 기여한 크뤼천의 사고에 대해 비판하는데, 그가 위기에 직면한 지구 생태계의 문제를 해결하기 위한 방안을 과학과 공학에서 찾을 수 있다고 다소 비현실적이며 순진하게 제안한 것에 대해 우려한다.[28] 그렇다고 해서 그는 인간이 지구의 미래를 변화시킬 수 있는 능력을 완전히 상실했다고 생각하지는 않는다. 그보다는 인류의 힘을 인정하면서도 지금까지의 무절제한 힘의 사용을 경고하고 현명하고 책임감 있게 그 힘을 사용하기를 바라는 것이다. 이를 해밀턴은 "신(新)인간중심주의"(the new anthropocentrism)라고 명명하는데, 이것은 그의 핵심 개념으로서 인류의 의지적인 행위로 인해 생존을 위협받기 시작한 지구와 이에 대한 인간의 책임성을 강조하는 것이다. 그의 이러한 신인간중심주의는 목적론적 인간중심주의를 부정하면서도 능동적이고 제어하기 어려운 지구 시스템의 복잡성을 인정하는 한편, 후세대의 인류가 행하는 활동에 제약을 가하며 스스로 절제해야 한다고 강조하는 새로운 차원의 패러다임이다.

무엇보다 해밀턴이 주장하는 신인간중심주의는 지구에 대한 한층 더 높은 차원의 책임감을 강조한다. 지구에 대한 책임이 일종의 의무론적인 도덕으로 작용한다는 것이다. 그는 신인간중심주의와 인간중심주의 간의 차이점을 다음과 같이 설명한다.

---

28   위의 책, 57.

신인간중심주의의 핵심에는 지구에 대한 바로 이러한 증폭된 책임감이 있다. 인간이 중심이긴 하지만 신인간중심주의는 이전의 인간중심주의에 깊이 뿌리박힌 착취와 통제 같은 태도와는 선을 긋는다. 우리보다 훨씬 큰 무언가에 책임을 돌림으로써 인간 행위자의 책임을 회피하거나 축소하는 게 아니라 이제는 책임감을 받아들이고 인정하는 것이 우리의 의무다. 이것이 바로 우리가 인간중심적이어서가 아니라 충분히 인간중심적이지 않아서 문제가 된다고 했던 내 말의 진의다.[29]

이러한 해밀턴의 새로운 인간중심주의는 요약하면 무엇보다 인간의 힘을 지구에 대한 권리로서가 아니라 그에 대한 고유한 의무로 이해함으로써 인간에게 우선적인 책임감을 부여한다. 인간의 특별함을 드높이는 동시에 그로 말미암은 의무를 강조하자는 것이다.[30] 하지만 이것이 과연 지구 시스템의 붕괴를 가져온 기존의 인간중심주의와 어떻게 차별화될 수 있을까? 과연 인류세라는 거대한 흔적[31]을 지구에 남겨 놓을 정도로 막강해진 힘을 인류가 어떻게 스스로 조절하고 게다가 자신의 책임감을

---

29 위의 책, 93.
30 위의 책, 95.
31 장윤재에 의하면 각각의 다른 지질시대에는 각기 다른 종류의 "골든 스파이크"라고 불리는 중대한 흔적으로서의 지표가 존재하는데, 그는 인류세의 골든 스파이크로 학자들이 나열하는 방사성 낙진이나 플라스틱, 미세먼지와 매연 등과 더불어 대규모의 공장형 태로 사육되고 소비되는 닭 뼈를 대표적인 한 가지 예로 제시하고 있다. 그는 이 행성에 현재 약 200억 마리 이상의 닭들이 살고 있으며 매년 500-600억 마리의 닭들이 도살되는 것에 주목하여 미래의 후손들이 발견하게 될 치킨 화석이 인류세의 골든 스파이크가 될 것이라는 예시를 들고 있다(장윤재, 201).

어떤 방법으로 고양할 수 있을까? 이처럼 여전히 인본주의에서 벗어나지 못하는 인간중심주의의 또 다른 차원이 아닌 중심축의 근본적인 전환이 필요한 것은 아닐까? 또 이미 풍요와 편리 가운데 지구의 다양한 산물을 독점하다시피 하고 있는 인류가 뒤늦게 책임감을 인식하고 현재보다 조금이라도 불편하거나 부족을 감수하는 삶으로 돌아갈 수 있을까? 해밀턴의 주장은 지나치게 낙관적이며 인류의 현실을 직시하지 못한 이상주의에 치우친 주장은 아닌가?

해밀턴은 나아가 성경에서의 인간의 역할에 대해 상당히 오해할 만한 내용을 기술하고 있다. 그는 "성경의 설명에 따르면 신은 인간이 사용하도록 자연을 창조했다"고 단정하며 해석자의 "해석에 따라 인간의 사용은 지배와 착취의 형태 혹은 은혜와 책임의 형태를 띤다"고 주장한다.[32] 다시 말해 해밀턴의 주장은 성경이 목적론적 관점에서 인간과 자연의 위치를 한정하여 서술한다는 것인데, 하지만 그는 창세기 2장에 나타난 정원사와 지킴이로서 인간의 역할은 지구를 가꾸고 보살피는 것이며 인간은 결코 자연을 자신이 원하는 방식에 따라 마음대로 사용하도록 허용되지 않았다는 점을 간과하고 있다.[33]

해밀턴은 또한 자신의 주장을 더 확고히 하기 위해 생태중심주의

---

32 해밀턴, 『인류세: 거대한 전환 앞에 선 인간과 지구 시스템』, 93.
33 창 2:15의 "여호와 하나님이 그 사람을 이끌어 에덴 동산에 두어 그것을 경작하며 지키게 하시고"라는 구절은 창 1:28의 "땅을 정복"하고 "모든 생물을 다스리라"는 내용과는 언뜻 보기에 상반적일 수 있겠으나 그 주도권이 두 가지 모두를 명하신 하나님께 있기 때문에 창조주 하나님의 뜻에 부합하는 차원에서의 사명임을 알 수 있다. 그러므로 결코 폭력적인 착취나 남용의 형태가 될 수는 없다.

철학을 시대착오적인 사고라고 비판한다. 사실 해밀턴도 인정하듯이 인간중심주의를 비판하는 진영에는 생태계 파괴의 심각성을 인식하는 그룹만이 아니라 사회 질서에 내재된 다양한 형태의 억압, 예를 들면 인종, 성, 지역, 경제, 정치 등의 다름에 의한 차별을 인식하는 그룹도 포함된다는 것이다. 그러면서도 그는 인간의 본성이 악하여 인류세의 전환으로 이어졌다는 의견에 대해 부정적으로 응답하면서 세계를 만드는 인간의 능력에 대해 여전히 긍정하면서 막연한 희망을 품는다.[34]

그는 또한 제임스 러브록(James Lovelock)의 가이아 이론에 대해서도 비판한다. 해밀턴에 의하면 러브록의 이론은 인간의 고유한 능력과 고통에 대해 무관심함으로써 결국 인간을 무의미한 존재로 몰아갔다는 것이다.[35] 그는 지적하기를 가이아 이론은 지구의 문제에만 지나치게 집중한 나머지 인간의 고통에는 무관심하게 되었을 뿐만 아니라 인간 고유의 존재성에 대해서도 지나칠 정도로 무관심하다는 것이다. 다시 말해 지구 시스템의 붕괴란 위기 앞에서 인간은 무의미한 존재가 되고 인간으로서의 고유한 역할마저 실효성을 잃게 되었다는 것이 가이아 이론에 대한 해밀턴의 비판이다. 해밀턴은 결국 인간의 역사와 지구의 역사를 동시에 아우르는 더 넓은 개념으로서 행성의 역사를 강조하는 것이 인류세를 통한 지구의 긍정적인 미래상이라고 주장하면서 인간 존재와 지구 시스템에 대한 인간 역할의 문제를 가이아 이론과는 다른 시각에서

---

34 해밀턴, 『인류세: 거대한 전환 앞에 선 인간과 지구 시스템』, 104-105.
35 위의 책, 189.

접근하자고 제안한다.[36] 다시 말해 인간의 역사와 지구의 역사를 분리해서 문제가 되었던 과거에 머물러 있지 말고 이 둘을 다시 연결하여 인간의 책임성을 강조하자는 것이다.

이렇듯 해밀턴에 의하면 인류세가 여는 새로운 시대는 우리에게 인류와 지구의 역동적인 상호관계를 통한 역사와 자연의 통합을 이루는 단계로 나아간다.[37] 그렇다고 해서 현재의 과학기술 문명을 부정하고 자연의 힘에 순응하던 원시 역사로 돌아가자는 것은 아니다. 그보다는 인간의 발전에 관한 문제를 중심으로 삼는 역사를 지양하고 자연과의 갈등 상황 가운데 있는 인간의 현존을 보다 냉정하게 직시하자는 것이다. 다시 말해 자연과 인간의 분리가 문제가 되었다기보다는 인간이 자연에 행한 무자비한 폭력이 문제였다는 것이 해밀턴의 지적이다. 그렇다면 해밀턴의 주장에 근거할 때 인간이 자연에 행한 무자비한 폭력의 기원은 인류 외에 과연 어디에서 찾을 수 있는가? 결국 인간이 스스로를 자연의 일부가 아닌 자연과 분리된 존재로 인식하기 시작하면서, 자연을 객체로 대하는 한편 스스로를 주체라고 여기고, 더 나아가 자연을 인간에게 선물로 주어진 자원과 도구로 간주하고 남용해왔던 데서 기인한 것은 아닐까? 다시 말해 인간의 본성에 내재한 요소에서 문제점을 발견하고 스스로의 문제를 자각한 후에 인류의 책임과 역할에 대해 강조하고 때로는 긍정하는 것이 먼저 필요하지 않을까?

---

36   위의 책, 190-92.
37   위의 책, 224.

또한 해밀턴은 극단적인 생태중심주의는 인간의 고유성과 주관성에 대한 핵심적인 사실을 금기시하는 것처럼 보이기 때문에 모순적이라고 비판한다. 그에 의하면 결국 인류세는 어떠한 윤리적인 차원을 지니고 있지 않다. 그러므로 유토피아를 기대하는 삶은 해밀턴에게 있어 무의미하다. 오히려 그것은 홀로세의 영역에 속하는 것이며 인류세 시대에는 더 이상 유토피아를 향한 열망이 무의미하다는 것이다. 즉 그리스도인이 하나님을 두려워하고 사랑하여 믿음을 갖게 된 것처럼 가이아를 신처럼 두려워하여 하나의 생태중심적인 지향점으로 정할 수는 없다는 것이다. 인류세의 도래는 인류의 미래에 대한 모든 낙관과 대치되며 근대의 성장주의적인 태도와는 다른 길로 가도록 요구한다. 해밀턴이 주장하는 인류세의 의미는 브뤼노 라투르(Bruno Latour)가 말한 것처럼 어디에나 편재하는 초월성에 의탁하는 것이 아니라 세계 내에 실제로 존재하는 내재성에 따라 이 세계에서 살아야 함을 의미한다는 것이다.[38] 해밀턴이 의미를 부여하는 인류세는 망가진 지구 시스템의 복원을 감당할 인간의 역할에 주목하게 함으로써 그 역할이 긍정적일 수 있음을 인정하게 만들려는 노력이다.

이와 반대로 에드워드 윌슨은 인류세에 대해 상당히 부정적인 시각을 가지고서 우려를 표명한다. 인류세의 관점에서 세상을 바라보는 자들을 소위 "인류세 열광자"라고 부르면서 심지어 그들은 살아남은 생물종의 다양성을 판단할 때 "그것이 인류를 위해 봉사하는가", 즉 인류

38　위의 책, 246.

의 복지와 삶의 질을 높이는 일에 기여할 수 있는가를 기준으로 삼는다고 신랄하게 비판한다.[39] 윌슨에 의하면 인류세 열광자들은 심지어 지구상에는 더 이상 "야생의 상태는 존재하지 않으며 따라서 지구는 이미 중고품 행성"이고 자연스러운 자연은 이미 죽었거나 죽어가고 있다고 주장한다는 것이다.[40] 그들은 인류가 이왕 인류세의 시대를 보내고 있으니 오히려 보다 적극적으로 생태계의 구조에 관여함으로써 사람과 야생종이 서로 공생을 통해 혜택을 보게 되는 날을 앞당길 수 있다고 주장하는데, 이에 대해 윌슨은 깊은 우려를 나타낸다.

3) 인류세에 대한 기독교 생태윤리적 의미

인류세에 대한 논의와 관심은 결국 오늘날 인간의 역사에서 그 어느 시기보다 더욱 심도 있게 지구 시스템 전체에 대한 관심이 고조되었음을 의미한다. 또 지금까지 자연에 대한 인간의 태도가 잘못되었음을 통감할 뿐만 아니라 인류와 지구가 공동의 운명 가운데 놓여 있음을 인식하면서 인간의 책임감을 자각하고 최대한 그 의식을 고취시킬 것을 촉구하는 것이다. 다시 말해 지구와 인간의 공멸이 아닌 상생을 위해 인간이 지금까지의 패러다임과는 다른 차원에서의 획기적인 변화를 시도하는

---

39   윌슨, 『지구의 절반』, 112.
40   위의 책, 155.

일이 시급하게 요청된다고 볼 수 있다.

　그렇다면 기독교 생태윤리적인 차원에서 인류세는 어떤 의미가 있는가? 그것은 무엇보다 인류사를 통해 관찰할 수 있듯이 인간중심주의가 가져올 수 있는 심각한 위해성에 대한 경각심을 갖자는 데 있다. 우주의 역사에서 기독교 세계관은 인간중심적인 것이 아니라 관계적인 삼위일체 중심적(relational Trinitarian-centric)이다. 제임스 내쉬에 의하면 이는 기독교 생태윤리의 핵심적인 요소라고 할 수 있으며,[41] 하나님과 인간 사이의 무지개 계약과 아울러 삼위일체의 존재론적인 상호관계성이야말로 생태적으로, 또한 종말론적으로 "모든 피조물이 상호의존적인 관계 속에서 참으로 조화를 누릴 것을 기대하는" 생태적 비전이다.[42] 이처럼 기독교적인 의미에서 인류세는 인간의 역할에 대해 반성할 수 있는 새로운 차원의 기회를 제공한다.

　윌슨이 지적한 대로 인류는 신이 아니다.[43] 그는 일부 미래학자들이 주장하는 것처럼 현재 인류가 경험하고 있는 생태계 파괴의 위기 상황을 그저 미래의 더욱 찬란한 운명을 향해 나아가는 과정 가운데 생긴 일종의 부수적인 피해로 받아들여야 한다고 믿는 어리석음에 대해 비판하면서 인류의 목표 지점이 과연 어디인지 묻는다. 그러면서 지구인의 대다수가 동의할 영생과 건강, 지속가능한 자원, 개인의 자유, 원하는 만큼의 가상 세계와 현실 세계에 대한 탐험, 지위와 존엄성 등의 목표가 인

41　제임스 내쉬, 『기독교생태윤리』, 이문균 옮김 (서울: 한국장로교출판사, 1997), 155.
42　윌슨, 『지구의 절반』, 157.
43　위의 책, 75.

류와 함께 사는 반려동물들, 나아가 모든 생물종의 목표이기도 하다는 점을 지적한다. 그러면서 스스로를 반신반인이라고 여기며 위대한 존재라고 착각하는 인류가 지금까지 자행해온 파괴적인 행위에 부끄러움을 드러낸다. 즉 인류는 여전히 매우 탐욕스럽고 근시안적이며 집단 이기주의에 의해 분쟁하는 어리석은 존재들이기 때문에 신뢰할 수 없다는 것이다. 나아가 윌슨은 우리가 스스로를 구약성경 여호수아서가 묘사하는 민족 이기주의적인 신의 역할을 하는 인간으로 자리매김할 것이 아니라 고린도전서 2:9-10에서 말하는 것처럼 우리는 신이 아니라는 자기 이해를 가지고서, 이제는 그만 가짜 신 놀이를 중단하고 안전한 미래를 위해 겸손해지라고 충고한다.[44]

인류세의 시대적인 요청은 이 용어가 갖는 의미처럼 이전보다 더욱 인간을 중심으로 하는 인본주의적인 사고와 그에 따른 역할이나 책임을 강조한다거나[45] 인간의 가능성에 대해 무비판적으로 지나치게 긍정하는 것이 아니다. 그보다는 오히려 지금까지 인류가 지구 시스템에 저질러온 무자비하고 억압적이며 착취적인 활동을 즉각 중단하고, 대신 지구와 인류가 더불어 생존할 수 있는 미래를 향하여 지혜롭게 나아가자는 일종의 제안이라고 볼 수 있다. 한마디로 인류세의 의미는 지금까지의

---

44 Wilson이 인용한 고린도전서의 내용을 한글 개역개정판으로 재인용하면 다음과 같다. "기록된 바 하나님이 자기를 사랑하는 자들을 위하여 예비하신 모든 것은 눈으로 보지 못하고 귀로 듣지 못하고 사람의 마음으로 생각하지도 못하였다 함과 같으니라. 오직 하나님이 성령으로 이것을 우리에게 보이셨으니 성령은 모든 것 곧 하나님의 깊은 것까지도 통달하시느니라."

45 신진환, 김진선, 홍용희, "인류세와 지속가능한 생존", 2019, 「윤리연구」 124호: 166.

인간중심주의를 넘어서는 새로운 윤리를 요청하는 것이며, 또한 인간 각자의 복리를 극대화하도록 추구해야 한다는 공리주의나, 삶은 일정한 원칙에 의해 인간을 수단이 아닌 목적으로 인도해야 한다는 칸트의 범주윤리를 넘어서자는 것이다.[46]

이는 슈바이처가 강조한 생명에 대한 경외가 지구 시스템 전체에서 정의롭게 실현되도록 모든 존재하는 것들이 지닌 가치와 권리를 진지하게 고려하자는 요청이기도 하며, 또한 그가 언급한 바와 같이 우리는 "우리가 어떠한 문제를 일으켰을 때 사용한 것과 동일한 사고방식으로는 우리의 문제들을 해결할 수 없다"는 인정이기도 하다.[47] 이는 기독교 윤리적으로 공동체적인 합의와 체계를 이루어내자는 도전이기도 하며, 때로는 인류가 자신들의 사고방식을 탈피하여 예수를 따라 십자가를 짊어지는 길을 택하더라도 거기에 새로운 창조를 향한 소망이 있음을 확신하는 겸허한 자각이기도 하다. 즉 한마디로 정의롭고 지속가능한 미래의 생존을 위해 인간의 역할을 기독교적인 시각에서 재조명하자는 것이다.

갈멜산에서 벌어진 영적 전투에서 승리한 후 기쁨과 소망의 미래를 품을 것으로 기대했던 엘리야가 이세벨의 위협 앞에서 죽기를 자처할 정도로 지쳐서 방황했던 것처럼, 인류는 빈곤과 질병에서 해방되기라도 한 것처럼 자만하고 풍요와 편리에 취해 지구를 남용하고 훼손하여 생

---

46   찰스 버치, 존 캅, 『생명의 해방: 세포에서 공동체까지』, 양재성, 구미정 옮김(파주: 나남), 2010, 243-46.

47   "Rethinking the Anthropocene," 10.

태적인 번 아웃(ecological burn-out) 상태에 이르게 하였다. 이제 엘리야를 만나 인간으로서의 나약함을 깨닫게 하시며 그의 육체와 영혼을 회복시키고 구원에 이르게 하신 분의 손길이 이 지구에 그 어느 순간보다 더욱 시급히 요청된다. 인류세의 의미는 이러한 인류의 존재론적인 자각과 함께 구원의 필요성을 모두에게 호소하는 하나의 도구가 아닐까? 지구의 절반을 다른 생명에게 양보하거나 새로운 인간중심주의를 수립하는 것이 아니라, 삼위일체 하나님께 주목하여 그분과 인간, 그리고 생태계 전체에 대해 유기적으로 책임을 지되 전체 생태계를 본질적으로 질서를 지닌 존재로 바라보는 기독교 생태윤리적인 차원에서의 조망이 교회와 신학에 시급히 요청된다. 아울러 인류의 힘이 지구 전체에 충분히 영향력을 행사할 수 있을 만큼 강해졌다면 우리에게 주어진 역할은 과연 무엇일까라는 자각이 필요하다. 인류와 지구 시스템 전체가 디스토피아적인 공멸과 죽음을 맞이하는 대신 미래에도 지속가능한 공생을 이루기 위하여 인류의 지혜로운 결단이 있어야 할 것이다.

8

사회생태적 창조정의[*]

* 이 부분은 필자의 다음 논문을 중심으로 전체의 흐름에 맞게 내용을 일부 수정하여 기술
되었음을 밝힌다. "21세기 기독교윤리를 위한 사회생태적 창조정의 구상", 영산신학저
널, 48집, 2019, 303-29.

지구 공동체를 위협하는 기후붕괴와 생태계 파괴의 위기는 이념과 종교를 초월하여 상생과 공존을 위한 새로운 형태의 윤리의식을 요청한다. 생태계 문제가 지구 전체의 이슈가 된 것은 그 파괴의 규모와 영향의 정도가 전 세계적이기 때문일 뿐만 아니라, 그 해법 또한 지구에 거주하는 모든 인류의 근본적인 문제에 대한 자각과 일치된 노력이 없이는 불가능하기 때문이다. 지구 전역에서 사용한 플라스틱이 태평양 한가운데 거대한 규모로 섬들을 이루거나 미세한 조각으로 분해되어 지구상의 모든 어패류에 유입되고 있으며,[1] 인간의 욕망을 충족시키기 위한 과소비와 오염은 지구 온난화를 가속하여 해를 거듭할수록 예측을 불허하는 기록적인 폭염과 초특급 규모의 태풍, 그리고 급격한 기후변화와 기후 불안정을 유발하여 인류를 포함한 지구상의 모든 생명체의 생존이 위협을 받고 있다. 이는 오늘날 지구 공동체가 인간을 중심으로, 또는 특정한

---

1   실제로 유엔의 cleanseas.org 사이트를 참고하여 발표한 국회입법조사처의 지표로 보는 이슈에서의 2017년 12월 27일 통계자료에 의하면 전 세계의 바다에 크고 작은 5조 개 이상(무게로는 26만톤 이상)의 플라스틱이 떠다니고 있으며 북태평양의 경우 약 1조 9천억 개 이상의 플라스틱 조각(무게는 약 9만 6400톤)이 있고, 이 중 4.75mm 이하의 미세플라스틱 조각은 1조 8천억 개 이상(무게는 약 1만 2천톤 가량)이 차지하고 있는 것으로 알려져 있다. 해양의 미세플라스틱(5mm이하)은 상당 부분 육지에서 기인하는 것으로 알려져 있으며, 주요 오염원은 타이어, 합성섬유, 선박 도료, 도로표지판, 미세플라스틱을 포함한 세정제나 화장품, 플라스틱 알갱이, 도시 먼지 등으로 나타나고 있다. 특히 합성섬유의 세탁 중에 유출되는 미세플라스틱의 비중이 아시아에서 높게 나타나고 있어, 천연섬유의 소비를 증진하고 세탁기의 필터 기능을 강화할 필요성이 대두되고 있다. 이 가운데 운전 중 마모되는 타이어 분말로 인한 미세플라스틱의 해양 유입 비중은 북미와 유럽 등지에서 높게 나타나고 있어 대응책 마련이 필요하다. 국회입법조사처, "지표로 보는 이슈 103호-플라스틱 오염 현황과 시사점", https://www.nars.go.kr/brdView.do?brd_Seq=22231&category=c2, 2019년 3월 17일 접속함.

국가나 이념을 중심 삼아 별개로 존재할 수 없다는 일종의 깨우침이기도 하며, 이것이 지구 공동체를 구성하는 모두가 생태계 문제에 대한 경각심과 책임감으로 연합하여 반드시 시급하게 해결해야 할 최우선 과제라는 자각이기도 하다.

지구 전체가 오염되고 생태계가 파괴되는 오늘날의 상황에서 만일 지구에 대한 인간의 영향을 최소화하여 현재의 흐름을 바꾸는 결정적인 과정을 거치지 않는다면 모든 생명체는 임박한 종말을 예견할 수밖에 없다. 점점 가속화되고 있는 지구의 온난화는 인류가 해를 거듭할수록 충분히 체감할 수 있을 만큼 이전과는 다른 이상 징후들을 유발하고 있고, 이러한 변화에 대처하여 생존하기 위한 인류의 대응책은 여전히 과학기술의 진보를 추구하며 에너지와 자원의 대량 생산과 소비에 의존하는 방향에서 크게 벗어나지 못하고 있어 아쉬운 실정이다. 만일 기후위기가 점점 더 악화된다면 지구에 거주하는 전체 생물군(biota)의 생존은 심각한 도전을 받게 될 것이고 다수의 생물종은 결국 인간의 활동에 기인한 여러 부작용에 의해 멸종을 맞이할 수밖에 없을 것이며 인류도 거기에서 예외일 수 없을 것이다.

인류는 현재 물질문명의 풍요로움을 누리고 있음에도 불구하고 이러한 위기를 맞이하여 근대 자본주의의 선도자라고 할 수 있는 서구 문명의 물질 중심의 가치 체계와 소비 지향적 경제 구조, 그리고 이를 옹호하는 윤리의식에 대한 회의가 점점 증가하고 있는 현실이다. 특히 글로벌 경제 구도는 지구 공동체를 하나의 상업적인 공동의 영역으로 만들어 개인이나 단체가 원거리에 있는 자원까지도 착취하게 하고 그에 따른 부작용에 대한 책임을 회피하게 만든다. 더욱이 이러한 구조는 개발과 발전이라는 명목으로 인류의 미래 세대와 다른 생물종에 대한 책임을 경제적인 측면만이 아니라 생태적으로도 감당할 수 없게 만들 뿐만 아니라 때로는 의도적으로 무시하게 한다.[2]

현재 우리가 겪고 있는 이와 같은 문제들은 어떤 특정한 지역이나 영역에만 국한된 것이 아니라 세계적이고 보편적이기 때문에 모든 자연과 인류, 인류 사회를 위한 대안을 반드시 함께 모색해야만 한다. 제임스 러브록(James Lovelock)은 이미 1970년대 후반에 이 세 영역을 하나의 유기체로 보는 것이 필요하다고 지적하면서, 새로운 생활양식(a new mode of life)을 이루기 위해 하나의 몸을 구성하는 전체의 일부분으로 보는 관계적인 가치의 중요성에 대해 언급했다.[3]

생태학은 지구의 모든 구성원이 상호작용하며, 역동적이고 관계적인 방식으로 서로 연결되어 있다는 이해에 기초한다. 이는 서구 근대 과학혁명의 사상적인 배경을 제공한 프랜시스 베이컨(Francis Bacon)이나 임마누엘 칸트(Immanuel Kant)가 주체와 객체를 이원화하여 구별한 도식과는 달리 생태계를 하나의 체계로 인정하면서 모든 존재를 주체로만 인식하는 것이다. 이에 대해 전현식은 근대의 보편적인 휴머니즘의 오만함에 대항하여 반휴머니즘(anti-humanism)과의 긴장과 모순을 통한 포

2   Yongbum Park, "Chondogyo and a Sacramental Commons: Korean Indigenous Religion and Christianity on Common Ground," John Hart Ed., *The Wiley Blackwell Companion to Religion and Ecology* (UK: John Wiley & Sons Ltd., 2017), 331.

3   James Lovelock, *Gaia: A New Look at Life on Earth* (Oxford: Oxford University Press, 1979), 9-10.

스트휴먼(the posthuman) 시대의 상호변혁적인 역동성을 강조하면서 생태계 파괴의 위기를 극복하는 방향을 제시한다.[4] 그의 분석에 의하면 포스트휴먼적 담론은 인간과 자연, 자연과 문화, 그리고 인간과 기계 사이의 경계를 허물고 상호연계성을 강조하는 것이 특징이며,[5] 이는 생태 담론들의 역사적인 발전이 인간중심주의에서 생태중심주의로 옮겨가고 있음을 확인해주는 것이다.[6] 그는 또한 생태 담론의 대표적인 세 가지 유형인 심층생태학(deep ecology), 사회생태학(social ecology), 그리고 에코페미니즘(ecofeminism)을 소개하면서 각각의 특징과 한계점을 고찰하고 이들 가운데 가장 바람직한 비판적인 포스트휴먼 생태 담론으로서 에코페미니즘을 선택한다.

20세기에 접어들어 기독교윤리가 사회적 존재인 인간을 중심으로 하는 공동체 내에서의 정의 실현과 관련하여 인종과 성의 평등, 인간성 소외 등의 문제를 주된 관심으로 하는 사회정의적인 차원에서의 주제에 집중하던 흐름이 20세기 중반을 넘어가면서 각종 오염과 자원 남용에 의한 지구 생태계 공동체 구성원으로서의 인간의 역할을 총체적인 관계 측면에서 인식하는 생태정의에 주목하는 것으로 변화되었다.[7] 이

---

4   전현식, "포스트휴먼 시대와 환경운동의 좌표", 김수연 외 11인, 『포스트휴먼 시대, 생명 신학 교회를 돌아보다』(서울: 동연, 2017), 127-29.

5   위의 책, 131-32.

6   위의 책, 137.

7   위의 책, 141. 이러한 자각은 실제로 1960년대부터 시작되었는데, Rachel Carson의 저서인 『침묵의 봄』(The Silent Spring)은 기념비적인 작품이라고 할 수 있다. 레이첼 카슨, 『침묵의 봄』, 김은령 옮김(서울: 에코리브르, 2002)를 참고하라.

제 21세기 기독교 윤리학의 과제는 이를 넘어 어떻게 하면 하나님의 창조 사역이 중심이 되는 창조정의(creation justice)를 실현하는 방향으로 전환할 것인가에 달려 있다. 여기서 "생태"(ecology)나 "환경"(environment)이라는 단어 대신 "창조"(creation)라는 용어를 사용하는 이유는 전통적인 창조신학을 기반으로 하되, 창조 이후에 구속하고 유지하는(redeem and sustain) 사역을 지속하고 있는 창조주의 창조 질서의 한 부분으로서 인간의 책임성과 역할을 고려하는 겸손한 자각에 강조점을 두고자 하는 것이다. 나아가 이는 최근 미국의 여러 대표적인 교단이나 단체에서 공식적으로 사용하고 있는 용어를 한국교회의 상황에 활용하기 위한 시도가 될 것이며,[8] 이를 위해 그 중간 단계로 사회윤리와 생태윤리가 만나 창조 중심적인 의식(creation-centered consciousness)을 기초로 하는 사회생태윤리가 기여하는 바가 있을 것으로 전망한다.

본 장에서는 첫 번째로 생태계 파괴의 문제를 단순한 물리적인 환경의 변화로 인식하기보다는 그 같은 파괴가 인간의 가치관과 의식, 그리고 신념에 의해 주로 영향을 받아왔다는 점을 논증하여 기술할 것이며, 두 번째는 필수적이고도 통전적인 생태학(integral and wholistic ecology)으로서 사회생태실천윤리(socioecological praxis ethics)를 소개하고 이를 통한 창조 중심적인 의식의 가능성을 모색할 것이다. 세 번째로 지구 공동

8 　최근 미국의 연합그리스도교(United Church of Christ, UCC)나 미국침례교(American Baptist, AB) 교단에서는 "창조정의 교회"(Creation Justice Churches, UCC)나 "창조정의 네트워크"(Creation Justice Network, AB)를 구축하여 창조정의에 대한 구체적인 논의를 교단의 주요 정책으로 채택하였고, 활발하게 연구와 교육 프로그램을 제작하여 활용하고 있다.

체(Earth community), 지구 윤리(Earth ethics)와 창조정의를 중심주제로 다루고 있는 래리 라스무센(Larry Rasmussen)의 연구와, 생태계의 위기 상황에서 세계에 대한 창조신학적인 차원에서 정의의 회복을 강조하는 알리스터 맥그라스(Alister E. McGrath)의 연구를 다룰 것이다. 이를 바탕으로 하여 본 장은 21세기의 기독교윤리가 사회정의와 생태정의를 강조하는 차원을 넘어 창조정의로 그 강조점을 전환할 필요성을 제안하는 한편, 마지막 부분에서는 교회 현장에서 활용할 수 있는 구체적인 교육 실천 프로그램을 하나의 실천 프로젝트로 제시할 것이다.

1) 생태계 위기의 배경에 대한 고찰

근대의 과학기술을 개척한 서구의 인간중심적이고, 지배적이며, 소수에 의해 조정되는 산업사회의 문화는 상대적으로 약한 국가나 인종, 그리고 생물군을 지배하고, 정복하고, 착취해왔다. 그 저변에는 모든 생명체를 약육강식과 적자생존, 승자독식에 의한 경쟁의 이분법과 갈등의 관계에서 파악하는 폭력과 대립의 이념이 자리 잡고 있었다. 이로 인해 물질적인 가치로 환원될 수 없는 영적인 가치는 무시되어왔으며, 자연 세계를 파괴하고 개발과 진보라는 명목 아래 지구상의 생명을 멸절시켜왔다. 에드워드 윌슨(Edward O. Wilson)이 지적한 바와 같이 결과적으로 이제 서구의 인간중심적인 이데올로기는 세계의 여러 곳에서 비판을 받으며 점차 거부되고 있으며, 새로운 가치 체계를 수립하고 대안을 찾기 위

한 활발한 논의들이 부상하고 있다.[9]

생태계 파괴의 문제는 단순히 기술이나 자본으로 해결될 수 있는 게 아니다. 앞서 예시한 플라스틱에 의한 광범위한 오염 사태에서 볼 수 있는 것처럼, 아무리 최첨단 과학기술을 동원한다고 해도 이미 전지구적 규모로 진행된 파괴 상황을 복원시키는 것은 그리 간단한 일이 아니며, 더구나 상업주의적인 경제 논리에 의해 지배되는 현재의 자본구조로는 어느 개인이나 국가가 이 문제에 적극적으로 개입할 리 만무하다. 그러므로 단기간에 어떤 결과물을 얻지 못하더라도 정의 차원에서 생태계 문제에 대한 책임을 자각할 수 있도록 자연과 생명의 가치에 대한 의식과 관점의 변화를 이루는 것이 시급하게 요청된다. 다시 말해 생명의 가치에 대한 우리의 태도와 우선순위를 결정하는 것이 중요하다. 이를 통해 우리는 자신의 사고와 삶의 가치관을 교정하는 방향으로 나아가야할 것이다.

만일 기독교 윤리학이 현실적으로 의미 있는 것이 되기를 원한다면 우리는 정의와 관련된 최근의 이슈들과 사회정치적인 상황들을 해석하고 그에 대해 실제적인 목소리를 낼 수 있어야 할 것이다. 예를 들어 최근 한국의 상황에서 일부 교회가 제시하는 윤리와 실천에 관한 지침이 정치사회적인 삶의 현실과 분리되어온 점을 주목할 때 기독교 윤리학의 재편성이 시급히 요청된다. 이와 같은 건설적인 작업은 21세기의 기독

---

9   Edward O. Wilson, *The Creation: A Plea to Save Life on Earth* (New York: W.W. Norton, 2006), 9-10.

교 윤리학이 전반적으로 지향해야 할 올바른 방향이라고 할 것이다. 이는 또한 어떻게 해야 기독교 신앙이 우리가 속한 사회에서 생태계 문제에 대해 개개인이 책임적인 존재로 헌신하도록 정의로운 비전을 제공할수 있는가 하는 질문과도 밀접하게 연관이 된다.

이에 대해 창조와 관련하여 라스무센은 지금까지 사회정의를 위한 인류의 노력이 인간 공동체를 제외한 다른 생명 공동체나 자연계의 무생물을 고려하여 진행되지 않았음을 지적하면서, 일차적으로 인간의 웰빙만을 위한 사회정의를 비판적인 시각에서 고찰하고 있다.[10] 그는 정의에 대한 이같이 편협한 시각은 인류의 생존 자체의 기초적인 단위가 인간 사회임을 전제로 하는 것으로서 명백히 옳지 않은 판단이라고 지적하는 한편, 동일한 창조주의 피조물인 지구의 토양, 공기, 에너지, 물 등이 고려되어야 할 진정한 일차적인 요소임을 명시하면서 지구의 이러한 공유지가 없이는 인간의 모든 재화도 존재할 수 없음을 강조한다.[11]

물론 라스무센의 이러한 지적은 기존의 기독교가 감당해온 사회정의와 관련한 이슈들을 무조건 비판하는 것은 아니다. 그는 오히려 지금까지 기독교가 인종, 계급, 성, 그리고 문화적인 분석을 통해 심각한 불평등을 겪고 있는 사회의 구조적 문제들의 해결을 시도해온 해방신학을 비롯한 사회윤리적인 방법들에 대해 긍정적으로 평가한다. 아울러 그는

---

10 Larry Rasmussen, "From Social Justice to Creation Justice," John Hart ed., *The Wiley Blackwell Companion to Religion and Ecology* (UK: John Wiley & Sons Ltd., 2017), 245.

11 위의 책.

이제부터라도 이러한 고귀한 선물을 사회정의와 생태정의, 나아가 창조정의와 관련한 문제들을 해결하는 데 실제적으로 사용하자고 제안한다.[12]

반세기 전에 마틴 루터 킹(Martin Luther King, Jr.) 목사는 "어느 한 곳에서의 부정의는 모든 곳에서의 정의를 위협한다. 우리는 피할 수 없는 상호관계성에 놓여 있으며 단일한 운명체로 묶여 있다. 한 가지에 직접적으로 영향을 미치는 무엇이든 모두에게 간접적으로 영향을 미친다"고 하면서 창조세계에 존재하는 모든 존재의 상호연관성과 의존성을 강조하며 시민 혁명을 주도했다.[13] 창조정의는 이처럼 모든 피조물이 상호연결된(interconnected) 존재로 인류뿐만 아니라 모든 존재와 긴밀하게 관련되어 있다는 통찰에서 출발하며, 이러한 면에서 기존의 전통적인 창조신학과 구별된다. 킹이 "버밍햄 형무소에서의 편지"에서 기술한 내용은 인류의 한 구성원으로서 신자들이 그들의 양심에 대해 그들의 본래적인 상호연관성을 인식하기를 요청했던 것이었다. 우리는 공동운명으로 함께 묶인 존재들이기 때문에 우리의 마음에 새겨진 장벽을 넘어 차별과 제도적인 인종주의를 타파해야 한다는 그의 주장은 수많은 흑인과 백인들로 하여금 버밍햄으로 찾아와 그들의 상호연결성을 증명하며 응답하게 만들었다. 기후위기에 직면한 인류가 창조정의를 새로운 시대의 기독교윤리로 정립하려면 인종차별이나 성차별과 마찬가지로 인류

---

12   위의 책, 246.
13   Martin Luther King, Jr., "Letter from Birmingham Jail," 1963. https://www.africa.upenn.edu/Articles_Gen/Letter_Birmingham.html. 2019년 3월 17일에 접속함.

와 비인류 사이의 장벽을 허무는 일에 관심을 기울여야 한다. 결국은 모든 피조물을 사랑으로 창조하고 지금도 유지하고 있는 창조주의 정의롭고 지속가능한 미래를 향한 섭리에 더욱 집중하는 게 중요하다고 할 것이다.

2) 통합적 생태학[14]으로서의 사회생태실천윤리

정의와 관련한 여러 주제를 연구하며 학문적인 방향성을 구축해가는 윤리학은 바른 행동과 실천을 위한 원칙들을 수립하여 우리에게 제시하는 학문이다. 존 하트에 의하면 생태학의 관점에서 이 원칙들은 "상호관계하며, 상호의존하고, 세대를 넘어서는 통합적 공동체인" 지구와 그 안에 거하는 모든 생물군, 그리고 인류 사회의 "정의와 공동선에서 기인한 사고와 행동에 기반을 두고 있는 가치들"을 포함한다.[15] 그에 의하면 윤

---

14   이는 프란치스코 교황의 회칙 「찬미 받으소서」(Laudato Si)에서 언급된 내용으로, 생명을 경시하는 시대적인 위기 상황에 대한 가르침으로 특히 집중하여 강조하고 있는 내용과 관련한 용어다. 그는 「찬미 받으소서」 제155항에서 "우리의 몸이 우리가 환경과 다른 피조물들과 직접적 관계를 맺게 해 준다는 것을 인식해야 합니다.…그러나 우리 자신의 몸을 마음대로 다룰 수 있다는 생각은 우리가 모르는 사이에 피조물을 마음대로 다룰 수 있다는 생각으로 바뀌게 됩니다. 우리 몸을 받아들이며 돌보고 그 의미를 존중하는 법을 배우는 것은 참다운 인간 생태론의 본질적인 요소입니다"라고 강조하고 있다. 이 문서는 이를 통해 모든 것이 서로 밀접하게 관련되어 있으며, 오늘날 글로벌 이슈들의 위기 상황을 다각적인 측면에서 고려할 것을 촉구한다.

15   John Hart, "Laudato Si in the Earth Commons," John Hart Ed., *The Wiley Blackwell Companion to Religion and Ecology* (UK: John Wiley & Sons Ltd., 2017), 50. Hart의 이

리학은 "타협할 수 없거나 절대적인 핵심 가치들"뿐만 아니라, 이전에 는 접하거나 고려되지 않았지만 현재에는 주목하지 않을 수 없는 대안 적인 아이디어나 상황들에 직면했을 때 협상의 여지가 있는 "파생된 가 치들"도 포함한다.[16] 이러한 관점에서 그가 주장하는 통합적인 생태학은 환경과 경제, 사회생태학(social ecology)[17], 문화생태학(cultural ecology), 일 상의 생태학(ecology of daily life), 공동선의 원칙(the principle of the common good), 그리고 세대 간의 정의(justice between the generations)를 기반으로 하여 정교하게 형성되는 것이다.[18] 이러한 그의 사고는 자연스럽게 사회 생태실천윤리로 이어진다.

사회생태실천윤리는 하트가 2013년도에 출판한 *Cosmic Commons: Spirit, Science, & Space*에서 처음으로 언급한 이후 발전시켜가고 있는 비교적 최근에 탄생한 개념인데, 한마디로 "컨텍스트 내의 윤리"(ethics-

---

글은 프란치스코 교황의 회칙 「찬미 받으소서」에 자신의 신학을 접목하여 재해석한 내 용을 담고 있다.

16   위의 글.

17   전현식에 의하면 사회생태학의 대표적 인물이라고 할 수 있는 Murry Bookchin 또한 사 회생태학의 목적으로 전일성(wholeness)을 강조한다. 그는 이것이 생태학의 원리인 "다 양성을 존중하는 가운데 통일성을 유지하는 것"으로, 인간의 지배 의식에 반하여 생태계 의 원리를 통해 증진시켜야 하는 중요한 현상이라고 설명한다. 아울러 필자는 Bookchin 의 생태정의에 대한 이해를 설명하면서 이는 사회적인 연대와 지속가능성, 그리고 나 아가 가난 및 경제정의 등의 문제와 구분하여 고려될 수 없음을 강조하면서, 사회구조 적인 문제나 사회정의와 생태정의를 결코 분리시켜 생각할 수 없음을 지적한다. 구체 적인 내용은 전현식, "포스트휴먼 시대와 환경운동의 좌표", 140-41와 Yongbum Park, "Liberation Perspective in Ecological Ethics – Focusing on Leonardo Boff's 'Liberation Ecojustice,'" *Madang: Journal of Contextual Theology*, Vol. 27 (2017), 8-9을 참조하라.

18   John Hart, "Laudato Si in the Earth Commons," 46.

in-context)라고 할 수 있다.[19] 그것은 공동선을 전망하면서 그것을 성취할 수 있는 구체적인 방법들을 제안하는데, 하트에 의하면 사회생태실천윤리는 사회, 생태, 그리고 환경의 웰빙을 증진시키기 위한 다음과 같은 네 단계의 실제적이고도 구체적인 방법으로 구성된다.

첫 번째는 특정한 컨텍스트에 대한 사회생태적 분석(socioecological analysis) 인데, 이것은 인종적으로(racially), 성적으로(sexually), 민족적으로(ethnically), 종교적으로(religiously), 경제적으로(economically), 그리고 정치적으로 (politically) 억압받는 인류와 멸종 위기에 처한 생물종들, 그리고 위협을 받는 지구와 그곳에 거하는 생물군 개체들의 관점에서 관찰하는 것이다. 두 번째로 위의 분석과 관련한 사회적이고 영적인 성찰(social and spiritual reflection)인데, 이것은 다양한 컨텍스트 내에서의 인간과 다른 생물군, 그리고 지구를 해롭게 하는 일을 조장하거나 허용하는 정의롭지 못한 컨텍스트적인 편재한 관점들에 대항하는 정의의 원리들을 제공하는 것이다. 세 번째는 사회적인 비전(social vision)인데, 이것은 이처럼 모순되고 상반되는 컨텍스트의 변화를 위한 사회적이고 생태적인 가치들에 상응하는 사회생태적인 비전을 만들어내는 것이다. 네 번째는 사회적인 프로젝트(social project)인데, 이것은 새로운 컨텍스트로부터 새로운 비전을 만들어내기 위한 기초를 제공하여 사회생태적인 비전을 위해 구체적으로 행동하기 위한

---

19   위의 책, 51.

하나의 과정을 시작하는 것이다.[20]

하트에 의하면 이와 같은 단계로 구성되는 사회생태실천윤리는 컨텍스트에 표현된 하나의 의식과 사회생태적인 변혁과 보존을 위한 일종의 방법론이다. 다시 말해 기존의 사회생태윤리에서 실천과 맥락의 의미를 강조한 것으로, 이것은 지구와 모든 생물의 웰빙을 동반한 인간 공동체 내에서 사회정의를 통합하는 것이라고 표현될 수 있다.[21] 하트의 이러한 접근법은 지구 온난화와 그에 따른 생태계 붕괴의 위협에 직면한 지구 공동체의 위기를 단지 과학기술의 무분별한 남용이 가져온 물리적인 세계의 파멸과 붕괴의 문제로만 보기보다는 "인간의 욕망에 의한 고도 산업화에 따른 인간성 소외의 문제와 경제적인 불평등에 따른 총체적이고 통합적인 사회윤리적 이슈"로 보는 것이다.[22]

또한 하트는 하나님의 창조에 의한 공유지로서의 지구에 대한 비전과 모든 생물과 무생물 사이의 상호작용에 있어 인간의 반응과 관련한 주목할 만한 비전을 제공한다. 하트는 성례전을 정의하기를 "인간을 신적 현존과 참여의 고양된 인식에 의해 스며든 은혜로 채워진 순간으로 이끄는 일종의 창조의 영의 표식"이라고 규정한다.[23] 그에 의하면 "자연의 성례전은 인간을 성령과 생물 및 무생물의 창조와 관계를 맺는 자

20   위의 책.
21   위의 책, 50.
22   김용휘, 『우리 학문으로서의 동학』(서울: 책세상, 2007), 70.
23   John Hart, *Sacramental Commons: Christian Ecological Ethics*. Lanham, MD: Rowman & Littlefield Publishers, Inc., 2006. xiv.

리로 인도하는 자연에서의 '장소, 사건들, 혹은 피조물'"이라는 것이다.[24] 이런 의미에서 지구는 은혜의 도구인 성례전적 공유지 역할을 감당하며, 이것은 이후 그의 연구에서 지구 밖 존재들에 대한 관심인 우주적 공유지의 차원으로 확장되는 것을 볼 수 있다.[25] 하트의 성례전에 대한 집중은 창조주와 창조세계 사이의 연관성을 강조하는 것으로, 창조정의를 구축하는 데 필수적인 과정이다.

하트는 성례전적 공유지의 중요성을 깨닫고 이를 통해 창조세계를 더욱 책임있게 보호하기 위해서는 자연에 대한 인간중심적인 지배의 입장과 구도에서 벗어나 "창조세계와의 관계적 상호의존성으로 의식의 근본적인 전환"을 이루어야 한다고 주장한다.[26] 이를 위해 그는 우주에 존재하는 생물계뿐만 아니라 무생물계의 모든 구성원에게서 추구해야 할 "내재적 가치"에 대해 강조하고 있으며,[27] 그들을 단지 인간을 위한 도구적인 용도로만 이해하는 것이 아니라 "인간과의 관계적인 측면에서 윤리적이고 [정의로운] 방식으로 접근하는 방법"을 개발하자고 제안한다. 그의 성례전적 공유지와 관련하여 핵심적인 개념이라고 할 수 있는 "창조중심적 의식"은 과학과 철학, 성경과 역사신학, 사회학과 정치학, 그리고 다양한 종교 전통을 통합하면서도,[28] 성경의 창조신학에 기초하고 있

---

24   위의 책, xxiii.
25   John Hart, *Cosmic Commons: Spirit, Science, & Space* (Eugene, OR: Cascade Books, 2013), 7.
26   위의 책, 117.
27   위의 책, 181.
28   위의 책, 112-13.

으며 명확하게 창조주 하나님과 관련하여 전개되는 기독교 사회생태윤리라고 할 수 있다.

그는 또한 공유지의 성례전적인 성격의 근거를 설명하면서 "만일 인간이 공유지를 성령으로 인해 존재하게 된 성례전적인 것"으로 본다면, 자연스럽게 생태계를 존중하는 마음을 가져야 하며, 이를 더욱 절실한 책임감으로 돌봐야 하고, 그 안에서 성령, 즉 창조주의 표식과 흔적을 찾아야 하며, 나아가 "그 모든 산물을 창조세계 전체에 정의롭게 배분해야 한다"고 강조한다.[29]

사실 이러한 사상은 최근에 새롭게 연구된 내용이 아니라 고대로부터 내려오는 기독교의 전통 가운데 이미 존재하고 있었다. 성경의 시작이 물질계의 기원을 의미하는 창세기에서부터 출발하고 있다는 점을 보더라도 기독교의 전통적인 우주관은 그 기원에 있어 결코 성과 속의 이분법을 강조하거나 내세중심적인 것은 아니었다. 우리가 이러한 성례전적 공유지의 관점으로 우주의 모든 존재를 바라본다면 그동안 주로 인간 사회를 중심으로 전개되어 온 사회정의와 관련한 이슈가 생태정의의 차원을 넘어 창조정의로 확장될 수 있을 것이다.

이를 위해 하트가 학문적으로 체계화시키고 있는 우주적 공유지 개념은 통합적인 패러다임과 지역적인 관심을 분리하지 않으면서, 동시에 열린 패러다임적인 접근법을 형성하는 데 기여한다. 그에 의하면 우주적 공유지는 "상호연관적이고, 그러면서도 서로 구별되며, 다양한 우

---

29 위의 책, 115.

주의 통합적 존재(integral being) 구성원 사이의 상호작용"에 있어서 공간적, 지역적인 맥락으로 이루어져 있다.[30] 우주적 공유지에 관한 그의 이해는 생명의 영인 우주의 영을 통해 우주의 모든 존재가 신성한 상호연관성을 나타내며 통합적 생태학으로서의 기반을 형성해간다.

하트는 이러한 과정으로 사회생태실천윤리의 개념을 확립해가면서 "사회생태학과 사회생태적[31] 그리고 실천윤리(praxis ethics)[32]라는 용어들을 개별적으로 설명"하는 가운데, 사회적 상호작용은 어느 한 분야에만 치우쳐서 고립되어 나타나는 것이 아니라 서로의 관계 가운데 발생한다는 점을 강조한다.[33] 필자는 하트가 이러한 관계성에 의해 인간이 "또 다른 인간의 웰빙, 생물권의 웰빙, 그리고 [물리적 세계] 전체의 웰빙에 관심을 두고 창조 보존을 향한 정의를 수립하기 위해 노력하는 것"이 사회생태실천윤리의 중요한 특징이라고 규정하고 있는 점에 주목한다.[34] 그리하여 사회생태실천윤리는 사회와 지구의 웰빙을 위해 인간의 정의롭

---

30 박용범, "제4차 산업혁명 시대의 기독교 사회생태윤리 모색", 117.

31 Hart에 의하면 형용사로서의 사회생태적(socioecological)이라는 단어는 인간 공동체와 창조세계와의 친밀한 관계성을 지시하는 용어로서 인간 사회의 공동선과 창조세계의 공동선 상호 간의 대화체적인 관계성(dialogic relationship)을 증진하는 데 주된 목적이 있다고 한다. 이는 사회정의와 생태정의를 동시에 증진하기 위한 하나의 방안이라고 할 수 있을 것이다. Hart, *Cosmic Commons*, 185-86.

32 Hart에 의하면 praxis는 단순히 실천(action) 또는 실행(practice)만을 의미하는 용어가 아니라 사회적, 생태적, 그리고 사회생태적 정의와 웰빙을 위한 원리들과 프로젝트들에 실천적 참여(contextual engagement)를 도모하는 것이다. 그러므로 그에게 있어 실천윤리(praxis ethics)는 역동적이고 공동체와 깊이 관련이 있으며 다양한 사회 및 생태적인 환경들을 통합하여 변혁을 추구하는 것이다. Hart, *Cosmic Commons*, 186-87.

33 박용범, "제4차 산업혁명 시대의 기독교 사회생태윤리 모색", 118.

34 Hart, *Cosmic Commons*, 120.

고 책임 있는 실천을 통한 사회정의와 생태정의를 가능케 하는 하나의 "대화체로서의 통합적이고도 역동적인 이론과 실천을 제공"하면서[35] 창조정의로 향하게 한다. 또한 이것은 "관계적이고, 이론적이며, 은유적인 기초"를 인간의 정의로운 행위에 제공하는데, 하트는 이것이 인간 공동체와 모든 생물권을 위한 생태정의, 그리고 지구의 생태 웰빙을 위한 사회정의의 실현을 돕는 일이라고 강조한다.[36] 이를 통해 그는 사회정의에서 생태정의로, 나아가 점차 창조정의로 나아가는 길을 제시하고 있다.

하트의 사상을 요약하면 가톨릭의 전통들 가운데 역사적으로 생태신학적인 아이디어를 풍성하게 제공해온 성례전적 공유지와 그로부터 출발하여 우주적 공유지의 아이디어를 더욱 발전시키는 것이라고 할 수 있다. 필자는 하트의 사회생태실천윤리를 "생태, 정의, 영성, 실천, 대화 등의 개념을 하나로 아우르며 생태윤리의 실천력을 극대화하는 방안으로서 사회학적인 분석과 역동성을 더하는 독특한 기독교윤리의 한 분야"라고 정의한다.[37]

---

35   위의 책.
36   위의 책.
37   박용범, "제4차 산업혁명 시대의 기독교 사회생태윤리 모색", 119-20.

3) 사회정의와 생태정의를 넘어 창조정의로

라스무센은 북미 인디언을 비롯한 다양한 원주민들이 발표한 기후 변화에 대한 선언문들을 연구하는 중에 몇 가지 일치점들을 확인할 수 있었다. 그중 한 가지는 기후변화에 대한 그들의 함축적인 선언문에 "신성한(sacred)", "신성함(sacredness)", 그리고 "성스러움(sanctity)" 등의 단어들이 반복적으로 사용되고 있다는 점이고, 다른 하나는 창조세계의 각 피조물에 대한 권리를 강하게 내세우고 있다는 점이다.[38] 그는 특히 "모든 창조물은 이 성스러운 지구 위에서 살아가고 생존할 권리가 있으며 창조주께서 그들로 하여금 거주하게 하신 곳에서 그들의 가족들을 양육할 권리가 있다"는 미국 인디언 연구소(American Indian Institute)의 선언문에 주목하여 그들이 이제는 지금까지의 사회정의와 생태정의에 대한 관심으로부터 창조정의를 중시하는 방향으로 선회하고 있음을 지적한다.

그렇다면 무엇이 그들에게 이러한 변화를 일으키도록 만들었는가? 당면한 문제를 해결하기 위해 기존의 사회정의에 입각한 생태정의만으로는 부족했던 것인가? 나아가 이것은 인간 외의 다른 피조물들이 인간과 동등한 대우를 받지 못하고 있는 실태를 표현하는 단어인 인류세(Anthropocene)를 대변하는 것은 아닌가? 만일 사회정의에 대한 그동안의 노력이 지나치게 인간만을 위한 것이 되어왔다고 한다면 정의에 대한 새로운 관점이 요청된다. 또한 생태계의 한 구성 요소로서 인간의 위

---

38   Larry L. Rasmessen, "From Social Justice to Creation Justice," 240–41.

치를 고려하여 시스템 전체의 균형을 유지하는 일의 중요성을 강조해온 생태정의의 관점에도 한계가 있음을 지적하지 않을 수 없다. 지금까지 인류의 부단한 노력에도 불구하고 이 세상이 현재 심각한 위기에 처해 있다면 무엇인가 획기적인 변화가 요청된다.

라스무센은 다음과 같이 매리 에블린 터커(Mary Evelyn Tucker)의 말을 인용한다. "우리의 모든 관심사는 바로 이곳이 신성한 우주라는 점이다. 생태학이 없는 우주학은 공허하다. 우리의 미래는 위기에 처해 있다. 이보다 더 중요한 것이 어디 있겠는가?"[39] 인류를 중심으로 한 문명화 과정에서 발생한 급격한 기후변화와 생태계 전체의 불안정은 이전까지는 존재하지 않았던 현상이라는 점을 겸허하게 인정하고 지구의 모든 생명체가 공멸이 아닌 상생의 길을 갈 수 있는 길잡이로서 새로운 기독교윤리가 요청된다.

라스무센은 또한 인류세 시대에 정의에 대한 하나의 시금석으로서 다음과 같은 질문들을 던진다.

과연 어떠한 규범과 관례들이 이전과는 다른 방향으로 진행되고 있는 자연의 상황 아래서 미래의 인류와 다른 생명체의 세대를 초월한 사랑과 정의를 제시할 수 있는가? 구체적으로 어떤 규범과 관례가 다음의 일들을 정의에 위배되는 일이라고 수월하게 구별할 수 있는가? [예를 들면] 서식지의 협소화, 생물종의 감소, 토양의 유실, 조작된 유전자 풀(pool), 어장의 붕

---

39   위의 책, 239.

괴, 바다의 산패, 환경 관련 질병들, 산림의 쇠퇴, 빙하가 녹는 일, 삼각주의 황폐화, 해충과 질병의 이동, 해수면 상승, 환경 난민들, 생물종다양성의 상실, 습지의 감소와 산호초의 붕괴, 온실가스의 증가, 표토 온도의 상승, 더 강력한 태풍과 홍수, 심화되는 기근, 기후의 불안정 등이다.[40]

이어서 그는 비록 이러한 생태계 파괴의 이슈들이나 문제들이 심각하다고 사람들이 인식하기는 하지만, 최소한 현재의 위치에서 법리학적으로나 현대의 도덕률을 기준으로 하여 자연의 파괴에 대해 그 자체로 정의 실현을 위한 요구를 법적으로 제기하는 일은 쉽지 않다고 지적한다. 라스무센은 여전히 인간의 생명만이 정의에 대한 법적인 보호 가운데 유일하게 놓여 있음을 지적하고 있다.[41] 여기서 일반 윤리적인 시각에서 생태정의를 수립하는 일이 생태계의 조화를 강조하거나 인간에게 책임성을 부여하기에는 역부족이라는 한계성이 드러난다. 그러므로 우리는 전통적인 창조신학과 기독교윤리로 되돌아가 성경의 창세기에 기초하여 관리인과 정원사로서 인간의 책임 있는 역할과 창조주에 대한 섬김과 봉사로서 창조정의를 강조할 필요가 있다.

이와 관련하여 하트는 우주의 기원을 설명하는 빅뱅 이론의 관점에서 본다면 모두가 다른 우주진(宇宙塵, stardust)이나 별들과 함께 우주의 신성함(sacrality)을 태초부터 공유하고 있다고 지적한다. 우주의 창조

---

40   위의 책, 242.
41   위의 책.

가 성령의 사역이라면 우주에 스며든 내재하는 신성성(sacredness)은 우주를 성령의 전(temple)으로 이해하는 종교적인 가르침과도 일맥상통한다.[42] 그러므로 여전히 지속되고 있는 창조 사역에서 성령의 역할은 더욱 중요한 의미를 지니며, 이에 따라 하트는 생물과 무생물 모두가 서로 관계되어 있고 모든 존재가 우주적인 의미에서 확장된 가족이라는 점을 강조하고 있다.[43] 그는 이와 관련하여 라코타(Lakota)를 비롯한 아메리카 인디언 지도자들이 자주 사용하는 표현인 "미타쿠예 오야신(Mitakuye Oyasin)"[44]이라는 용어를 소개하고 있다. 이것은 미국의 원주민들이 기도와 가르침, 인사 등을 할 때 주로 사용하는 말로서 "모든 것은 하나로 연결되어 있다"는 의미다. 하트는 또한 열왕기상 8:27[45]에 나오는 솔로몬의 기도를 인용하여 성령의 전으로서의 우주가 아닌 오히려 성령 안에 존재하는 우주진으로서의 창조세계의 존재를 설명하고 있는데, 이는 창조정의를 위한 성령의 포괄적이고도 광범위한 역할을 강조하는 것이다.[46]

알리스터 맥그라스(Alister E. McGrath)는 *The Reenchantment of Nature: The Denial of Religion and the Ecological Crisis*에서 지금까지 인류가 자연 세계와의 교감을 잃어 온 점과 거기에 자신들만의 세상을 건

---

42 Hart, *Cosmic Commons*, 370.
43 위의 책, 371,
44 위의 책.
45 "하나님이 참으로 땅에 거하시리이까. 하늘과 하늘들의 하늘이라도 주를 용납하지 못하겠거든 하물며 내가 건축한 이 성전이오리이까."
46 Hart, *Cosmic Commons*, 371.

설해온 점에 대해 한탄한다.[47] 그는 하나님의 창조로서의 자연에 대한 아이디어를 되찾고 그에 걸맞게 행동하는 일이 중요하며, 믿음을 갖고 같은 어조로 우리의 태도와 행동의 변화를 가져와야 한다고 하면서 창조정의의 회복을 강조하고 있다. 이를 통해 맥그라스는 창조세계가 존중되고 갱신되는 미래의 변화를 추구하는데,[48] 이는 미래 세대를 위해 우리가 현재의 자연의 아름다움을 보전하여 그들에게 창조의 영광을 보여주는 일이며, 만일 자연이 경이로움을 잃어가고 있다면(disenchanted) 다시 놀라움을 회복하는 것(reenchantment)이 창조세계에 대한 바른 태도라고 주장한다.[49]

맥그라스는 또한 생태계 파괴의 주요 책임을 기독교 신앙에 전가하는 린 화이트(Lynn White Jr.)의 주장을 반박하며 계몽주의 이후 서구 문화의 무책임한 지배주의에서 그 원인을 찾고 있다. 이와 비슷한 논점에서 세이드 후세인 나스르(Seyyed Hossein Nasr)도 서구 사상의 역사적인 기원을 묘사하면서 자연이 종교의 도움을 통해 인간의 사상에서 다시금 신성하게 여겨질 필요가 있다고 강조한다.[50] 이를 통해 그는 인간만이 아닌 자연계 전체가 하나님을 찬양하게 될 것이며, 이는 또한 생태계 전체를 보존하는 데 기여할 것이라고 전망한다. 이처럼 맥그라스나 나스

---

47   Alister E. McGrath, *Reenchantment of Nature: The Denial of Religion and the Ecological Crisis* (New York: Doubleday, 2002), 183.
48   위의 책, 184.
49   위의 책, 186.
50   Seyyed Hossein Nasr, *Religion and the Order of Nature* (New York: Oxford University Press, 1996), 281.

르는 비슷한 관점에서 창조세계에서의 신성성과 정의로움을 회복하기 위한 방안으로 하나님의 작품으로서 창조세계의 다양성과 아름다움을 찬미하는 일에 큰 의미를 두고 있다. 나아가 만물에 스며든 성령의 현존을 언급하면서 전통적인 창조신앙의 회복을 통한 창조정의를 구축하자고 제안한다. 이는 전통적인 창조신학을 바탕으로 하되 상호관계성과 상호작용, 역동성을 강조하여 인간의 책임성과 실천을 부각하는 창조정의를 향한 발전적인 방향전환이라고 볼 수 있다.

4) 미래 세대를 위한 기독교 윤리학의 과제

급격한 온난화에 따른 기후 붕괴와 생태계 파괴의 위기에 직면하여 그동안 인류는 인간을 중심에 두고 자기 주변 환경의 오염과 소비할 자원의 고갈에 더 심각한 우려를 나타내며 사회정의적인 차원에서 생태정의를 주장해왔다. 생태계 파괴의 문제가 과학기술의 지속적인 발전에 따른 문명화와 편리함을 추구해 가는 데 일종의 걸림돌 역할을 한다는 정도로만 위기를 인식하면서, 막상 창조세계 전체의 정의를 창조주를 중심으로 구현하는 차원으로는 사고를 발전시키지 못한 것이 아닌가 하는 우려를 하게 된다. 이는 우주의 먼지와도 같은 인간의 지극히 작음과 창조주의 광대하심을 인식하지 못했기 때문은 아닐까? 또 인류가 때로는 눈에 보이는 것보다 보이지 않는 것이 더 중요하다는 사실을 여전히 자각하지 못했기 때문일 수도 있다.

오늘날의 기독교 윤리학이 현실적으로 의미를 제시하고 특히 정의와 연관된 다양한 이슈들과 관련하여 사회정치적인 상황들을 해석하기 위해서는 새로운 차원에서의 비전을 제시할 필요가 있다. 예를 들어 이는 21세기의 기독교윤리가 어떻게 하면 한국 사회에서 사회적 약자들과 더불어 생태계 문제에 대한 책임 있는 존재로 헌신하도록 실제적인 변화와 도전을 제공할 수 있는가라는 문제와도 밀접하게 연결이 된다. 이는 또한 위기와 변화의 시대를 보내고 있는 한국 사회에서 교회론의 갱신과 변화를 위한 새로운 시도라고 볼 수도 있을 것이다.

이에 대한 하나의 응답으로 인류는 만물을 생태계의 전체적인 균형이라고 하는 동등한 시각에서가 아니라 창조 중심적인 의식으로 대하며, 반면에 스스로를 피조물과 관리인으로 철저하게 자각하고 겸손해지는 일이 시급히 요청된다. 이는 지금까지의 생태정의에서 강조한 우주의 구성원 모두를 비교적 동등하게 여기고 모두의 상호작용과 상호관계성을 중심으로 강조하는 관점에서 방향을 돌려, 이제는 창조주를 중심으로 하는 기독교윤리적인 지향점을 찾고자 하는 구상이기도 하다. 맥그라스와 라스무센, 나스르, 그리고 하트가 지적한 것처럼 이는 결코 새로운 영역이 아니며 오히려 초기 기독교 공동체에서부터 강조해온 본래의 창조신학적인 관점을 기후위기와 생태계 붕괴의 급변하는 시대적 요청에 응답하여 책임과 관계성을 강조하는 정의의 차원에서 새롭게 회복하는 것이라고 할 수 있다. 하트는 이러한 접근을 사회생태윤리라고 부른다.

이를 통해 우리는 성장과 진보에 도취되어 시대적인 문제를 바라보는 시야가 어두워졌던 지금까지의 잘못을 반성하고, 작지만 확실한 생명의 기쁨을 주는 것들이 때로는 더 아름다울 수 있고 거기에 참된 행복이 존재한다는 새로운 발견이 교회 현장과 삶의 자리에서 지속적으로 일어나기를 기대한다. 이는 라스무센을 비롯하여 많은 사람들이 계속해서 주장하고 있는 지속가능한 미래(sustainable future)를 위해 21세기 기독교 윤리학이 나아가야 할 바람직한 방향이기도 하다.

이를 위해 교회에서의 구체적인 실천과제로 미국에서 운영되는 단체인 창조정의 목회(Creation Justice Ministries)의 웹 사이트(creationjustice.org)에서 제공하는 어린이와 청소년들을 대상으로 하는 교육 프로그램을 활용하여 교회 교육 현장에 적용할 것을 제안한다. 그들은 해마다 지구의 날을 맞이하여 하나님의 창조세계를 보호하고, 복원하며, 정의롭게 공유하는 신앙 공동체를 만들어가기 위한 기독교교육 자료들을 제공하고 있다. 그들의 2019년도 주제는 "차세대의 부상"(Next Generation Rising)이며, 미래의 창조정의를 향한 길을 이끄는 어린이와 젊은이들에게 초점을 맞추고 있다. 이 자료집에는 정부를 상대로 "우리 어린이들의 신뢰가 담긴 기후변화"(Our Children's Trust Climate Change) 소송을 제기한 청소년들의 이야기도 수록되어 있다.[51]

여기에는 구체적으로 우리의 삶 가운데 이미 알고 있는 어린이나 청소년 한 사람에게 편지를 써서 그들에게 생태계 문제에 대한 헌신을

---

51 이와 관련하여 최근의 자료와 캠페인 프로그램을 등을 제공하는 다음의 웹사이트를 참조하라. http://www.creationjustice.org/nextgeneration.html 2021년 7월 15일에 접속함.

표현하도록 격려하고 그 편지들을 예배 중에 공유하도록 하는 일, 다른 사람의 행동을 촉구하는 교회 청소년들을 중심으로 비디오 만들기, 각자 자기 집 뒷마당에 나무를 심거나 자신이 속한 교회를 둘러싼 공동체를 위해 나무를 심는 의식을 구상하기, 그리고 아이를 캠프에 보내 정원 가꾸기와 동물 돌봄을 통해 지구를 돌보는 방법을 배우도록 하는 일 등이 제시되어 있다.

창조주 하나님께서는 이 세상에 존재하는 모든 생명체를 풍요롭게 하시며 번성케 하시려고 우주를 창조하셨다. 수천 년 동안 인류는 이 세상의 아름다움, 밭에서 생산되는 산물, 그리고 바다의 풍요로움으로부터 각종 혜택을 받아왔다. 오늘날 우리가 살아가는 지구 생태계의 현실을 직시하면서, 우리의 후손들에게 어떤 세상을 남기고 싶은지 우리는 생각해 보아야 한다. 우리는 이제 막 태어나고 자라나는 아이들에게 지금 무엇을 물려주고 있는가? 아이들은 그들의 에너지와 창조적 정신, 그리고 창조주의 모든 세계에 대한 사랑으로 우리에게 희망의 미래를 향한 길을 보여줄 수 있다.[52] 정의로운 창조세계를 회복하는 길은 아직 멀지만, 이것은 우리가 미래를 위해 준비해야 하는 가장 시급한 기독교윤리적인 과제다.

---

52   위의 자료집 중에서 발췌 번역 후 인용함.

9

포스트 코로나 시대의
기독교윤리[*]

* 이 부분은 필자의 다음 논문을 중심으로 전체의 흐름에 맞게 내용을 일부 수정하여 기술
되었음을 밝힌다. "코로나19 이후 창조 의식의 전환: 에고(ego)에서 에코(eco)로", 신학
과 사회, 제34집 4호, 2020, 129-59.

인류 역사에서 2020년은 중국의 우한에서 처음 발생하여 세계 전역으로 대유행처럼 퍼지기 시작한 코로나바이러스감염증-19(COVID-19, 이하 코로나19)의 해로 기억될 것이다. 이로 인해 사상 초유의 사건들이 연속적으로 발생했는데, 올림픽의 연기가 결정되었고, 각 학교의 정상적인 개학이 계속 보류되어 온라인을 통한 비대면 수업이 진행되었으며, 일제 강점기와 한국 전쟁 중에도 지속되었던 교회 예배도 중단되거나 온라인으로 대체되었다. 오래전부터 지구상에 존재해온 바이러스에 의한 질병은 특히 인류가 농경 사회를 통해 인구 집약적인 문명을 이루기 시작하면서부터 다수의 목숨을 잃게 만든 주요 원인이었다. 이에 대해 재레드 다이아몬드(Jared Diamond)는 병원균에 의한 질병이 인류의 역사를 변화시키는 결정적인 요인들 가운데 하나였다는 통찰과 함께, 실제로 제2차 세계대전까지 전쟁에서 전투를 통해 사망한 사람보다 질병에 의해 목숨을 잃은 사람이 더 많았다는 사실에 주목한다.[1] 자료에 의하면 제1차 세계대전 직후인 1918년부터 1919년까지 세계 인구 16억 명 중 약 5억 명이 스페인 독감이라고 불린 감기 바이러스에 감염되었으며 그 가운데 약 5000만 명이 목숨을 잃었다.[2]

다이아몬드는 병원균이 인류 역사의 흐름을 바꾼 대표적인 사례로 15세기 유럽인들에 의한 남북아메리카 대륙의 정복을 언급한다. 당시

---

1   재레드 다이아몬드, 『총, 균, 쇠』, 김진준 옮김(서울: 문학사상, 1998), 299-300.
2   김기주, "코로나19와 스페인 독감 '역사는 반복된다'", 「매경헬스」 2020년 5월 12일자. http://mkhealth.co.kr/NEWS/01/view.php?NCode=MKH200512011. 2020년 5월 13일 접속함.

유럽인들의 무기에 희생당한 아메리카 원주민들보다 유럽인이 몸에 지니고 온 병원균에 감염되어 사망한 인원수가 더 많았다는 것이다. 그는 1519년부터 코르테스가 주도한 아즈텍 제국의 정복이 스페인의 군사력에 의한 것이라기보다는 우연히 유입된 천연두 바이러스에 의해 가능했다는 사실을 지적한다. 어려서부터 천연두 바이러스에 대한 면역성과 유전적인 적응력을 지니고 있던 스페인 병사들과 달리, 새로운 병원균인 천연두 바이러스에 무방비 상태였던 아즈텍인들은 불과 몇 주 만에 전 인구의 4분의1 가량이 사망하였다고 한다. 이로 인해 스페인 군대는 손쉽게 신대륙을 차지할 수 있었고, 다이아몬드에 의하면 이는 잉카 제국이나 북아메리카 지역에서도 비슷한 양상으로 진행되어 병원균에 의한 원주민들의 의도하지 않은 몰살이 이루어졌다는 것이다.[3]

사실 인간의 관점에서 본다면 이러한 병원균으로서의 바이러스는 신체 기능을 약화시키고 각종 질병의 증상으로 인해 고통과 목숨의 상실까지 초래하는 해로운 것이지만, 바이러스의 입장에서는 생태계에서 생존하기 위한 생물적 본능에 의한 것이라고 볼 수 있다. 최근 인간을 감염시키는 병원체로 급격한 변이와 변종을 거듭하고 있는 코로나 바이러스도 한 피해자에서 다른 피해자로 더 급속히 전파되기 위해 스스로의 구조를 계속해서 변화시키고 있다. 더구나 인간의 과도한 활동으로 인한 생태계 각 영역의 붕괴로 인해 과거에는 각자의 활동 영역에서 대부분 벗어나지 않고 생존하던 바이러스가 이제는 경계를 넘어 인간을

---

3   재레드 다이아몬드, 『총, 균, 쇠』, 318-22.

위협하게 되었다. 즉 동물에게만 감염되던 질병 바이러스들이 점차 인간에게도 영향을 주기 시작한 것이다.[4]

그렇다면 이러한 질병들이 어떻게 인류에게 대중적으로 정착하게 되었을까? 다이아몬드는 크게 세 가지 원인을 제시하고 있는데, 첫 번째는 농경 사회 이후 급격한 인구 증가와 도시화에 따른 조밀한 인구집단의 형성, 두 번째는 교통수단의 발달로 지구가 하루 생활권이 되었다는 점, 그리고 세 번째 원인으로는 야생 동물을 가축화하여 대규모로 사육했을 때 발생한 질병들이다.[5] 이들 중에서 세 번째의 대표적인 사례들로 다이아몬드는 소와 관련한 홍역, 결핵, 천연두, 돼지나 오리와 관련된 인플루엔자, 돼지나 개와 관련이 있는 백일해, 조류와 연관된 열대열 말라리아를 "동물 친구들의 치명적 선물"이라고 묘사하며 나열한다.[6] 과학자들은 동물의 질병이 인간의 질병으로 진화하는 단계를 설명하면서 특히 설치류 동물의 바이러스가 일으키는 것으로 보이는 라사열의 심각성을 예시하는데, 코로나19의 발생과 감염도 이와 유사한 경로를 거쳤을 것으로 추측한다. 이러한 역사적인 사실들을 통해 인류를 위협해온 대중적 질병들은 결국 오랜 기간 동안 생태계 파괴자였던 인간의 이기심과

---

4   Jared Diamond에 의하면 인류의 근현대사에서 인간의 주요 사망 원인이었던 천연두, 인플루엔자, 결핵, 말라리아, 페스트, 홍역, 콜레라, 그리고 에이즈와 같은 여러 질병들은 동물의 질병에서 인간에게 질병을 일으키는 원인균으로 진화하여 오늘날은 거의 대부분 인간에게만 해를 끼치는 병원균이 되었고(재레드 다이아몬드, 299-300) 코로나 바이러스도 그 대표적인 한 예이다.
5   재레드 다이아몬드, 『총, 균, 쇠』, 314-15.
6   위의 책, 314.

탐욕이 초래한 결과라는 것을 알 수 있다.

　이처럼 오늘날 코로나19에 의한 팬데믹의 원인은 한마디로 인류의 이기주의(egoism)와 인간중심주의(anthropocentrism)라고 볼 수 있다. 특히 창조세계에 대한 의식과 이해마저도 인간의 자아(ego)를 우선으로 해석해왔던 서구 자본주의 국가의 번영주의와 한국의 기복신앙은 인간을 제외한 생태계 구성 주체들을 객체화하여 그들을 도구적인 존재로 차별해왔다. 이는 오늘날 기후위기와 생물종다양성 위기 등의 근본적인 원인이 되었으며, 결국 기계론에 입각한 이기적이고 인간중심적인 에고 윤리는 필연적으로 생태계 붕괴의 결과를 가져왔던 것이다.

　영국의 환경 작가인 존 비달(John Vidal)은 코로나와 관련하여 이것은 빙산의 일각에 불과하다며 서식지와 생물종다양성의 감소가 전 지구적으로 가속화되는 상황에서 코로나19와 같은 팬데믹 현상은 이제 겨우 시작에 불과하다는 강력한 경고를 하고 있다.[7] 특히 미국 질병통제예방센터의 연구를 인용하면서 최근에 새롭게 발생한 질병의 상당수가 인간이 아닌 동물로부터 유래된 감염병인데, 이는 인구의 급격한 증가와 무분별한 도로 건설, 광산 개발과 사냥 및 벌목에 의한 동물의 서식지 파괴와 이에 따른 생태계 교란에 주요 원인이 있다고 밝히고 있다.[8]

　유니버시티 칼리지 런던(University College London)의 생태학 교수인

---

7 John Vidal, "'Tip of the iceberg': is our destruction of nature responsible for Covid-19?" https://ensia.com/features/covid-19-coronavirus-biodiversity-planetary-health-zoonoses/. 2020년 6월 10일 접속함.
8 위의 글.

케이트 존스(Kate Jones)의 연구에 따르면 동물에 의한 신종 전염병이 최근에 증가하고 있으며 이는 세계의 보건, 안보 및 경제에 매우 중대한 위협이 되고 있다. 실제로 2008년에 존스와 그의 연구팀은 1960년부터 2004년 사이에 나타난 335개의 새로운 질병들 가운데 적어도 60%는 인간이 아니라 동물들에게서 유래한 것이라는 사실을 발견했다. 존스는 해를 거듭할수록 이러한 동물유래 질병들이 더욱 환경 변화와 인간의 행동과 연관되어왔다고 말하는데, 그는 벌목, 채굴, 외진 곳을 관통하는 도로 건설, 급속한 도시화와 인구 증가로 인해 원시 그대로의 숲이 파괴되면서 사람들이 이전에는 결코 가까이 다가가지 못했을 생물종들과 더 가까이 접촉하게 되었다고 분석한다. 야생동물로부터 인간에게 질병이 전염되는 것은 이제 "인간 경제 발전의 숨겨진 [값비싼] 비용"이라는 것이다.[9]

그렇다면 우리는 이에 대해 무엇을 할 수 있을까? 존스는 우선 질병 발생 및 전파와 관련한 경제적인 불균형의 심각성을 인식하면서 우리의 변화는 부유한 사회와 가난한 사회 모두에서 발생해야 한다고 강조한다. 존스는 북반구의 목재, 광물, 자원에 대한 수요는 질병을 유발하는 황폐화된 자연과 생태계의 붕괴를 낳는다고 말한다. 존스는 특히 개발도상국의 의료 서비스 제공을 강화하고 국제적인 차단 방역(global biosecurity)에 대해 생각해야만 한다고 지적한다. 그렇지 않으면 인류는 더 심각한 질병들에 의해 커다란 어려움을 겪게 된다는 것이다. 다시 말

---

9   위의 글.

해 글로벌 시대의 질병은 이전보다 더 멀리, 더 빨리 이동하기 쉬운데, 이것은 또한 우리가 더 빨리 새로운 질병에 대응해야 한다는 것을 의미한다. 더 적극적이고 과감한 투자와 인간 행동의 변화가 필요하고, 이는 우리가 지구를 하나의 생태 운명 공동체 차원에서 생각할 것을 요구한다고 존스는 경고한다.[10]

캐롤린 머천트(Carolyn Merchant)에 의하면 역사적으로 세계화 현상은 16세기 유럽으로 거슬러 올라가 자본주의와 식민주의의 역사적인 팽창에 기원을 두고 있다.[11] 유럽과 북미에서 성장한 시장경제 중심의 자본주의 체제는 신대륙의 식민지들과 긴밀하게 연결되어 있었고 유럽의 탐험가와 식민지 개척자들은 새로운 땅에 자신들의 가축과 작물, 잡초, 그리고 해충뿐만 아니라 각종 질병을 가져다주었다.[12] 그런데 당시 식민주의 자본가들의 이기주의로 의해 신대륙의 생명과 자원이 유린되고 황폐화되었던 것처럼, 오늘날 팬데믹의 전개 과정도 인간중심주의에 의해 생태계의 불균형과 파괴가 급속도로 이루어지고 있다는 것을 알 수 있다. 머천트가 예리하게 지적한 것처럼 과거에 식민지가 무력으로, 무역품에 대한 경제적 의존성으로, 노예로, 그리고 정령숭배 종교를 유대-그리스도교 신학으로 대체시킨 선교사들의 종교적 이데올로기로 유지되었듯이, 오늘날 인간은 지구 공동체를 과학기술과 문명이라는 도구로, 인류세라는 교만으로, 그리고 인간중심주의라는 이데올로기로 유지해

10   위의 글.
11   캐롤린 머천트, 『래디컬 에콜로지』, 허남혁 옮김(서울: 도서출판 이후, 2007), 59.
12   위의 책, 60.

가고 있으며, 그 결과가 기후위기와 코로나19라는 참혹한 현실을 낳은 것이다.

　본 장은 코로나19로 인한 글로벌 기후위기의 시대를 맞이하여 창조 세계에 대한 기독교의 인식이 에고(ego)에서 에코(eco)로 전환되는 것이 최우선 과제라는 점을 강조하고자 한다. 특히 머천트의 생태윤리에 대한 다섯 가지 구분에 따라[13] 그동안 창조세계에 대해 도구적인 가치만을 인정해온 자아중심적(egocentric) 이해가 생태계를 먹이 피라미드나 먹이 사슬로만 이해하는 공리주의적이며 인간 사회 중심적이었던 점을 반성하고, 생태계를 조밀하고 안정적인 생명망(web of life)으로 이해하는 생태중심적(ecocentric)인 관점을 넘어, 관계와 파트너십을 강조하는 생태 공동체로서의 생태윤리를 강조하고자 한다. 이것은 근본생태론(radical ecology)이 지닌 전체론적인 단점이나 정치적인 비판의 결여를 극복할 수 있으며, 에코페미니스트들이 지적하는 가부장적이고 자본주의적인 편향을 극복하기 위한 일종의 방안이 될 수 있을 것이다.[14]

　나아가 본 장은 이를 신학적으로 적용하여 지구를 창조의 결과물인 성례전적 공유지로 이해하여 생태적 창조 의식을 강조하는 사회생태윤리를 하나의 대안으로 제시하고자 한다. 이것은 기존의 관계중심적인 생태윤리를 발전시켜 생태계 전체의 통합적인 균형과 평화를 위한 지구 공동체의 존중을 도모하는 래리 라스무센(Larry Rasmussen)의 신학적 접

13　위의 책, 106.
14　위의 책, 165-68.

근 방법을 활용한 것으로, 사회생태론자들이 주장하는 변증법적인 방법과 사회정의에 행동의 초점을 두는 입장을 넘어서는 새로운 형태의 기독교윤리라고 할 수 있다.

이를 위해 먼저 바이러스의 개략적인 기원 및 그들과 인류의 관계를, 생태계 원리를 망각한 인류의 재앙으로서의 감염증들을 중심으로 살펴보고자 한다. 또한 인간의 이기적인 자아상을 한마디로 요약하는 개념인 인류세의 전개 과정을 살펴본 후에, 포스트 코로나 시대 기독교 윤리의 핵심으로 생태적 창조 의식의 자각에 대한 중요성을 고찰하려고 한다. 나아가 서구 자본주의 시장경제 체제에서 소비주의의 실패를 반성하면서, 이를 극복할 방안으로 상호연관성과 상호관계성을 강조하되 기독교의 창조신학적인 입장에서 세계를 조망하는 사회생태윤리를 미래 사회를 위한 뉴 노멀로서 희망의 윤리로 제안하고자 한다.

1) 바이러스의 기원 및 바이러스와 인류의 관계

DNA나 RNA와 같은 유전물질을 포함한 지구상의 가장 작은 생명체로 분류되기도 하는 바이러스의 존재가 인간에게 알려지기 시작한 것은 19세기 후반에 이르러서였다. 바이러스는 미세한 크기로 인해 광학현미경에 의한 시각적인 관찰이 불가능했기 때문에, 간접적인 실험을 통해 박테리아가 아닌 병원균으로서의 바이러스의 존재가 뒤늦게 증명되었다. 그리고 이후 전자현미경이 발명되고 난 후에야 인간은 바이러스를 관찰할 수 있었다.

　바이러스는 구조가 지극히 단순하고 다른 세포에 비해 비교적 유동적이며 다른 단세포 생물과 비교해 종류가 다양하고 크기도 작기 때문에 개체수도 다른 모든 생물을 합한 것보다 월등하게 많다. 또 보통의 경우 종류별로 각각 특정한 바이러스가 동물 혹은 식물의 세포에 기생 감염하여 증식한다. 본래 바이러스는 인간의 질병을 이해하기 위해 처음 연구되기 시작했지만 그렇다고 해서 바이러스가 전부 질병의 원인이 되는 것은 아니다. 세포 내에 기생하면서 자기증식을 하고 종족을 번식하기만 하는 바이러스도 있다. 이러한 바이러스 연구를 통해 박테리아와 동식물 세포의 기작을 밝힐 수 있었으며, 이는 세포의 진화와 유전자 연구와 관련한 생화학 분야에도 기여했다.[15]

　바이러스의 기원을 추적하는 것은 그들이 화석을 남기지 않기 때문에, 그리고 그들이 침입한 세포 안에서 자신의 복제품을 만들기 위해 사용하는 일종의 속임수 때문에 쉽지 않은 일이다. 어떤 바이러스들은 심지어 그들이 감염시키는 세포 안에 그들 자신의 유전자를 꿰매어 연결시키는 능력도 가지고 있는데, 이러한 점은 그들의 조상을 연구하기 위해서는 숙주와 다른 유기체의 역사로부터 그것을 분리해야 한다는 것을 의미한다. 그런데 이러한 과정을 더욱 복잡하게 만드는 것은 바이러스가 단순히 인간만을 감염시키는 것이 아니라 기본적으로 박테리아에서부터 다른 포유류나 심지어 해조류까지 포함하는 모든 유기체를 감염시

15　David Freifelder, *Molecular Biology* (CA: Jones and Bartlett Publishers, Inc., 1987), 737.

킬 수 있다는 사실이다.[16]

그럼에도 과학자들은 많은 바이러스의 유전자가 세포의 유전자와 어떤 성질을 공유한다는 사실에 기초하여 바이러스의 역사를 일부 조합할 수 있었다. 이것은 그들이 세포 DNA의 큰 조각으로부터 시작해서 독립하게 되었거나, 혹은 이러한 바이러스들이 진화 초기에 나타났고, 그들의 DNA 중 일부는 세포의 게놈에 붙어 있었다는 것을 암시한다. 즉 인간을 감염시키는 일부 바이러스가 박테리아를 감염시키는 바이러스와 구조적 특징을 공유한다는 사실은 이 모든 바이러스가 수십억 년 전으로 거슬러 올라가는 공통의 기원을 가지고 있다는 것을 알려준다. 이것은 바이러스의 기원을 추적하는 또 다른 문제를 조명하는데, 대부분 현 세대의 바이러스는 하나의 유기체를 만들기 위한 일종의 "혼합과 짜 맞추기"(mix and matching) 접근방식에 의한 다른 출처에서 나온 각기 다른 조각들의 짜깁기로 보인다는 점이다. 남아프리카 공화국 케이프타운 대학교의 바이러스학 교수인 에드 리빅키(Ed Rybicki)에 의하면 그들의 모든 공통적인 특징과 그들의 게놈을 복사하고 퍼뜨리는 독특한 능력에도 불구하고, 대부분 바이러스의 기원은 영원히 알려지지 않을지도 모른다고 한다.[17]

미국 데이비슨 칼리지(Davidson College)의 생물학 교수인 데이비드

16 Ed Rybicki, "Where did viruses come from?" *Scientific American*, March 27, 2008, https://www.scientificamerican.com/article/experts-where-did-viruses-come-fr/, 2020 년 7월 9일에 접속함.
17 위의 글.

위스너(David R. Wessner)에 의하면 이처럼 바이러스의 진화 역사는 바이러스학자들과 세포 생물학자들에게는 매우 흥미로운 주제를 제공한다.[18] 바이러스의 커다란 다양성 때문에 생물학자들은 이러한 실체를 어떻게 분류하고, 어떻게 그것들을 전통적인 생물 분류 체계에 연관시킬 것인가에 대해 고심해왔다. 그것들은 세포 사이를 이동하는 능력을 얻은 유전적 요소들을 알려줄 수 있으며, 또한 그것들이 기생 생활을 시작하기 이전의 자유 생물체들을 대표할 수도 있다는 것이다.

현대의 과학자들은 바이러스가 상당히 다양하다는 것을 연구를 통해 밝혀왔다. 다른 모든 생물학적 실체와 달리 소아마비 바이러스와 같은 일부 바이러스는 RNA 게놈을 가지고 있고 헤르페스 바이러스 같은 일부 바이러스는 DNA 게놈을 가지고 있다. 또 어떤 바이러스(예를 들어 인플루엔자 바이러스 등)는 단일 가닥 게놈을 가지고 있지만, 다른 바이러스(예를 들어 천연두 등)는 이중 가닥 게놈을 가지고 있다. 나아가 그들의 구조와 복제 전략은 똑같이 다양하다. 그러나 위스너에 의하면 바이러스는 다음과 같은 몇 가지의 기능을 공유한다. 첫 번째, 그것들은 일반적으로 지름이 200 나노미터 미만일 정도로 상당히 작다. 두 번째, 숙주 세포 내에서만 복제할 수 있다. 세 번째, 지금까지 알려진 어떤 바이러스도 세포의 단백질을 만드는 변환 기계에 필요한 성분인 리보솜을 포함하고 있지 않다는 점이다.[19] 특히 세 번째 이유 때문에 일부 과학자들은 바이

---

18   David R. Wessner, "The Origins of Viruses," *Nature Education*, 2010 3(9):37.
19   위의 글.

러스를 여전히 생물과 무생물의 중간체로 분류하기도 한다.

과학자들은 바이러스의 진화 역사를 이해하는 일이 생명의 기원을 어느 정도 밝혀줄지도 모른다고 생각한다. 하지만 현재까지 바이러스의 기원에 대한 명확한 설명은 존재하지 않는다. 바이러스는 세포 사이를 이동하는 능력을 얻은 이동 유전 성분들에서부터 발생했을 수도 있으며, 그들이 기생을 통해 자신들의 유전자를 복제하는 전략을 채택하기 이전의 어떤 독립 생물체의 후손일 수도 있다는 것이다. 아마도 바이러스는 이전부터 존재하면서 세포 생명의 진화를 이끌어왔다고 볼 수 있다. 바이러스의 기원을 연구해온 위스너는 지속적인 연구가 우리에게 더 명확한 답을 줄 수도 있지만 미래의 연구들을 통해 오히려 더욱 모호해질 수도 있다고 결론을 내린다.[20]

바이러스의 기원과 존재의 다양성에 대한 과학자들의 오랜 연구에도 불구하고 한 가지 확실한 것은 바이러스 또한 우주의 모든 존재를 창조하신 분의 피조물이라는 점이다. 여전히 많은 부분이 베일에 싸여 있어 바이러스에서 유래한 각종 질병, 특히 코로나19의 해결에 어려움을 겪고 있지만, 장구한 우주의 역사와 이야기 가운데 바이러스도 한 부분을 차지하면서 이어져올 수 있었던 점을 고려할 때 우리는 바이러스의 피조성도 고려해야 할 것이다. 창조세계의 구성물이 인간에게 도구적으로 무의미하거나 일시적으로 유해하다고 해서 인류가 그것의 존재 가치를 낮게 여길 수는 없다. 왜냐하면 앞서 언급한 바와 같이 처음에는 질

---

20   위의 글.

병의 원인으로서 바이러스를 연구하기 시작했지만 결국 이러한 연구를 통해 유전자의 존재와 기작을 밝히는 데 기여할 수 있었기 때문이다.

그런데 이러한 바이러스가 인구의 급격한 증가와 세계화에 따른 인간의 왕성한 활동과 이동으로 인해 각자의 활동 구역이라고 할 수 있는 특정 숙주들을 중심으로 번식과 생장을 지속해오던 일반적인 패턴이 붕괴되기 시작했다. 21세기에 접어들면서 코로나19 이전에도 닭에서 처음 발견된 것으로 알려진 변종 코로나 바이러스에 의해 2002년부터 2003년까지 유행한 사스(SARS, 중증급성호흡기증후군)가 중국 광둥에서 발생해 전 세계적으로 8천 명이 감염되어 750명이 사망했다. 2009년 신종 H1N1 감기 바이러스(신종플루)는 멕시코 돼지에게서 발병하여 인간, 조류와 돼지 유전체 변종으로 진행되면서 전 세계로 빠르게 확산되어 약 28만 명의 사망자가 발생했다.[21] 2012년에는 주로 박쥐나 낙타에게 감염이 되는 코로나 바이러스가 변종이 되어 인간에게 전염된 후 발병한 메르스(MERS, 중동호흡기증후군)가 사우디아라비아에서 처음 발견된 뒤 중동 국가들을 중심으로 감염이 이어지다가 국내에는 2015년에 상륙하여 38명이 사망했다.[22]

앞서 유니버시티 칼리지 런던의 존스 교수가 지적한 바대로 최근 45년 동안 발생한 새로운 질병들 가운데 약 60%가 인간이 아닌 동물에

---

21 앤서니 기든스, 필립 서튼, 『현대 사회학』, 김미숙 외 옮김(서울: 을유문화사, 2018), 480.
22 김의석, "21세기 바이러스 총망라", 분당서울대학교병원. 2020년 4월 3일, https://m.post.naver.com/viewer/postView.nhn?volumeNo=27898461&memberNo=11219042&vType=VERTICAL, 2020년 7월 10일 접속함.

서부터 유래한 것이라고 한다면 코로나19 이후의 상황은 더욱 암울하다고 볼 수 있다. 존스는 야생동물에게서 인간으로 질병이 전염되는 것은 이제 필연적인 결과라고 언급하면서, 그렇게 된 원인은 현재 지구에 인간이 다른 생물종에 비해 월등히 많기 때문이라고 지적한다.[23]

인류는 근대 문명 이후로 대부분 방해받지 않는 새로운 곳으로 이주하여 그곳에서 점점 더 노출되어 왔다. 존스의 지적에 따르면 이를 통해 바이러스가 인류에게 더 쉽게 전염되는 서식지를 만들고 있는데, 그때 새로운 질병의 원인이 되는 바이러스가 생겼다는 사실에 인류는 오히려 매 순간 놀라고 있다.[24] 지구상 모든 곳의 야생동물들이 더 많은 스트레스를 받고 있으며 인간의 이기적인 활동에 의한 지형의 변화로 인해 동물들이 서식지를 점점 잃어가고 있는데, 이는 다양한 종들이 함께 뒤엉켜서 붐비고 결국 인간과 더 밀접한 접촉을 하는 결과를 낳는다는 것이다. 이러한 변화에서 살아남은 종들은 이제 창조세계에서 다른 생물종들과 인간과 함께 움직이고 섞이며 생존을 위해 투쟁하고 있다.

---

23 John Vidal, "'Tip of the iceberg': is our destruction of nature responsible for Covid-19?"

24 위의 글.

2) 인류세로 대표되는 에고 윤리

인류의 이기적인 활동들이 이제는 인간 사회의 문제로만 머물지 않고 지구 공동체 전체의 생존 문제가 되고 있다. 예를 들면 급격한 인구증가와 과다한 인간 활동에 따른 지구 온도의 지속적인 상승과 이에 따른 각종 이상 기후 현상들, 지구의 오랜 역사와 함께 존재해왔던 빙하의 붕괴에 따른 해수면 상승과 그 내부에 머물던 메탄가스의 노출 가능성에 대한 경고, 각종 살충제와 화학 물질의 과도한 사용에 따른 생물종다양성의 급속한 감소와 변이 생물의 출현, 플라스틱에 의한 해양 생태계의 오염 등은 지구 생태계의 불균형을 일으키는 총체적인 문제들이다. 점점 가속화되어 가고 있는 생태계 파괴에 따른 재앙의 규모는 이제 가늠하기조차 쉽지 않다. 어떤 구체적인 경로를 통해, 그리고 무엇 때문에 이와 같은 문제들이 발생했을까를 생각해보면 결국 이 모든 것들은 인간의 이기심에서 비롯되었고 지구상에서 오직 인류만을 위한 목적으로 행해진 지구에 대한 인간의 일방적인 횡포였다.

정의에 대한 관심은 이웃을 위한 우리의 책임을 상기시킨다. 예수님을 따르는 자로서, 우리는 이기적인 삶이 아닌 자비롭고 이타적인 인생을 위해, 그리고 소외된 사람들을 위한 정의를 위해 부름을 받았다. 기후위기의 시대에 우리는 가난하고 연약한 인간들이 급격한 기후 변화로 인해 이미 더 심각한 피해를 경험하고 있고, 다른 종들은 죽어가고 있으며, 오늘날 어린이들과 미래 세대들은 지구 온도가 계속 올라가면서 점점 더 혹독한 상황에 이를 것이라는 두려움에 사로잡히게 된다.[25] 어떻게 하면 우리가 용기를 내어 이러한 현실을 대면할 수 있고, 이러한 현실의 영향을 분별함으로써 우리의 믿음을 온전히 드러내며, 세상에 대해 하나님이 의도하신 사랑을 보여주는 말과 행동으로 대응할 수 있을까?

기후 변화의 결과가 예측을 뛰어넘고 지구 생물계가 지구 온난화의 영향에 굴복하는 상황에서 사랑에 빠진다는 것은 무엇을 의미하는가? 생명이 줄어들고 창조세계의 영광이 사라지는 상황에서 하나님을 사랑한다는 것은 무슨 의미일까? 끝이 보이지 않는 재난이 닥쳤을 때 고통받는 이웃을 불쌍히 여겨서 손을 뻗는다는 것은 무슨 뜻일까? 우리가 어떤 어려움에 직면하더라도 하나님의 사랑이 우리를 감싸고 있으며 우리에게 길을 보여준다고 단언하기 위해서는 하나님과 이웃에 대한 사랑으로 창조세계를 존중하고 인간 가족, 미래 세대, 그리고 모든 창조물을 위한 정의를 확립할 필요가 있다. 이것은 라스무센의 지적대로 지구상의 모든 존재를 상호의존적인 전체(interdependent wholes)로 생각하고 서로가 서로에게 속해 있다는 현실을 인정할 때 가능하다.[26]

에드워드 윌슨은 지질학자들이 구분한 지질 시대를 살펴보면서 신생대의 마지막 시기라고 보았던 홀로세가 끝나고 새로운 지질 시대로 대체되었다고 인정할 수 있을 만큼의 변화가 발생한 지금의 시대를 지

---

25   Sharon Delgado, *Love in a Time of Climate Change: Honoring Creation, Establishing Justice* (Minneapolis, MN: Fortress Press, 2017), 3.

26   라스무센, 『지구를 공경하는 신앙』, 608.

칭하는 인류세 개념을 소개한다. 그에 의하면 대륙 빙하가 마지막으로 물러나기 시작한 11,700년 전에 시작된 홀로세는 온화한 기후 덕분에 생물종의 수가 가장 많았던 시기였지만 지금은 인간의 활동으로 인해 대멸종이란 새로운 국면을 맞이하고 있다는 것이다.[27] 만일 먼 미래에 인류가 우리 시대의 지층을 탐사한다면 어떤 결론을 내리게 될까? 그들은 인류세로 표현되는 지금의 시대에 이루어진 과도한 개발과 물질의 남용, 이로 인해 무분별한 오염물질과 쓰레기의 대량 배출이 만들어 낸 참혹한 상황을 보고하며 불행했던 과거의 한 단면으로 평가하지는 않을까 상상해본다.

윌슨과 머천트에 의하면 인류세라는 용어는 1980년대 초에 수생생물학자인 유진 스토머(Eugene F. Stoermer)에 의해 처음 창안되었고, 노벨상 수상자였던 대기화학자 파울 크뤼천(Paul Crutzen)에 의해 2000년에 널리 알려진 개념이다.[28] 먼 미래에 지질학자들이 지구의 지층을 연구하게 된다면 자연적인 지구의 활동과는 무관하게 인간의 과도한 활동과 지구에 대한 착취로 인한 산물인 콘크리트, 알루미늄, 그리고 플라스틱 등과 같은 쓰레기들이 이른바 기술화석(techno-fossil)[29]의 형태로 축

---

27 윌슨, 『지구의 절반』, 22. 또한 Merchant의 최근 저서에도 잘 설명되어 있다. Carolyn Merchant, *The Anthropocene and the Humanities: From Climate Change to a New Age of Sustainability* (CT: Yale University Press, 2020), x. Merchant는 이 책에서 기후 변화와 인류세의 관계를 논하면서 인류의 역사, 예술, 문학, 종교, 철학, 그리고 윤리와 정의 등의 연관성을 다루고 있다.

28 위의 책, 23.

29 장윤재, "포스트휴먼 신학을 향하여: 생태신학과 포스트휴머니즘의 만남", 김수연 외 11인, 『포스트휴먼 시대, 생명, 신학, 교회를 돌아보다』(서울: 동연), 2017, 201.

적된 새로운 지층을 발견하게 될 것이다. 거기에는 이전의 어느 지질 시대에도 존재하지 않았던 인류의 과도한 활동에 의한 각종 오염물질들과 최악의 인간 본성이 결합된 불행한 결과물을 보게 될 것이라는 현실이 윌슨을 비롯한 인류세를 주장하는 학자들의 생각이다.[30] 즉 지구에서 더이상 인류는 다른 존재들과 더불어 사는 하나의 구성원이 아닌, 지구와 대적하고 지구 전체의 지질 역사를 임의로 변화시키며 악을 행하는 이기적인 존재가 되었다.

클라이브 해밀턴(Clive Hamilton)은 크뤼천이 인류세의 위기에 직면한 지구 생태계의 문제를 해결할 방안을 과학과 공학에서 찾을 수 있다고 다소 비현실적이며 순진한 제안을 내놓은 것에 대해 우려를 나타낸다.[31] 그렇다고 해서 그는 인간이 지구의 미래를 변화시킬 수 있는 능력을 완전히 상실했다고 생각하지는 않는다. 그보다는 인류의 힘을 인정하면서도 지금까지의 무절제한 사용을 경고하고, 힘의 남용을 염려하면서 현명하고 책임감 있게 사용하기를 바라는 것이다. 이를 해밀턴은 "새로운 인간중심주의"라고 명명하고 있으며, 이는 인류의 의지적인 행위로 생존이 위협받기 시작한 지구에 대한 인간의 책임성을 강조하는 것이다.[32] 그의 신인간중심주의는 목적론적인 인간중심주의를 부정하면서도 능동적이고 제어하기 어려운 지구 시스템의 복잡성을 인정하는 한

---

30   윌슨, 『지구의 절반』, 24.
31   클라이브 해밀턴, 『인류세: 거대한 전환 앞에 선 인간과 지구 시스템』, 정서진 옮김(서울: 이상북스, 2018), 57.
32   위의 책, 88.

편, 앞으로의 인류가 행하는 활동에 제약을 가하고 스스로 절제해야 한다는 새로운 차원의 패러다임이다.[33]

해밀턴의 새로운 인간중심주의는 인간의 힘을 지구에 대한 권리로서가 아니라 그에 대한 고유한 책임으로 부여하려는 것이다. 인간의 특별함을 드높이는 동시에 그와 관련한 의무들을 강조하자는 것이다.[34] 하지만 이것이 과연 지구 시스템의 붕괴를 초래한 기존의 인간중심주의와 어떻게 구별될 수 있을까? 과연 막강한 힘을 지닌 인류가 스스로 자기 능력을 조절하고, 게다가 자신의 책임감을 얼마나 고양시킬 수 있을까? 이기적인 인간중심주의에서 벗어나 의식과 관점에 근본적인 변혁을 가해야 하는 것은 아닐까? 이미 풍요와 편리함에 익숙해져 지구의 물질을 독점하듯 남용하고 있는 인류가 과연 돌연히 자신들의 책임성을 인식하고 현재보다 조금이라도 불편하거나 결핍된 생활로 돌아갈 수 있을까? 해밀턴의 주장은 지나치게 낙관적인 착각이며 이기적인 인류의 현실을 직시하지 못한 유토피아적인 환상이다. 라스무센의 지적대로 역사를 통해 볼 때 인간이 주인이 되는 죄에 의한 "지배적인 에고(ego)의 힘은 피조물 속에 내재하는 상호의존성"[35]을 파괴하고 집합적인 생명 파괴와 각종 차별, 그리고 전쟁범죄를 통한 대량살상을 저질러왔다는 참혹한 현실을 해밀턴은 간과하고 있다.

윌슨은 인류세와 관련한 최근의 논의에 대해 깊은 우려를 표명한

---

33   위의 책, 94.
34   위의 책, 95.
35   라스무센, 『지구를 공경하는 신앙』, 527.

다. 그는 인류세의 관점에서 세상을 바라보는 이들을 이른바 "인류세 열광자"라고 비판한다. 심지어 그들은 살아남은 생물종의 다양성을 판단할 때 "그것이 인류를 위해 봉사하는가", 즉 인류의 복지와 삶의 질을 높이는 데 도움이 되는가라는 이기적인 기준에서 결정한다는 것이다.[36] 윌슨에 의하면 인류세 열광자들은 더 이상 지구상에 "야생의 상태는 존재하지 않으며 지구는 그러므로 이미 중고품 행성"이고 자연스러운 자연은 이미 죽었거나 죽어가고 있다고 주장한다는 것이다.[37] 이왕에 인류세 시대를 맞이하였으니 이제는 인류가 보다 적극적으로 생태계의 구조에 관여함으로써 사람과 야생종 모두가 공생을 통한 혜택을 보게 되는 날을 앞당기자는 그들의 주장을 윌슨은 부정적으로 평가한다.[38] 결론적으로 인류세는 오늘날 인간의 자기중심적인 에고 윤리를 상징적으로 나타내는 표현이라고 할 수 있다.

3) 생태적 창조 의식에 대한 자각의 중요성

캐롤린 머천트는 윤리적인 기준과 입장에 따라 생태윤리를 크게 다섯 가지로 구분한다. 자아에 근거를 둔 자기중심적 윤리, 사회에 근거를 둔 인간중심적 윤리, 우주에 근거를 둔 생태중심적 윤리, 생물학적 다양성

---

36   윌슨, 『지구의 절반』, 112.
37   위의 책, 155.
38   위의 책.

과 문화적 다양성 간의 상보성 위에 구축되는 다문화적 윤리, 그리고 머천트가 자신의 통합적인 방법으로 선택하여 내세우는 동반자 윤리다. 머천트의 동반자 윤리에 의하면 "인간과 비인간 공동체를 위한 최대의 선은 서로 간의 살아 있는 상호의존적 관계에 있다."[39] 머천트는 이것이 야말로 이기적인 인간이 절제를 통해 인류의 다급한 필요와 함께 생태계의 필요를 동시에 충족시키고자 하는 것으로, 생태중심적 윤리와 인간중심적 윤리를 통합하는 것이라고 강조한다.[40]

머천트는 전 지구적 규모의 생태계 위기를 분석하면서 이것이 자본주의의 소비중심적인 생산과 재생산, 그리고 세계관 등 모든 사회 수준들과 관련되어 있는데, 특히 경제 수준에 따라 세계 각층의 사람들에게 차별적으로 영향을 미친다고 분석한다.[41] 머천트는 간디가 "지구상에는 모든 사람들의 필요를 충족할 만큼 충분한 자원이 있지만, 모든 사람들의 탐욕을 채울 만큼 충분하지는 않다"고 경고한 내용을 인용하면서 [42] 인구의 급격한 증가에 따른 인류의 의식 변화가 무엇보다 중요하다고 강조한다. 또한 머천트는 현재의 글로벌 생태위기는 심화되는 불균형과 모순의 결과라고 하면서, 이를 전 지구적 정치체제와의 연관성뿐만 아니라 그 특수한 역사적 맥락 속에서 검토해야 한다고 주장한다. 나아가 머천트는 생태 혁명을 해석하고 일구기 위한 개념 틀을 도식화하여 생

---

39   머천트, 『래디컬 에콜로지』, 131.
40   위의 책.
41   위의 책, 47.
42   위의 책, 45.

태, 생산, 재생산, 그리고 의식이 시간을 두고 상호 작용하면서 생태적 변혁을 가져온다는 자신의 주장을 뒷받침한다.

머천트에 의하면 인간 의식은 "오랜 기간 한 사회를 유지하고 변화를 만들어 내는 데 기여하는 신화, 우주론, 종교, 철학, 과학, 언어, 예술에 반영된 자연의 표상을 포함하는 것"[43]으로, 이는 관계적 역동성에 따라 우리의 "윤리, 도덕, 금기, 축제, 춤, 유희 등을 통해 생태, 생산, 재생산에 영향을 주고받는 행동으로 옮겨 간다."[44] 이는 오늘날 기독교 신학과 윤리에서 창조 의식에 대한 자각이 얼마나 중요한지 우리에게 일깨워 주는데, 그중에서도 우주에 대한 성례전적인 이해는 대표적인 접근법이다.

생태적 창조 의식의 자각에 대해 필자는 종교적인 의식과 실천행위의 변화를 이루기 위해 성례전적 공유지 개념을 생태적인 의미로 재해석한다.[45] 필자는 생태위기와 기후위기 시대에 기독교가 창조 의식에 대한 생태적 자각으로 더욱 자연을 의식하고, 자연과 관계하며, 나아가 자연을 통합하는 종교가 될 수 있다고 주장한다.[46] 필자는 존 하트의 성례전적 공유지가 창조세계에서의 내재 및 초월을 경험하는 장소로서 갖는 생태적 중요성을 강조하면서, 머천트와 마찬가지로 일종의 통합적인 비

---

43   위의 책, 33.
44   위의 책, 54.
45   박용범, "제4차 산업혁명 시대의 기독교 사회생태윤리 모색", 「기독교사회윤리」 제41집 (2018), 108-109.
46   위의 글, 108.

전과 세계관으로서의 창조 의식의 역할에 대해 강조한다.[47]

이에 대해 라스무센은 인류가 직면한 생태위기의 시대에 도덕적 우주를 강조하면서 산업혁명 이후 시대에 일어났던 지진과도 같은 커다란 변화를 또다시 경험하게 된다고 주장하며, 새로운 종교와 윤리로서의 지구를 공경하고 존중하는 신앙을 최우선의 화두로 제시한다.[48] 그에 의하면 지금까지 인류가 최고의 가치로 여겨왔던 "인간의 자아와 인간 사회에서 벗어나서 생태권(ecosphere)이 중심이자 경계 및 주체가 되는 것으로 변화"[49]하는 것이 이 시대의 새로운 요청이라는 것이다. 특히 라스무센은 생태계의 핵심적 원리인 상호성의 실패가 현대성의 중요한 결점이라고 지적하면서, 우리의 기원인 흙을 윤리학의 새로운 주제로 취급해야 함을 강조한다.[50] 우리의 사명은 흙의 수호자이자 관리자로서의 역할을 충실히 감당하는 것인데, 이는 루터의 신학에서도 발견되는 것이고, 더 나아가 이슬람의 쿠란에서도 유사한 관점이 발견된다고 한다.[51] 이 시대의 생태영성적 인간은 흙에서 만들어진 최초의 경작물인 인간을 포함한 모든 생물종의 창조를 수행하셨던 삼위일체 하나님처럼 우리를 둘러싼 사회의 모든 영역에 대해 개방적인 자세를 취하여 상호의존관계에 의해 살아가면서 스스로 "자신을 나누어주는 관대함(self-imparting

---

47   위의 글, 109.
48   래리 라스무센, 『지구를 공경하는 신앙』, 323.
49   위의 책.
50   위의 책, 324.
51   위의 책, 330–33.

generosity)을 갖춘 존재라는 것이다.[52]

　우리가 직면한 생명 위기, 생태계 위기는 지구 공동체를 위협하고 있으며, 따라서 지금이야말로 이념과 종교를 초월하여 상생과 공존을 위한 새로운 형태의 윤리의식이 요청되는 때다.[53] 그것은 한마디로 이기주의적(egoistic), 인간중심적(anthropocentic) 윤리에서 벗어나 생태중심적(ecocentric)이며 관계중심적(relational)이고 궁극적으로 생태적 창조 의식(creation consciousness)에 기반한 생명망(web of life)을 강조하는 성례전적 공유지의 생태윤리라고 할 수 있다.[54] 이것은 기존의 근본생태론(radical ecology)이 지닌 다양성을 존중하지 못하는 전체론적인 결함이나 정치적인 비판의 결여를 극복할 수 있으며, 에코페미니스트들이 지적하는 가부장적이고 자본주의적인 편향에서 벗어나기 때문에 단순한 생태중심주의와는 다르다. 나아가 이것은 기독교 신학의 창조론에 입각하여 전개되는 윤리이므로 변증법적인 방법이나 사회정의에 행동의 초점을 두는 사회생태론자들의 입장을 넘어서는 새로운 형태의 윤리라고 할 수 있다.

　이는 존 하트가 오랫동안 강조해 온 사회생태윤리의 핵심적인 내용인데, 필자는 생태계에 대한 성례전적 공유지로서의 중요성을 깨닫고 생태계를 보다 책임 있게 보호하기 위해 "자연에 대한 인간중심적인 지

52　위의 책, 339.
53　박용범, "21세기 기독교윤리를 위한 사회생태적 창조정의 구상", 「영산신학저널」 Volume 48 (2019), 304.
54　라스무센, 『지구를 공경하는 신앙』, 435.

배에서 벗어나 창조세계와의 관계적 상호의존성으로의 의식의 전환"을 수행해야 한다고 주장한다.[55] 하트는 또한 공유지의 성례전적인 성격을 설명하면서 "만일 인간이 공유지를 성령이 존재하는 성례전적인 것으로 여긴다면, 우리는 성령을 대하는 태도와 같이 생태계를 존중해야 하며, 책임감으로 돌봐야 하고, 그 안에서 성령의 표식을 찾아야 하며, 나아가 그 모든 산물을 정의롭게 배분해야 한다"고 강조한다.[56]

오랫동안 동방 정교회와 켈트(celtic) 기독교를 제외하고 교회와 신학의 윤리적인 규범으로서의 공동선(common good)은 주로 인간 사회만을 위한 것이었다. 그러나 1970년대 이후 주로 로마 가톨릭교회를 중심으로 전 지구적 공유지의 공동선에 대한 관심이 부각되었다.[57] 그들은 지구를 하나의 성례전으로 여기며 조밀하고 역동적인 관계성에 기초한 생명망인 거룩한 공동체로 이해한다. 즉 하나님의 거처로서의 창조세계는 주체와 객체로 분리된 것이 아니라 주체들의 친교(a communion of subjects)[58]가 이루어지는 곳으로, 상호연관성과 상호관계성의 상호작용을 강조하는 생태윤리의 원리가 우선되는 곳이다.

---

55 박용범, "제4차 산업혁명 시대의 기독교 사회생태윤리 모색", 114.

56 John Hart, *Cosmic Commons: Spirit, Science, & Space* (Eugene, OR: Cascade Books, 2013),181.

57 이와 관련하여 최초의 미국 가톨릭의 생태윤리 관련 공식 발간물이라고 할 수 있는 *Renewing the Earth – An Invitation to Reflection and Action in Light of Catholic Social Teaching* (Washington, DC: U.S. Catholic Conference, November 14, 1991)은 보스턴 대학교의 기독교 윤리학 교수였던 John Hart에 의해 대부분의 내용이 저술되었고, 여기에 수록된 그의 생태윤리적인 내용만을 별도로 모아서 발간한 책이 2004년에 출간된 *What are They Saying about Environmental Theology?*(CA: Paulist Press, 2004)이다.

58 라스무센, 『지구를 공경하는 신앙』, 494.

라스무센은 자아보다는 공동체가 우선되고 폭력과 분열보다는 자기희생과 포용을 강조하는 그리스도의 십자가 사랑을 마틴 루터 킹으로부터 확인한다. 그는 아가페 사랑을 설명하면서 모든 생명이 상호 연결되어 있다는 사실을 강조하는 한편 "세계라는 집"(the world house)에서 "사랑의 공동체"(beloved community)의 회복을 꿈꾸는 킹 목사의 비전을 모든 피조물에 나타난 "창조적 사랑"이라고 표현한다.[59] 킹 목사는 창조 세계를 구성하는 모든 존재들의 상호연관성과 상호의존성을 강조하는 기독교 생태윤리를 기반으로 1960년대 미국의 시민권리 운동과 가난 철폐, 그리고 전쟁 반대 운동을 주도했다.[60]

4) 뉴 노멀로서의 사회생태윤리

코로나19에 의해 촉발된 창조 의식에 대한 논의는 결국 인류 역사에서 그 어느 시기보다도 오늘날 지구 시스템 전체에 대한 관심이 고조되었음을 보여준다. 또 지금까지 생태계에 대한 인간의 태도가 잘못되었음을 반성할 뿐만 아니라 인류와 지구가 공동의 운명 가운데 놓여 있음을 인식하면서 인간의 책임감을 자각하고 최대한 그 의식을 고쳐시켜야 함을 촉구하는 것이다. 이와 관련하여 기후라는 화두가 하나의 거대

---

[59]   위의 책, 538.
[60]   박용범, "21세기 기독교윤리를 위한 사회생태적 창조정의 구상", 310-11.

담론으로 점점 중요해지는 상황에 발맞추어 이 시대의 신학과 윤리도 패러다임 전환을 이루어야 할 시점에 이르렀다. 다시 말해 팬데믹에 의한 전 지구적 혼란은 지구와 인간의 공멸이 아닌 상생을 향해 인간이 지금까지와는 다른 방향으로의 획기적인 변화를 시도해야 한다는 다급한 경고다.

그렇다면 기독교적인 차원에서 뉴 노멀[61]로서의 포스트 코로나 시대에 요청되는 신학과 윤리는 무엇인가? 그것은 무엇보다 인류사를 통해 관찰할 수 있듯이 인간중심주의가 가져올 수 있는 심각한 위해성에 대해 경각심을 갖는 것에서 출발한다. 기독교의 창조 의식을 중심으로 하는 윤리는 결코 이기적이거나 인간중심적이 아니라 삼위일체 중심적이며 상호 교류와 관계를 중시한다. 제임스 내쉬에 의하면 이는 기독교 생태윤리의 핵심적인 요소라고 할 수 있으며,[62] 하나님이 인간과 맺은 무지개 계약과 삼위일체의 존재론적인 상호관계성이야말로 생태적으로, 또한 종말론적으로 "모든 피조물의 상호의존적인 관계 속에서 참으로 [평화와] 조화를 누릴 것을 기대하는" 생태적 비전이다.[63] 필자는 이 같은 비전을 사회생태윤리라고 부른다. 다시 말해 이것은 기후붕괴의

---

61 뉴 노멀(New Normal) 이란 "새로운 표준"이란 의미로 2008년 글로벌 금융위기 이후 펼쳐진 저성장, 저금리, 고규제 경제 환경을 대변하는 용어였다. 이것은 일반적으로 어떠한 위기 이후의 경제, 사회 등이 정착하는 상태를 의미하는 것으로, 위기가 시작되기 전에 팽배했던 상황과는 다른 경우에 사용한다. 역사적으로 이 용어는 제1차 세계대전, 2007-2008년 금융위기, 9.11 공격, 2008-2012년 글로벌 불황의 여파, 코로나19 전염병 및 기타 사건과 관련하여 사용되어왔다.
62 제임스 내쉬, 『기독교생태윤리』, 이문균 옮김(서울: 한국장로교출판사, 1997), 155.
63 윌슨, 『지구의 절반』, 157.

사회적이고 생태적인 문제를 신학적인 관점에서 새롭게 접근하려는 시도에서 출발하여 그 해법 또한 기독교윤리적인 차원에서 찾으려는 접근이다.

우리가 바이러스에 대한 관점을 다르게 가져본다면 인류가 비록 코로나19로 인해 극심한 공포와 혼란 가운데 생존을 위해 분투하고 있지만 바이러스도 분명히 하나님의 피조물이라는 점이다. 그러므로 그 섭리 안에 놓여 있는 어떤 존재도 무가치하거나 무의미하지 않다. 지구상의 가장 작은 생명으로서의 특성을 지닌 바이러스이지만 역설적으로 인류는 그들의 단순함, 비움, 절제, 그리고 멈춤의 속성을 배울 필요가 있다. 유전자와 단백질로만 이루어진 지극히 단순한 바이러스의 구조는 과학기술의 급속한 발달로 인해 편리와 풍요에 중독되어 이전보다 더 복잡하고 많은 것을 소유하기 위해 살아가는 인류에게 단순한 삶의 가치를 교훈한다. 심지어 세포의 필수적 에너지 대사물질인 ATP까지 포기할 정도로 철저한 비움의 생태계를 지닌 바이러스는 끊임없는 자기 비움과 낮아짐의 중요성을 깨닫게 한다. 그리고 필수적인 증식을 위한 것이 아니면 모든 생리 대사를 멈추고 극단적인 절제를 유지하는 바이러스의 생존 원리는 오늘날 고도의 대량소비와 속도를 미덕으로 여기는 인류의 탐욕적인 삶의 문화에 경종을 울린다. 윌슨이 지적한 것처럼 인류는 신이 아니다.[64] 그는 일부 미래학자들의 주장처럼 현재 인류가 경험하고 있는 생태계 파괴의 위기 상황을 그저 미래의 더욱 찬란한 운명

---

64   위의 책, 75.

을 향해 나아가는 과정 가운데 생긴 일종의 부수적인 피해 정도로 받아들여야 한다고 믿는 어리석음에 대해 개탄하면서, 인류의 목표 지점에 대해 진지하게 묻는다.[65] 그러면서 지구인의 대다수가 동의할 영생과 건강, 지속가능한 자원, 개인의 자유, 원하는 만큼의 가상 세계와 현실 세계에 대한 탐험, 지위와 존엄성 등의 목표가 인류와 함께 사는 반려동물들, 나아가 바이러스를 포함한 모든 생물종의 목표이기도 하다고 지적한다.

포스트 코로나 시대의 인류를 향한 시대적인 요청은 이 감염증의 위협 때문에 오히려 이전보다 더욱 인간을 중심으로 하는 인본주의적인 사고와 그에 따른 역할이나 책임을 강조하거나[66] 인간의 가능성에 대해 지나치게 신뢰해서는 안 된다는 것이다. 그보다는 현재의 위기를 지금까지 인류가 지구 시스템에 가해왔던 무자비하고 폭력적이며 이기적인 활동을 즉각 중단하고, 대신 지구와 인류가 지속가능한 생존의 미래를 향하여 지혜롭게 동반자적으로 더 나은 세상을 이루어 가라는 일종의 경고로 받아들여야 할 것이다. 한마디로 사회생태윤리의 의미는 지금까지의 인간중심주의에서 벗어나 그리스도를 닮는 이타적이고 자기희생적인 참된 기독교윤리적인 삶으로 전환하라는 요청이다.

이는 슈바이처가 강조한 생명에 대한 경외가 지구 시스템 전체에서 정의롭게 실현되도록 모든 존재하는 것들에 대한 권리를 진지하게 고

---

65   위의 책, 76-77.
66   신진환, 김진선, 홍용희, "인류세와 지속가능한 생존", 2019, 「윤리연구」 124호: 166.

려하자는 요청이기도 하며, 또한 그가 언급한 바와 같이 우리는 "우리가 어떠한 문제를 일으켰을 때 사용한 것과 동일한 사고방식으로는 우리의 문제들을 해결할 수 없다"는 점을 인정하는 일이기도 하다.[67] 이것은 또한 기독교윤리적으로 공동체적인 합의와 체계를 이루어내자는 도전이기도 하며, 인류가 자신들의 사고방식에 의한 것이 아닌 예수를 따라 십자가를 짊어지는 자세로 생태적 창조 의식을 자각하자는 제안이기도 하다. 한마디로 창조세계 전체의 정의롭고 지속가능한 미래의 상생을 위해 인간의 역할을 기독교적인 시각에서 재조명하자는 것이다.

지구의 기후위기에 따른 생태적 재앙을 맞이하여 인간 외의 생물종을 위해 배려하는 지혜로운 결단이 요청된다. 그리고 근본적으로 생태적 창조 의식의 자각을 통해 삼위일체 하나님의 속성에 의지하여 하나님과 인간, 그리고 지구 생태계 전체를 "상호관계하고 상호책임을 지며 균형을 이루는 생태계와 같은 구조"로 바라보는 사회생태윤리적인 차원에서의 조망이 강조되어야 한다. 팬데믹과 기후위기의 상황 중에도 질병과 사투를 벌이는 인류의 노력은 디스토피아적인 공멸과 죽음이 아닌, 지속가능한 미래를 위한 헌신이라는 점에 주목하며 그들의 헌신적인 노고가 헛되지 않도록 해야 할 것이다.

---

67   "Rethinking the 'Anthropocene.'" Dec. 2018. *Scientific American* Vol. 319 Issue 6: 10.

맺는말

하나님이 우리에게 복을 주시고 우리를 지탱하시는 것은 창조세계를 통해서다. 우리는 하나님의 자녀이자 땅의 자녀이며, 모든 창조물과 상호 연결되어 있고, 하나님의 영이 깃든 지구를 기리고 돌보기 위해 부름을 받았다. 우리가 위험을 무릅쓰고 이 현실을 망각함으로써 발생한 비극적인 사건이 현재의 기후붕괴사태다. 지구의 기후 변화는 다른 모든 형태의 생태계 악화를 앞지르고 있으며 이제 문명의 안정과 지구상의 삶의 균형을 위협하고 있다.

기후와 관련된 변화들이 전 세계에서 일어나고 있다. 많은 지역이 우리나라보다 훨씬 더 심한 타격을 받고 있다. 저지대 국가들에서는 해수면이 상승하고 수온이 증가함으로써 태풍에 의한 바닷물의 침범이 더 빈번하고 강렬하게 발생한다. 섬나라들은 영토를 잃을 위기에 직면해 있다. 몇몇 아프리카 국가들은 기록적인 더위와 가뭄으로 고군분투하면서 물 부족, 기아, 질병으로 어려움을 겪고 있다. 기후위기로 가장 큰 타격을 받는 가난하고 여건이 취약한 국가들은 자국민을 보호하거나 재건할 기반 시설과 자원이 부족하다. 선진국 내에서는 가난한 동네와 유색 인종 및 외국인이 급변하는 날씨로 인해 더 많은 어려움을 겪는다. 그러나 이 지역에 사는 사람들은 기후 변화를 일으키는 탄소 배출에 대한 대기 부담에 거의 관여하지 않았다.

인간 사회와 하나님의 창조를 위협하는 기후위기 속에서 사회생태윤리는 우리가 품어야 할 믿음과 소망의 방향을 설정하고 행동에 참여할 것을 촉구한다. 본서는 기후위기의 냉엄한 현실을 직시하고 그 의미를 기독교윤리적으로 평가하며 하나님과 이웃에 대한 사랑을 바탕으로 성숙한 대응을 전개하려는 그리스도인과 신앙을 추구하는 사람들을 대상으로 저술되었다. 기후위기로 인해 우리가 현재 직면하게 된 규모의 도전이라면, 오직 그리스도의 사랑만이 이 난관에서 모두를 벗어나게 할 수 있을 것이다.

기후운동가이자 목회자인 짐 안탈은 자신의 저서 『기후 교회』에서 다음과 같은 질문들을 통해 오늘날의 교회가 사명감을 갖고 기후 둔감성에서 깨어날 것을 촉구한다.

> 우리는 기후과학자들의 경고들에 귀를 기울이고 지금 적극 행동에 나설 것인가, 아니면 불안과 상실, 무기력을 탄식만 할 것인가? 인류 역사상 전대미문의 장기비상사태 앞에서 교회의 가장 중요한 사명은 무엇인가? 문명의 붕괴를 재촉하는 교회성장신학과 [소위] "성공과 번영의 복음"을 어떻게 극복할 것인가? 화석 연료에 기초한 산업 문명의 현상 유지를 통해 기득권을 지키려는 막강한 석유 재벌들과 나태한 정치가들에 맞서서 교회는 어떻게 영적인 전쟁을 훈련할 것이며 또한 시민불복종운동을 어떻게 규범적인 실천으로 만들 것인가?[1]

---

1   짐 안탈, 『기후 교회: 기후붕괴라는 장기비상사태와 교회의 사명』, 한성수 옮김(경기도:

아울러 그는 자신이 속한 미국 그리스도연합교회(UCC) 교단에서 2017년에 채택한 결의안을 소개하며 세계의 교회를 향해 "목회자들은 우리 공동의 집인 지구를 보호하라는 하나님의 명령을 따라 기후 변화에 대해 설교하라. 우리가 바라는 변화들을 구체화하기 위해 변화 자체가 되어라. 진리를 두려움 없이 지켜나갈 대담한 증언을 제공하라"고 요청한다.[2] 안탈은 "기후변화가 [모든] 사회 부정의를 증폭시킨다"는 점을 다시 한번 상기시키면서 이것이야말로 지구 전체의 "기아, 인종차별, 홈리스, 이민과 난민들, 충돌과 전쟁, 식수 우선권, 건강 보호, 주거, 경제적 불평등"과 같은 불의를 가속화하거나 악화시키기 때문에 무엇보다 가장 중요한 윤리적, 신학적인 주제임을 강조한다.[3] 본서는 이러한 현장의 생생한 목소리에 귀를 기울이고 세상의 빛과 소금의 역할을 감당하라는 제안으로 사회생태윤리의 아이디어를 제공한다.

　　팬데믹과 급격한 기후 변화에 의한 위기로 인해 인류 문명의 미래에 대격변이 도래할 것으로 전망하는 각 분야의 전문가들이 많다. 모두가 결국 지구의 역사에 대한 인류의 위상과 관련된 논의들이라고 볼 수 있다. 현재 인류 사회가 직면하고 있는 기후위기, 생태계 파괴, 자원고갈, 보건안보, 빈부격차 등의 요인을 해소하는 데 우선 필요한 것은 무엇일까? 제4차 산업혁명으로 표현되는 과학기술의 혁신이나 인간의 책임 윤리 의식을 증대하는 것일까? 코로나19의 경우 과학자들의 예측에 따

생태문명연구소, 2019).
2　　위의 책, 36-38.
3　　위의 책, 64, 153.

르면 백신과 치료제가 나온다고 해도 바이러스의 지속적인 변이와 변종의 발생으로 인해 인류와 영원히 동행할 것이며, 또 다른 대규모 전염병의 가능성을 열어놓을 수밖에 없는 상황이다.[4] 결국 코로나19는 인류가 팬데믹 현상을 일회성의 사건으로 보는 데서 그치지 않고 근원적인 해결을 위해 고민하도록 만들었다. 계몽주의 이후 세계를 지배해온 개발과 성장을 위주로 하는 인간의 가치관과 윤리의식이 변하지 않으면 미래 세대를 위한 지구의 현실은 암울할 수밖에 없다.

마태복음 16장에는 날씨는 분별할 줄 알면서도 시대의 표적은 분별하지 못하는 바리새인과 사두개인들을 향한 예수님의 책망이 나온다. 악한 세대일수록 사람들을 현혹하는 가시적인 표적을 더 구하게 마련이듯이 물질 소비에 중독된 인류는 대재앙의 명백한 경고 앞에서도 과학기술과 경제성장을 추구하는 데서 벗어나지 못하고 있다. 당장 느림과 단순함을 삶의 양식으로 채택하는 것은 고사하고 성장 속도의 감퇴로 인해 조바심을 내는 모습은 감각적인 표적만을 끊임없이 추구했던 어리석은 유대인 선생들을 떠올리게 한다.

윌리스 젠킨스의 지적대로 기후 변화와 종교라는 용어를 연결하는 것은 두 범주 모두에 대한 새로운 형태의 비판적 성찰을 가능하게 한다.[5]

4　영국 BBC 방송에서 보도한 Mark Walport 경의 연구에 따르면 인구 밀도가 높고 여행 빈도가 잦은 현대 사회의 특성상 코로나19는 기존의 독감과 같이 어떤 형태로든 인류와 영원히 함께 지속할 것이 예견되며, 현재와 같은 팬데믹 사태를 감소시키기 위해 반복적인 백신 접종과 글로벌 접종이 요청된다고 한다. https://www.bbc.com/news/uk-53875189 (2020년 8월 26일 검색함).

5　Willis Jenkins, "Religion and Climate Change: An Emerging Research Agenda," in

그는 종교가 기후위기의 시대에 새로운 학문의 출현을 위해 기여할 것을 검토하여 미래 연구의 의제를 명확히 하는 것을 목표로 하며 기후위기와 관련한 다양한 목소리를 내고 있다.[6] 건강한 연구는 전형적으로 그들의 공식적인 대상에 대한 논쟁을 자극한다. 실제로 기후위기와 같은 공유된 논쟁은 신학이나 윤리학과 같은 인문학의 분야에서는 공유된 의식을 지속시키는 힘을 일으킨다. 본서를 통해 확인할 수 있었던 것처럼 기독교와 생태학 분야에서는 이것이 분명한 사실이다. 하지만 본서는 기독교와 기후위기에 대한 논쟁을 이끌어가기보다는 양자 간에 다리를 놓는 작업을 주로 했다. 그동안 기독교윤리가 생태계 파괴의 문제를 사회정의와 관련한 이슈 중 하나로 바라보았던 점을 지적하면서, 사회생태윤리가 포괄적이고 통합적인 윤리의식을 불러일으킬 것을 기대하는 것이다.

종교는 기후 변화에 다양한 방식으로 관여할 뿐만 아니라 기후 변화의 영향 아래에서 많은 변화를 겪고 있다. 기독교윤리와 신학도 기후위기라는 새로운 흐름을 받아들이며 누군가 아직 밟은 적이 없는 좁은 길을 향해 과감히 걸어가야 한다. 본서를 통해 살펴본 것처럼 사회생태윤리는 근시안적인 사고에서 벗어나 생태적 회개(ecological repentance)와 회심(conversion)의 길로 나아가라는 시대적인 도전이다. 안탈의 지적처럼 우리는 "아름다운 세상이 파괴되는 고통과 아픔을 받아들이며 스스

Understanding Climate Change: Through Religious Lifeworlds, David L. Haberman ed. (Bloomington, IN: Indiana University Press, 2021), 286.

6   위의 책, 8.

로 취약해지는 것을 감수하고, 신실한 하나님께 자신을 개방하여 그분이 우리를 절망 중에 내버려 두지 않으신다는 성령이 주시는 용기와 확신을 지닌 채"[7] 생태계를 향한 하나님의 신실하심을 유지하는 사명을 다해야 할 것이다. 기후위기가 기독교에 또 다른 기회로 작용하여 그동안 잃었던 우주의 아름다운 이야기를 회복하는 미래를 모두가 함께 열어가기를 기대한다.

---

7   짐 안탈, 『기후 교회』, 85.

참고문헌

기든스, 앤서니, 필립 서튼.『현대 사회학』. 김미숙 외 옮김. 서울: 을유문화사,
    2018⁸.

김명자.『팬데믹과 문명』. 서울: 까치, 2020.

김수연 외 11인.『포스트휴먼 시대, 생명, 신학, 교회를 돌아보다』. 서울: 동연,
    2017.

김용휘.『우리 학문으로서의 동학』. 서울: 책세상, 2007.

김지하.『생명학』. 서울: 도서출판 화남, 2003.

니버, H. 리처드.『그리스도와 문화』. 홍병룡 옮김. 서울: IVP, 2007.

다이아몬드, 재레드.『총, 균, 쇠』. 김진준 옮김. 서울: 문학사상, 1998.

라스무센, 래리.『지구를 공경하는 신앙: 문명전환을 위한 윤리』, 한성수 옮김.
    경기도: 생태문명연구소, 2017.

머천트, 캐롤린.『래디컬 에콜로지』. 허남혁 옮김. 서울: 도서출판 이후, 2007.

모라벡, 한스.『마음의 아이들』. 박우석 옮김. 서울: 김영사, 2011.

슈밥, 클라우스.『제4차 산업혁명』. 송경진 옮김. 서울: 새로운 현재, 2016.

안탈, 짐.『기후 교회』. 한성수 옮김. 경기도: 생태문명연구소, 2019.

월러치, 웬델, 콜린 알렌.『왜 로봇의 도덕인가』. 노태복 옮김. 서울: 매디치미디
    어, 2014.

윌슨, 에드워드.『지구의 절반 – 생명의 터전을 지키기 위한 제안』. 이한음 옮
    김. 서울: 사이언스북스, 2017.

이경숙, 박재순, 차옥숭.『한국 생명사상의 뿌리』. 서울: 이대출판부, 2001.

이정배 외 14인.『현대 생태신학자의 신학과 윤리』. 서울: 대한기독교서회,
    2008.

전현식. "포스트휴먼 시대와 환경운동의 좌표." 김수연 외 11인.『포스트휴먼 시
    대, 생명 신학 교회를 돌아보다』. 서울: 동연, 2017.

칼슨, 레이첼.『침묵의 봄』. 김은령 옮김. 서울: 에코리브로, 2002.

코디최.『20세기 문화지형도』. 파주: 안그라픽스, 2006.

콜버트, 엘리자베스.『여섯 번째 대멸종』. 이혜리 옮김. 서울: 처음북스, 2014.

펜로즈, 로저.『황제의 새 마음』. 박승수 옮김. 서울: 이화여자대학교출판부, 1996.

호프스태터, 더글라스.『괴델, 에셔, 바흐: 영원한 황금의 노끈』. 박여성 옮김. 서울: 까치, 1999.

해밀턴, 클라이브.『인류세: 거대한 전환 앞에 선 인간과 지구 시스템』. 정서진 옮김. 서울: 이상북스, 2018.

헤이스, 리처드.『신약의 윤리적 비전』. 유승원 옮김. 서울: IVP, 2002.

모효정. "반려동물의 상실로 인한 슬픔, 펫로스(Pet Loss) 증후군의 증상과 대처."「인간·환경·미래」제15호 (2015년 가을), 91-120.

박용범. "사이버네틱스 시대의 기독교윤리: 인공지능에 대한 사회생태윤리적 접근."「한국신학논총」Vol. 15(2016), 9-31.

_____. "제4차 산업혁명 시대의 기독교 사회생태윤리 모색."「기독교사회윤리」제41집(2018), 101-132.

_____. "21세기 기독교윤리를 위한 사회생태적 창조정의 구상."「영산신학저널」Volume 48(2019), 303-329.

_____. "코로나19 이후 창조 의식의 전환:에고(ego)에서 에코(eco)로."「신학과 사회」제34집 4호(2020), 129-159.

신진환, 김진선, 홍용희. "인류세와 지속가능한 생존."「윤리연구」124호(2019), 159-181.

이관후. "비폭력 시민 저항의 이해: 촛불 시위의 사상적 배경 연구."「시민사회와 NGO」, 제15권 제1호 (2017), 39-77.

이인식. "알파고는 인공지능이 아니다."「파퓰러 사이언스」2016년 4월호.

이재포. "반려로봇과 메멘토 모리."「한겨레」2016년 10월 3일.

국회입법조사처. "플라스틱 오염 현황과 시사점(지표로 보는 이슈 103

호-20171227)." https://www.nars.go.kr/brdView.do?brd_
Seq=22231&category=c2. 2019년 3월 17일 접속함.

김기주. "코로나19와 스페인 독감 '역사는 반복된다,'" 「매경헬스」
2020년 5월 12일자. http://mkhealth.co.kr/NEWS/01/view.
php?NCode=MKH200512011, 2020년 5월 13일 접속함.

김의석. "21세기 바이러스 총망라." https://m.post.naver.com/viewer/postView.
nhn?volumeNo=27898461&memberNo=11219042&vType=VERTIC
AL. 「분당서울대학교병원」 2020년 4월3일자, 2020년 7월 10일 접속함.

Berry, Thomas. *The Dream of the Earth*. San Francisco: Sierra Club Books,
1988.

_____. *The Great Work: Our Way into the Future*. New York: Bell Tower, 1999.

Boff, Leonardo. *Cry of the Earth, Cry of the Poor*. Maryknoll, NY: Orbis Books,
1997.

Bonhoeffer, Dietrich. *Life Together, Dietrich Bonhoeffer Works, English Edition*,
Vol. 5. Minneapolis: Fortress Press, 1996.

_____. *The Cost of Discipleship*. NY: Simon & Schuster, 1995.

_____. *Christ the Center*. 1st Harper & Row pbk ed. San Francisco: Harper &
Row, 1978.

_____. *Ethics*. trans. N. H. Smith. New York: Macmillan, 1955.

Bostrom, Nick and Eliezer Yudkowsky. "The Ethics of Artificial Intelligence."
Draft for Cambridge Handbook of Artificial Intelligence. eds. W. Ramsey
and K. Frankish. UK: Cambridge University Press, 2011.

Boulton, Wayne G. Thomas D. Kennedy, and Allen Verhry. *From Christ to the
World: Introductory Readings In Christian Ethics*. Grand Rapids, MI:
William B. Eerdmans Publishing Company, 1994.

Clark, David K. and Robert V. Rakestraw. *Readings in Christian Ethics: Vol. 2
Issues and Applications*. Grand Rapids, MI: Baker Books, 2004.

Cone, James H. *Martin & Malcolm & America: A Dream or a Nightmare*. NY: Orbis Books, 1991.

Delgado, Sharon. *Love in a Time of Climate Change: Honoring Creation, Establishing Justice*. Minneapolis, MN: Fortress Press, 2017.

Freifelder, David. *Molecular Biology*. CA: Jones and Bartlett Publishers, Inc., 1987.

Gruchy, John W. De. *The Cambridge Companion to Dietrich Bonhoeffer*, Cambridge Companions to Religion. Cambridge; New York: Cambridge University Press, 1999.

Gunkel, Robert J. *The Machine Question: Critical Perspectives on AI, Robots, and Ethics*. Cambridge, MA: The MIT Press, 2012.

Haberman, David L. edition. *Understanding Climate Change: Through Religious Lifeworlds*. Bloomington, IN: Indiana University Press, 2021.

Hart, John. *The Spirit of the Earth; A Theology of the Land*. Mahwah, NJ: Paulist Press, 1984.

_____. *What are They Saying about Environmental Theology?* CA: Paulist Press, 2004.

_____. *Sacramental Commons: Christian Ecological Ethics*. Lanham, MD: Rowman & Littlefield Publishers, Inc., 2006.

_____. *Cosmic Commons: Spirit, Science, & Space*. Eugene, OR: Cascade Books, 2013.

_____. *Encountering ETI: Aliens in Avatar and the Americas*. Cambridge: The Lutterworth Press, 2015.

_____. "Laudato Si in the Earth Commons." Edited by John Hart. The Wiley Blackwell Companion to Religion and Ecology. UK: John Wiley & Sons Ltd., 2017.

Haught, John. *The Promise of Nature: Ecology and Cosmic Purpose*. New York: Paulist Press, 1993.

Hebert, Philip C. *Doing Right: A Practical Guide to Ethics for Medical Trainees and Physicians*. UK: Oxford University Press, 1996.

Hollenbach, David. *The Common Good and Christian Ethics*. UK: Cambridge University Press, 2002.

Jenkins, Willis. "Christian Social Ethics after Bonhoeffer and King." in Jenkins, Willis and McBride, Jennifer M. Ed. *Bonhoeffer and King: Their Legacies and Import for Christian Social Thought*. Minneapolis: Fortress Press, 2010.

King Jr., Martin Luther. *Strength to Love*. PA: Fortress Press, 1981.

_____. "Letter from Birmingham Jail," in Washington, James M. *A Testament of Hope: The Essential Writings of Martin Luther King Jr.* San Francisco: Harper & Row, 1986.

_____. "A Time to Break Silence," in Washington, James M. *A Testament of Hope: The Essential Writings of Martin Luther King Jr.* San Francisco: Harper & Row, 1986.

Latif, Laz "Rethinking the 'Anthropocene.'" *Scientific American* Vol. 319 Issue 6(December 2018), 10.

Lin, Patrick, Keith Abney, and George Bekey eds. *Robot Ethics: The Ethical and Social Implication of Robotics*. Cambridge, MA: The MIT Press, 2012.

Lovelock, James. *Gaia: A New Look at Life on Earth*. Oxford: Oxford University Press, 1979.

McFague, Sallie. *The Body of God: An Ecological Theology*. Minneapolis: Fortress Press, 1993.

_____. *Super, Natural Christians: How We Should Love Nature*. Minneapolis: Fortress Press, 1997.

_____. *A New Climate for Theology: God, the World, and Global Warming*. Minneapolis, MN: Fortress, 2008.

McGrath, Alister E. *Reenchantment of Nature: The Denial of Religion and the*

Ecological Crisis. New York: Doubleday, 2002.

Merchant, Carolyn. *The Anthropocene and the Humanities: From Climate Change to a New Age of Sustainability*. CT: Yale University Press, 2020.

Nash, James. *Loving Nature: Ecological Integrity and Christian Responsibility*. Nashville, TN: Abingdon, 1991.

Nasr, Seyyed Hossein. *Religion and the Order of Nature*. New York: Oxford University Press, 1996.

Park, Yongbum. "Chondogyo and a Sacramental Commons: Korean Indigenous Religion and Christianity on Common Ground." in *The Wiley Blackwell Companion to Religion and Ecology*, John Hart ed. UK: John Wiley & Sons Ltd., 2017.

_____. "Liberation Perspective in Ecological Ethics – Focusing on Leonardo Boff's 'Liberation Ecojustice.'" *Madang: Journal of Contextual Theology*, Vol. 27, 2017.

Rasmussen, Larry. *Earth Community, Earth Ethics*. Maryknoll, NY: Orbis Books, 1996.

_____. "Life Worthy of Life," in Jenkins, Willis and McBride, Jennifer M. Ed., in *Bonhoeffer and King: Their Legacies and Import for Christian Social Thought*. Minneapolis: Fortress Press, 2010.

_____. "From Social Justice to Creation Justice." Edited by John Hart. in *The Wiley Blackwell Companion to Religion and Ecology*. UK: John Wiley & Sons Ltd., 2017.

Roberts, Deotis. *Bonhoeffer and King: Speaking Truth to Power*, 1st edition. KY: Westminster John Knox Press, 2005.

Stassen, Glen Harold and Gushee, David P. *Kingdom Ethics: Following Jesus in Contemporary Context*. IL: Inter Varsity Press, 2002.

Stivers, L. et al. *Christian Ethics: A Case Method Approach*. Maryknoll, NY: Orbis Books, 2005.

Thurman, Howard. *Jesus and the Disinherited*. Boston, MA: Beacon Press, 1996.

Troeltsch, Earnst. *The Social Teaching of the Christian Churches*. London: George Allen and Unwin Ltd., 1931.

Tyson, Paul. *Theology and Climate Change*. United Kingdom: Routledge, 2021.

Welch, Don. "Social Ethics, Overview." in *Encyclopedia of Applied Ethics, Volume 4*. Cambridge, MA: Academic Press, 1998.

Wells, Samuel Ben Quash, and Rebekah Eklund, *Introducing Christian Ethics, Second Edition*. Hoboken, NJ: John Wiley & Sons, 2017.

Wilson, Edward O. *The Diversity of Life*. New York: W.W. Norton, 1992.

_____. *Consilience: The Unity of Knowledge*. New York: Alfred A. Knopf, Inc., 1998.

_____. *The Creation: A Plea to Save Life on Earth*. New York: W.W. Norton, 2006.

Young III., Josiah U. "Theology and the Problem of Racism," in Jenkins, Willis and McBride, Jennifer M. Ed. *Bonhoeffer and King: Their Legacies and Import for Christian Social Thought*. Minneapolis: Fortress Press, 2010,

Wessner, David R. "The Origins of Viruses." *Nature Education*. 3(9, 2010), 37.

White, Lynn Jr. "The Historical Roots of Our Ecologic Crisis." *Science* 155. March 10, 1967.

Williams, Reggie. "Bonhoeffer and King: Christ the Moral Arc." *Black Theology: An International Journal*, 9.3 (2011), 356-369.

_____. "Christ-Centered Concreteness: The Christian Activism of Dietrich Bonhoeffer and Martin Luther King Jr." *Dialog: A Journal of Theology*. Vol 53 (3). (Fall 2014), 185-194.

_____. "Christ-Centred Concreteness: The Christian Activism of Harriet Tubman, Dietrich Bonhoeffer, and Martin Luther King Jr." *Journal of European Baptist Studies*, 19:1 (2019), 127-142.

Creation Justice Ministries. "Next Generation Rising."
http://www.creationjustice.org/nextgeneration.html 2019년 5월 18일에 접속함.

Rybicki, Ed. "Where did viruses come from?" *Scientific American*, March 27, 2008, https://www.scientificamerican.com/article/experts-where-did-viruses-come-fr/, 2020년 7월 9일 접속함.

Vidal, John. "'Tip of the iceberg': is our destruction of nature responsible for Covid-19?," https://ensia.com/features/covid-19-coronavirus-biodiversity-planetary-health-zoonoses/, 2020년 6월 10일 접속함.

기독교 사회생태윤리

인공지능, 기후위기, 포스트 코로나 시대의 기독교윤리

Copyright ⓒ 박용범 2021

1쇄 발행 2021년 9월 17일

지은이 박용범
펴낸이 김요한
펴낸곳 새물결플러스

편 집 왕희광 정인철 노재현 한바울 정혜인
이형일 나유영 노동래 최호연
디자인 박인미 황진주 김은경
마케팅 박성민 이원혁
총 무 김명화 이성순
영 상 최정호 곽상원
아카데미 차상희

홈페이지 www.holywaveplus.com
이메일 hwpbooks@hwpbooks.com
출판등록 2008년 8월 21일 제2008-24호
주 소 (우) 04118 서울시 마포구 마포대로19길 33
전 화 02) 2652-3161
팩 스 02) 2652-3191

ISBN 979-11-6129-214-4 93230

책값은 뒤표지에 있습니다.